上海公园

1868—1949 的城市景观与日常生活

熊月之 ◎ 主编
王继峰 ◎ 著

上海科学技术文献出版社
Shanghai Scientific and Technological Literature Press

图书在版编目（CIP）数据

上海公园：1868—1949 的城市景观与日常生活 / 王继峰著 . 一上海：上海科学技术文献出版社，2023
　　ISBN 978-7-5439-8389-2

Ⅰ.①上… Ⅱ.①王… Ⅲ.①公园—历史—上海—1868-1949 Ⅳ.① K928.73

中国版本图书馆 CIP 数据核字（2021）第 139575 号

选题策划：张　树
责任编辑：王　珺
封面设计：留白文化

上海公园：1868-1949 的城市景观与日常生活
SHANGHAI GONGYUAN: 1868-1949 DE CHENGSHI JINGGUAN YU RICHANG SHENGHUO
王继峰　著
出版发行：上海科学技术文献出版社
地　　址：上海市长乐路 746 号
邮政编码：200040
经　　销：全国新华书店
印　　刷：商务印书馆上海印刷有限公司
开　　本：650mm×900mm　1/16
印　　张：21.25
字　　数：294 000
版　　次：2023 年 11 月第 1 版　2023 年 11 月第 1 次印刷
书　　号：ISBN 978-7-5439-8389-2
定　　价：68.00 元
http://www.sstlp.com

序

时至今日，全世界已有一半以上人口居住在城市里。在世界任何一个地方，都找不到一个没有公园的城市。"春有百花秋有月，夏有凉风冬有雪。若无闲事挂心头，便是人间好时节。"公园，集调节空气、摆脱喧嚣、休闲娱乐等功能于一体，合公共性、开放性于一身，早已成为城市建设的核心配置。公园的数量，公园的品质，公园面积与城市人口之比，已经成为评估城市文明程度的重要指标。

公园是近代的产物。近代以前，作为休闲场所的园囿，无论东方还是西方，都早已有之，诸如皇家园林、贵族花园，还有众多的私家花园，但那都只对少数人或特定人群开放，不具备公共性、开放性，都不是公园。世界上公认的第一家公园是英国伯肯海德公园，1847年建成。其后，美国纽约中央公园、德国的慕尼黑公园等相继出现。

上海是近代中国最早出现公园的城市，也是近代中国公园最多的城市。1868年，外滩公园建成，这是上海也是中国最早的公园。其后，上海新公园、虹口公园（今鲁迅公园）、法国公园（今复兴公园）与兆丰公园（今中山公园）等，相继建成。上海公共租界先后有10座公园，法租界有5座，华界曾在龙华建设血华公园，在五角场辟设市立第一公园。此外，上海还有一批向公众开放的私人花园，包括张园、愚园与半淞园，其功能已属公园。

近代上海公园是上海城市风情、城市历史的浓缩。上海公园中，既有体现欧美都市中央公园特点的外滩公园，也有体现郊野公园情趣的兆丰公园。有的公园烙下种族歧视、民族抗争的鲜明印记，有的公园体现五方杂处、中西融合的时代特征。入法国公园，径直如矢，草绿如茵、花坛、喷泉，皆为欧陆风格，置身其间，如游巴黎、维也纳。游外滩公园，会让人感到浓郁的欧美情调，但又与任何一个欧美城市的不一样。20世纪初的一本英文指南记述，在外滩公园，这里一群、那里一伙的游人在交流，所使用之语言除了英文之外，还有法语、德语、意大利语、俄语等。此景唯独上海有。1933年5月18日，主持《良友画报》社务的马国亮，在《申报》撰文记述他游览虹口公园的情况："天气既然好，游人不消说很多。红的绿的黑的白的全是人，出没在溪边、树边、椅上和草地上，其中东西洋的、白种的、黄种的、棕色种的……全有。最多的自然还是咱们的同胞和在虹口天天见到的日本人。什么景色都有。两个西洋人不知是不是在辩论中日问题，大家说到面红耳热。两个印度女人和一个束了白头巾的男人调情，缠了半天还像没个结局。东洋小孩拿着太阳旗随处跑，中国孩子老是躲在妈妈或爸爸的旁边。东洋人在打球、钓鱼，中国人在吸烟、散步、谈笑、练太极拳。"

　　近代上海公园还有一个特点，这就是与政治变动、时代演变关系密切。外滩公园对华人由限制到开放的历史，就是上海人民反对殖民主义歧视的斗争史。法国人每年7月14日，都会在法国公园举行法国国庆活动，将这个公园的法国特点渲染得淋漓尽致。张园在晚清，是展示电灯、焰火、载人气球、冒险冲浪等新奇事物的场所，也是章太炎、蔡元培等革命党人集会演说、策动反清革命的乐园。1932年，朝鲜义士尹奉吉在虹口公园投掷炸弹，炸死日本侵略军军官多名，一时风云变色，亚洲震动，使虹口公园成为国际斗争的前沿。半淞园是沪南最大花园，以突显中华文化元素为特色。园林设计悉从中华传统园林特点，假山水榭，亭台池沼。每年端午节举行龙舟竞赛，万众争睹，闻名遐迩。五卅运动以后，上海掀起抵制洋货、爱用国货的热潮，半淞园成为宣传国货的中心。将游园休闲与振兴中华联系在一起，典型地体现了那个时代上海城市的特点。

　　公园本是老上海历史重要组成部分，公园也是研究老上海历史的很好切入点。继峰在研究生阶段，攻读的专业方向就是上海史，学位论文聚焦在近代上海城市广场方面,与公园有密切关联。毕业以后,他从事出版工作,所编辑的书稿,不少也与上海历史有关。继峰天资聪颖,勤奋好学,编辑工作之余,不断搜集资料,研究老上海公园这一极有价值的课题,写成了这部《上海公园》。

披览全书,我觉得有四个鲜明的特点:一是资料翔实,脉络清晰。本书全面、系统、细致地梳理了老上海公园的历史,既研究了大的公园,也关注到小的公园,对于与公园相关的重要人物、事件,提纲挈领,论述周详;既吸收了学术界以往的研究成果,也有不少新的资料发现。二是由市视园,以园显市。书中所述诸多公园,是老上海城市的重要组成部分。这些风姿各异的公园,之所以出现在上海而不是别的城市,与上海城市国际联系、国内地位直接有关,与上海城市的政治格局直接有关。与此同时,这些公园的辟设、风格的形成及其演变,发生在公园里的诸多事件,又凸显了老上海开放、创新与包容的城市品格。三是将老上海公园放在全国与全球背景下考察,放在世界近代史背景下考察,这就将老上海公园的空间特点与时代特点勾画得一清二楚。书中将老上海公园特点归纳为四点,即起步最早、风格多元、功能多样、民族色彩鲜明,至为允当。四是文字清新流畅,插图优美。让人读后,一如在繁忙的工作之后,到公园里闲坐一会,一杯咖啡,两片面包,仰望蓝天,俯看碧草,好不惬意!

书中所述诸多老公园,除了少数在城市变迁中已不复存在,大多数现在还是公园,且多属上海中心城区底蕴深厚的人文景点。书中描绘的那些园景,公园发生的那些往事,在外滩公园、中山公园、复兴公园、虹口公园等处,或者风物依旧,或者踪迹可寻,无论景与事,都已经成为上海城市历史的组成部分。在这个意义上,本书也可以起些城市导游功能。

公园是城市的绿肺,公园是城市的名片,老上海公园是老上海历史的浓缩。

上海市领导已明确提出,要全力做好公园城市建设这篇大文章,加快建设开放共享、多彩可及的高品质生态空间,让城市处处有公园、公

园处处是美景，使绿色成为人民城市最动人的底色、最温暖的亮色，让人民群众有更多获得感、幸福感、安全感。本书的出版，对于了解上海公园的过去，建设上海公园的现在，规划上海公园的未来，一定会有所裨益！

是为序。

熊月之

2021 年 8 月 19 日

目 录

导 言	001
第一章　公园概述	001
第一节　租界公园概述	002

外滩公园 / 002　　虹口公园 / 006　　法国公园 / 009

兆丰公园 / 012　　其他租界公园 / 016

第二节　华界公园概述	030

文庙公园 / 030　　市立第一公园 / 033

第三节　公用私园举要	035

张园 / 035　　徐园 / 040　　愚园 / 042

半淞园 / 044　　其他公用私园 / 048

第二章　公园与休闲生活	059
第一节　休闲游憩	060
第二节　露天音乐会	091
第三节　夜花园	110
第三章　公园与民众集会	131
第一节　政治集会	132
第二节　节日庆典	150
第三节　军事操演	169

第四章　公园与社会教育 ………………………………… 181
第一节　民众教育馆 ………………………………… 182
第二节　体育运动 …………………………………… 195
第三节　动物园 ……………………………………… 211
第四节　纪念碑 ……………………………………… 221

第五章　公园与文人雅集 ………………………………… 233
第一节　南社雅集 …………………………………… 234
第二节　书画会 ……………………………………… 246
第三节　花会 ………………………………………… 258
第四节　曲会 ………………………………………… 269

结　语 …………………………………………………… 279
附录1　大事记 ………………………………………… 287
附录2　公园里的众生相 ……………………………… 295
后　记 …………………………………………………… 323

导　言

　　文化是城市的灵魂，公园是城市的文化名片。

　　公园，是工业文明、城市文明和生态文明不可或缺的重要组成部分，也是一座城市经济、文化、社会和人文气质的集中体现。公园的存在，让城市拥有一颗清净之地、绿色之心，让城市居民有了更多的生活乐趣。

　　"两千年看西安，五百年看北京，一百年看上海。"在中国近代史上，上海的地位显赫。上海是典型近代崛起的城市，也是近代中国城市公园的主要策源地，建有中国最早的和类型最全的城市公园。1843年开埠以后，上海在短短几十年时间里，迅速由一个滨海县城发展为远东第一大商埠，与法之巴黎、美之纽约、英之伦敦相提并论，大量外侨居住于此，全国第一个城市公园公家花园在此辟设，兴建的各类公园数量也居全国之冠，其品类之多样、风格之多元、内涵之丰厚，均饮誉于世。

一、何为公园

　　对公园下定义，并不简单。

　　世界上造园已有6 000多年历史，但公园是19世纪才有的事物。18世纪末的哲学、美学、造园学者希尔施菲尔德，在其著作《造园理论》中提出了"民众园"思想，他不仅论述了建立都市公园的理论基础，更描绘出了公园的具体意象，一定程度上还勾画出公园应有的形态：

　　　　民众园必须有自然清新的空气和广阔的视野。另外，虽然市民们来此散步的时间大多在傍晚，但也有必要保证，人们无论在任何时间来都有地方可以乘凉,因为民众园不仅是面向都市居民的,也是面向各种各样的人群的,比如,来自其他都市的人、患病的人、来饮泉水的人、工作之余来休息的人,还有为了社交而来结交朋友的人。在园中,最为理想的植物是那种能够制造大型绿荫、伸展浓密树冠的树木。

为了舒适,也为了安全,马车和骑马者使用的道路,需要与步行者的小路区分开来。

长椅或凳子要置于有植栽处或树荫下,或是便于眺望的宽阔之处,而且还需根据散步者的多少设置相应数量的椅子,并保持适当的间隔。此外,在民众园中还需有能够躲避骤雨或雷雨、有绿荫的园亭或有房檐的小亭。①

希尔施菲尔德较为详细地论述了"民众园"所需具备的设施及其功能,他还认为,在大都市里的"民众园"游览漫步,可能会花费一些时间,因此应设置可供游客歇脚的休息处,还有必要建造一个可以在夏日清爽的夜晚召开演奏会的音乐堂,这样的建筑物也可以给风景锦上添花。

19世纪英国造园评论家、精通欧洲各地都市情况的路登,曾将英国的公园与欧洲其他国家的公园进行比较,认为:公园(public garden)是免费或支付一些入场费后,允许公众进入的庭园。符合路登定义的公园的最初的例子,是英国利物浦市在1847年建成的伯肯海德公园。伯肯海德公园是世界园林史上的第一个城市公园。

18世纪60年代,英国工业革命开始后,资本主义快速发展,城市用地不断扩大,工业盲目建设,破坏了自然生态。另一方面,城市人口急剧增加,城市人口生活环境不断恶化,居住条件极度拥挤局促,人们越来越远离自然环境。在这样的社会条件下,资产阶级对城市环境进行了一些改善,把若干私人或专用的园林绿地划作公共使用,或新辟一些公

---

① [日]白幡洋三郎著,李伟、南城译,赵晴校译:《近代都市公园史:欧化的源流》,新星出版社2014年版,第26页。

共绿地，称之为公共花园或公园。

1843年，利物浦市政府动用税收收购了185英亩的土地用于园林建设，其中125英亩土地用于公园建设，60英亩土地用于住宅开发，1847年公园建成。公园由一条城市道路横穿，蜿蜒的马车道构成公园内部主环路，沿线景观开合有致、丰富多彩，步行系统则时而曲径通幽，时而极目旷野，在草地、山坡、林间或湖边穿梭。公园水面按地形条件分为"上湖"和"下湖"，开挖水面的土方在湖周围堆成山坡地形。水面自然曲折，窄如溪涧，宽如平湖，湖心岛为游人提供了更为私密、安静的空间环境。公园绿化以疏林草地为主，高大乔木主要布局于湖区及马车道沿线，公园中央为大面积的开敞草地。公园四周的住宅面向公园，住宅出入口则位于外部的城市道路上。

日本近代公园史研究第一人白幡洋三郎认为：

> 公园是19世纪在西方诞生的新型都市装置。而如今，在世界各地，已经找不出没有公园的都市了。公园在西方产生之后，在短短的一个世纪之内就普及到了世界的各个都市。仅从这一点来看，公园可以说是一个极具普遍性的都市装置。①

白幡洋三郎进一步认为，公园不仅仅是都市装置，它还是都市一个应有的姿态，是实现都市理想的一种制度，更是一种思想的体现，与都市的发展有着密不可分的联系。每个国家都存在着各具特色的公园，这些特色都是各自固有的东西，如果着眼于此的话，公园似乎应当被称为"文化性装置"。

追溯一下中国的公园史，就会发现我国很早就有了类似于公园功能的园林。我国的园林艺术，从殷周时代囿的出现算起，至今已有3 000多年的历史，是世界园林艺术起源最早的国家之一，不仅对日本、朝鲜等

---

① ［日］白幡洋三郎著，李伟、南城译，赵晴校译：《近代都市公园史：欧化的源流》，新星出版社2014年版，第4页。

亚洲国家，而且对欧洲一些国家的园林艺术创作也产生过大的影响，在世界园林史上具有重要的地位。

若把我国园林艺术3 000多年的历史划分阶段的话，大致可分为：商朝产生了园林的雏形——囿；秦汉由囿发展为苑；唐宋由苑到园；至明清达到我国古典园林的极盛。① 明清是园林艺术的极盛时期，现存园林几乎全是这个时期的遗存。皇家园林如圆明园、颐和园等现多存于北京西郊，而艺术水平更高的私家园林则以江南最为集中。

中国园林的构成要素分四种：山景，是园林风景形成的骨架；水景，是园林景观的脉络；建筑，是联系人文景观与自然景观的媒介；花木，是园林景观的肤貌，蕴含生命力的宝库。近代中国出现的传统式园林，已经有了一部分类似于公园的功能，尽管如此，园林并不等同于公园。

究竟何为公园，1928年出版的以公园为研究对象的《公园》一书认为：

公园者，人类群众生活上不可缺少之设施也。公园之研究，在科学上属园林饰景学（landscape architecture）之一科。

何为公园？定义颇难，简言之：为供公众游览之园；为以美观及实用为目的，供人类公共享乐或使用而设施之地。②

公园，公共花园之谓也。公园是向公众开放，以公众休憩、娱乐、社交、教育等为目的的场所，一般有绿地、花木、山水等，面积比较开阔，间或有一些游乐设施，也有专门的管理机构。近代中国最早的城市公园出现在上海，是1868年由英国人在外滩建造的"公花园"，又称外滩公园。从那时起，公园便从上海发端，一步步在全国遍地开花。

---

① 安怀起编著：《中国园林史》，同济大学出版社1991年版，第3页。
② 童玉民：《公园》，商务印书馆1928年版，第1页。

二、本书涉及的公园

人称近代上海为"万国建筑博览会",套用这句话,也可以说上海是"万国花园博览会"。熊月之先生在书中如是写道。

近代上海建有许多公园,它们风姿各异,个性鲜明。外滩公园、兆丰公园、汇山公园等富有英美特色;顾家宅公园、凡尔登花园等富有法国情调;虹口公园、六三园等凸显了日本文化的特点;文庙公园、市立第一公园则蕴含着中华文化的内涵。张园、徐园、愚园、半淞园等一批公用私园,或为传统的中式园林风格,或为中西合璧风格,共同拼接成上海城市异质文化交织的奇异色彩。

究其原因,这与近代上海的城市特点不无关系。上海开埠后,英、美、法等西方国家在上海设立了全国最大的租界,公共租界和法租界的面积,是中国其他23个租界总面积之和的1.5倍。在城市管理上,上海实行"一市三治",公共租界、法租界和华界各自为政,租界市政机关分别为公共租界工部局和法租界公董局,构成了一种奇特的城市格局。至民国时期,整个上海城市处于一种"三界四方"的支离破碎的局面,公共租界和法租界横亘于城市的中部,华界南市和闸北被它们拦腰截断,分处南北,缺少协调和统一规划,市政建设受到了严重的阻碍,公园建设也缺少协调和统一的规划,呈现了局部有序、全局无序的特点。

园本有公园、私园之别,公园是集众人之资以建设,人人皆可入园游览;私园系以个人之资建设,仅建设者可享权利,他人不得入内。然而近代上海有一批私园向市民开放,外人可入园游览,谓之公用私园或经营性私园。这些公用私园其产权虽为私有,却对外开放,功能和公园类似,实际上扮演了公园的角色,可作公园而论。本书探讨的近代上海公园上限为1868年上海有公园始,下限为1949年上海解放,因此又称之为老上海公园,包括租界建设的公园、华界建设的公园和公用私园。租界建设的公园主要是公共租界建公园和法租界建公园,华界建设的公园是指上海市政府建设的公园,公用私园是指向市民开放的私家园林。

近代上海租界公园先后建有15座,其中公共租界10座,包括外滩公园、华人公园、昆山公园、虹口公园、汇山公园、兆丰公园、霍山公园、南阳公园、新加坡公园和胶州公园；法租界共建有5座，为法国公园、凡尔登花园、宝昌公园、贝当公园和兰维纳公园。其中面积较广、影响较大的有外滩公园、虹口公园、兆丰公园和法国公园，被称为"四大公园"。华界建设的公园主要有文庙公园和市立第一公园，文庙公园由著名的上海文庙改建而成。近代上海公用私园主要有张园、徐园、愚园、半淞园、申园、大花园、西园、六三园、敏园、叶家花园、丽娃栗妲村等，其中最有名的莫过于张园、徐园、愚园和半淞园。

近代上海还有一批传统的古典园林，如豫园、古漪园、醉白池、秋霞圃、曲水园，以及有"海上大观园"之称的爱俪园等，这些园林有的创建于近代以前，有的创建于近代，它们多为私人所有，并不属于公用私园的范畴，本书论述的公园并不包括这些。

三、本书主要内容

公园作为一个重要的城市公共空间，在城市社会生活中起着相当多样、重要和复杂的作用，发挥着多种功能。公园有什么功能，又有哪些作用，1928年商务印书馆出版的《公园》对此作了大致的概括：

（一）休养 城市生活，缺点至多，故复归田园之论调，日盛一日。然改良城市生活，亦非无法，是在多设公园，俾市民得以余暇，放步停踪，休养身心，则于增进人群幸福之道，思过半矣。

（二）卫生 公园为公众卫生所必需，观法国统计家斯喇氏之调查，足证是说之不谬。斯喇氏调查欧洲大都市因肺病而死之人数，知在死者最少之国家，其公园最为发达也。

（三）体育 不问男女老幼，体育均所宜讲，以求身体之强健。欧美通都大邑，多设立运动公园，儿童公园。我国今日，普通公园尚少，遑论运动公园，为便利计，可于普通公园之中，置备运动器械，以供游人之用。

（四）教化 公园中栽种植物，陈列动物矿物标本，对于社会教育，洵有良好功用，而对于学校教育，又能供给教材。美国芝加哥西部公园委员，应区内学校之请求，供给植物标本，不取分文。该会一九二二年之统计：有四十四处小学中学及大学，请求二百二十四次。又该公园于一九二三年，栽培植物有二万八千余株之多。公园与学校教育公园关系之深切，观此可知。

（五）美观　城市之美观，包含二要素，曰建筑美，曰自然美。如公园，广场，即为自然美表现之地。游华盛顿、巴黎、柏林者，愈谓为美丽城市，即因其具有自然美之故。是以城市饰景，为今日市政家所最为留意也。

（六）避灾　暴风，地震，火灾，水灾，均能伤害市民之生命。有公园，则一旦过急难，可为避灾之所。

（七）经济　公园有间接增高地价之效。盖城市中设置公园，则近傍商场繁盛，地价因之增高矣。

（八）国防　广大之公园，平时可作国民休养之所。一旦与他国有战事，则可作飞行场及练兵场。[①]

近代上海公园的功能和活动内容，与近代上海政治、经济、社会和文化发展密切相关。在"一市三治""三界四方"以及商业繁荣、社会融合、文化多元的背景下，近代上海公园承载了休闲游憩、民众集会、社会教育、文人雅集等诸多功能，折射出近代上海城市社会的很多面相，进而影响着近代上海城市社会。一部公园生活史，在某种意义上就是一部上海近代史。因此，考察近代上海公园，要将其置于丰富复杂的城市社会环境当中，将其与近代上海这座奇特的、多元的、文明的城市紧密结合起来。

本书主要围绕近代上海公园的多样功能和丰富多彩的活动内容来布置篇章。第一章是公园概述，主要介绍近代上海公园的历史沿革、主要景色、掌故逸事等内容。第二章是公园与休闲生活，主要从公园休闲游憩、露天音乐会和夜花园三个方面展开探讨。第三章是公园与民众集会，

---

① 童玉民：《公园》，商务印书馆1928年版，第8—10页。

主要围绕政治集会、节日庆典和军事操演三个方面展开研究。第四章是公园与社会教育，主要涉及公园里的民众教育馆、体育运动、动物园和纪念碑。第五章是公园与文人雅集，主要考察公园里举行的南社雅集、书画会、花会和曲会。结语部分，主要总结公园的发展与演变与上海城市化进程的关系，以及在此过程中公园呈现的诸多特点。

第一章 公园概述

第一节　租界公园概述

租界当局为满足外侨的精神文化生活需要，在租界建立了一系列公园。近代上海最早的城市公园是外滩公园，从1868年外滩公园建成始，租界共建公园15座，其中公共租界建公园10座，法租界建公园5座。在这些公园当中，以外滩公园、虹口公园、法国公园、兆丰公园最为有名，被人称为租界的"四大公园"。

外滩公园

外滩公园建于1868年，距今已有150余年的历史，是上海也是全国最早的城市公园。公园位于外滩的北端，苏州河汇入黄浦江的交汇处。公园的英文名称为Public Park，中文译名公共花园、公家花园或公花园，中国人习称为外国花园或外摆渡公园、大桥公园、外滩公园等。1936年9月园名改为外滩公园，1945年12月改名春申公园，1946年1月改名黄浦公园至今。

外滩公园园址原为苏州河口的一块浅滩。1860年，恰值有一只沙船在外滩北首英国领事馆前的黄浦江与苏州河汇合处沉没，使河流受到阻滞，由海潮涨落带来的泥沙逐渐淤积起来，日子一久，形成了一片与外滩岸边相接连的泥滩。1863年，英美租界工部局计划改造外滩的道路和岸线，工程包括填土以拓宽外滩，整理岸线，在江边辟建30英尺的人行道和种植行道树。翌年，工部局工程师克拉克提出整治外滩和苏州河口岸线的报告，他建议构筑外滩永久性堤岸，并在苏州河口南的浅滩上填土，变苏州河口的喇叭形为直筒形，迫使苏州河水流方向和黄浦江一致，这样就不会在河口出现漩涡和继续形成新的浅滩。工部局董事会同意克拉克的报告，并打算利用河口南端的滩地辟建公共花园，这一方案经1865年的租界纳税人年会上通过后，工部局便进行规划设计，建园资金来自公共娱乐场基金会。1865年冬，建园填滩及改造外滩工程和疏浚洋泾浜工程同时开工，以洋泾浜挖出来的河泥填筑滩地。1868年春，上海道台应宝时致函英国驻沪领事温思达，指出这块滩地为中国政府的公有土地，鉴于公共花园是非营利性的公众游憩场所，准予发给道契并免除押租，但每年仍须交纳土地税。今后如果发现在这块土地建造以盈利为目的建筑物或将土地出租给私人，中国政府将收回土地。1868年8月8日，公园正式对外国人开放。

从百老汇大厦俯瞰外滩公园

外滩公园

建园之初，公园按英国园林风格设计，凭借两面临江的优越位置和绿化吸引游人。园内沿江有一条大道，路边植一列乔木，树下为木制长椅，供游人休憩。1870年，在园中部草坪上建有一只木结构音乐亭，并安装6盏煤气灯，除冬季外，每周在此举行露天音乐会。1882年年底，公园音乐亭改安装电灯。1888年，侨民伍德捐资在园南部建一座喷水池，池中为铜铸的两个孩子合撑一伞，水从伞顶端喷射而出。1890年，拆除旧的音乐亭，新建一只六角形钢结构的音乐亭。1937年，音乐亭被拆除，仅留石台基。同年，在花园南部建造木结构的凉棚一座，作游人平时休憩之所，临时又可作音乐亭。园内还建有两座纪念碑，一为常胜军纪念碑，一为马嘉理纪念碑。公园的大门开始是在园西北角，1905年将大门迁至园西南，原西北角园门仍留一扇小门作通道。1929年又在园西的南部与北京路口相对处开了一道园门。公园早期以绿篱与马路相隔，后来逐步修建了竹篱，1924年后建了围墙。1932年间，沿黄浦江和苏州河边

外滩公园苍凉的冬景

雪中的外滩公园音乐亭

设置了铁栏杆。

外滩公园在1868年取得地契时为30.48亩,后来在1883年、1904年、1921年三次在苏州河和黄浦江边填土,增加土地面积约10亩。但为改善外滩交通,又多次划出部分土地用于拓宽道路,因此,公园的总面积比初建时不仅没有增加,还略有减少。1922年为27.9亩,1949年为29.4亩。与后来建成的兆丰公园、法国公园、虹口公园相比,外滩公园着实不大,但在民国以前,外滩公园是全市观赏浦江景色的最佳处,又是夏夜纳凉的好地方。外滩公园的最大特色,是靠着外白渡桥南的浦边,每天江水汹涌,溅泼有声,波面风来,衣飘袂举,坐在铁链以内的长椅上,是夏夜最佳的纳凉地,也是看江浦潮汐、船桅烟影的一个极佳所在。除园景以外,露天音乐会是公园一大传统特色,深受游人的欢迎和喜爱。

众所周知,外滩公园限制华人入内,当即有人提出抗议。1885年,租界工部局在公园门口竖立一告牌,公布园规六条:

一、脚踏车及犬不准入内。

二、小孩之坐车应在旁边小路上推行。

三、禁止采花捉鸟巢以及伤害花草树木，凡小孩之父母及佣妇等理应格外小心，以免发生此等情事。

四、不准入奏乐之处。

五、除西人佣仆外，华人一概不准入内。

六、小孩无西人同伴则不准入内花园。

其中第一条"脚踏车及犬不准入内"，第五条"除西人佣仆外，华人不准入内"，竟将犬与华人相提并论，民间将其概括为"华人与狗不得入内"。关于外滩公园门前是否有"华人与狗不得入内"的木牌，熊月之等人已对此作深入研究，所谓"华人与狗不得入内"的规定是从园规里延伸出来的，既有原意，又非原貌。说既有原意，在这六条园规当中，确实有"华人与狗不得入内"的意思，这种提法也不是无中生有，完全作为伪；说又非原貌，因为在这六条园规当中，"华人与狗"并非并提连写。分提与并提，意蕴自是两样。此后40多年，直到1928年，这一规则在字句上或有差异，各条顺序或有变动，但基本内容没有变化。

不管木牌有没有，外滩公园不准华人入内游玩是不争的事实。1885年11月，上海著名绅商陈咏南、吴虹玉、颜永京等8人联名写信给工部局，要求拆除这块牌示，并提出有条件允许华人入园游观。1889年，设计师任涛泰写信给英国总领事抗议。上海道台会见了英国领事，转达国人的意见，英国领事却又把事情推给了工部局。工部局稍作让步，宣布酌情发放"华人游园证"，允许少数高等华人入内。这一敷衍之举再次引发了口诛笔伐，英国人只得答应在苏州河摆渡桥东面另造一所公园——华人公园，专供中国人使用。1890年，华人公园建成，占地仅六亩二分，园址既狭小，布置又极简陋，实无游览价值。随着张园、愚园等私人花园

外滩公园风卷江涛

也相继开放，外滩公园的园规事件暂时得以缓解。1925年"五卅"反帝爱国运动爆发，当时学生队伍行进外滩公园看到门口悬挂的园规禁牌，当场就有学生从皮匠摊上借来榔头，把牌子砸掉了。慑于北伐军节节胜利和武汉收回租界的热潮，直至

被台风破坏后的外滩公园

1927年4月租界纳税西人年会才决定同意华人入园，1928年6月1日正式向华人开放，前后共经历了漫长的60年。1928年6月1日，兆丰公园、虹口公园、昆山公园等公共租界公园也向华人开放，同时开始实行售票制度，年券售价1元，零券每次铜元10枚。法国公园于同年7月1日向华人开放，门票亦售铜元10枚。

1941年12月，太平洋战争爆发，一度驻扎公园的日军肆意践踏花草，公园面目全非。抗日战争胜利后，上海市政府工务局修复了被破坏的园景。1946年端午节，为观看黄浦江的龙舟竞赛，过多游人涌入外滩公园，还有不少人越围墙入园，造成围墙、长椅、花树等多处损坏，到上海解放前夕，国民党军队在园内埋地雷、建碉堡，公园再次遭受破坏。1949年上海解放初，上海警备司令部迅速排除园内的地雷，公园于当年重新对外开放。

虹口公园

虹口公园园址原为一个称作金家库的农田村舍，1896年公共租界工部局因建造靶子场，强行从农民手中购买28公顷土地，其中9公顷用作靶子场，其余计划建成公园。靶子场里布置了大片草坪，东北角有一靶台，西侧有一条防护沟。靶子场属公共租界团练处管理，后又进行了一系列改建，成为当时上海最新最好的靶场。

1901年，由上海娱乐场基金会发起并提供部分资金，工部局又购得约200亩的土地用于公园建设。1902年动工建设，采用英国风景园林专家斯德克的公园规划设计方案。1906年4月公园局部对外国人开放，1909年全部开放。1901年公园在筹建时，园名为新娱乐场（又称靶子场公园），1903年改称虹口娱乐场，1922年改名为虹口公园。当时，虹口一带日侨较多，他们也习惯上称之为新公园。

早期的虹口公园是一个自然风景园，景色赏心悦目。进门是一条夹在木兰花行中的步行小道，小道尽头是一片广阔的草地。草坪的西面有湖，湖中小岛上建亭，亭四周密植翠竹。草坪中央设有音乐台，经常在此举行露天音乐会。草坪旁有玫瑰园，园中立玫瑰亭，还辟有睡莲池。1920年前后，在园内挖小溪、池塘，初步形成水系。池内植水牛植物，小溪狭处有木桥，宽阔处设浅滩，滩上植灯芯草、蓑花草和其他禾本科植物。1923年，在音乐台附近建成草花园，园内植有各种草花和温室盆栽花卉。1933年在公园北端建亭状紫藤棚，南部筑大假山，溪上建两座平桥，湖边砌了驳岸，在大门内筑圆形大花坛。

虹口公园是一个以体育活动为主的综合性公园，在1935年江湾体育场建成以前，是上海最主要的体育活动场所。虹口公园体育设施也非常齐备，园内有网球场、曲棍球场、高尔夫球场、板球场、足球场、垒球

虹口公园

虹口公园景色

虹口公园雪景

场等,很多国内、国际比赛都曾在虹口公园举行。除了众多的足球、曲棍球比赛外,1915年和1921年的第二、五届远东运动会在上海举行时,均借用虹口公园作为比赛场地,运动员和观众人数众多,影响很大。

1922年,在园西北建造了混凝土结构的露天游泳池,此后又陆续在游泳池周围增添了更衣室、休息棚、淋浴和消毒设备等附属设施。虹口公园游泳池驰名全沪,设备极呈贵族化,为男女杂泳,是艳闻最多的场所之一。据《上海园林志》介绍,到1932年,虹口公园有足球场2个、草地滚木球场4个、草地网球场83个、硬地网球场5个、九穴高尔夫球场1个。社会各界在虹口公园举行的体育活动很多,参与的人数也很多,1941年底日军占领公共租界后,公园的体育活动逐步减少。

日本作家河东碧梧桐曾于1919年游历上海,在他眼中:"新公园说是公园,看上去更像是一个铺满草坪的大广场。"[①] 因此,除了赏景、运动比赛之外,虹口公园有广阔的空间,像一个大广场,是租界居留民特别是日侨,经常举行集会的地方。虹口公园常被军事武装作为操练和阅兵的场所,最早使用公园的是租界的准军事组织万国商团,上海周围政治、军事形势一有风吹草动,万国商团就入园操练。

天长节是日本天皇诞日,是日本人非常重要的一个节日,日侨多次

---

① 陈祖恩:《上海日侨社会生活史(1868—1945)》,上海辞书出版社2009年版,第391页。

在虹口公园庆祝天长节。1932年4月29日,日本占领军和侨民在虹口公园庆祝天长节,韩国抗日义士尹奉吉在现场投弹,制造了震动东亚、影响世界的"虹口公园爆炸案"。抗日战争胜利后,国民党军、警多次入园进行军事演习。

1937年八一三事变爆发,虹口公园被日军占领。抗战胜利后,虹口公园由中国政府接管,改名为中正公园,不久又复名虹口公园。后由于鲁迅墓的迁入和鲁迅纪念馆的设立,虹口公园改名为鲁迅公园。

法国公园

顾家宅公园,是上海开辟最早的公园之一,中国人习惯称之为"法国公园"。园址原系一片农田,有一小村名顾家宅,居住着几十家农户。村里有个姓顾的大户人家,拥有十多亩土地,便建造了一个私家花园,人称"顾家宅花园"。

1900年,法租界公董局用银7.6万两购买这里的152亩土地,并将其中的112亩租给法军建造兵营,故此地被称为"顾家宅兵营"。数年后,法军逐步减少,法国俱乐部等租用部分土地建造网球场等。公董局仅每年象征性收纳1法郎的租金,同意其在东北角处建造弹子房、酒吧、舞厅、餐厅、击剑馆,室外建网球场和法式滚球场,供法国侨民休闲娱乐。1908年7月1日,公董局全体会议决定把顾家宅兵营辟建为公园,并责成工务处提出建设方案,同年开工建设。1909年7月14日,在法国国庆日当天开放,名顾家宅公园。公园在开放初期不收费,西人能够进入,华人禁止入内,但照顾外国小孩的阿妈和西人的仆人除外。1928年7月1日对全体华人开放,发售年券,每张1元,后来游人不断增加。

据《上海园林志》介绍,法国公园早期按法国古典园林风格布局,显著的特点是公园布局中轴对称,呈格子化、图案化。园内有大草坪和几何形花坛,在大草坪边建有音乐亭,用作演奏露天音乐会。公园早期面积不大,1909年开放后,公董局陆续购买了2万平方米土地,1915年又将园西北占地9300平方米的马厩拆除。1917年至1926年,在公董局

法国公园

法国公园景色

的组织下,法国公园又进行了大规模的扩建和改建。

公园初建时,只有东北面开向华龙路(今雁荡路)的一道园门。随着公园面积的扩大和周围道路的开辟,先后增建四道园门。1914年在莫利爱路(今香山路)建一园门,1918年辟吕班路(今重庆南路)、辣斐德路(今复兴中路)口的园门,并在环龙路(今南昌路)建一园门,1925年又在高乃依路(今皋兰路)东端建一园门。

融中西式为一体,突出法国规则式造园风格,为改建后法国公园的一大特点。园北部有两个并列的大花坛;环龙路入口处的玫瑰园,是一个椭圆形图案式大花坛;东北角华龙路入口处是一个方形图案式大花坛;园中部北面是一个长方形的花坛,其两边为连续花坛群,中间有喷水池;中部南面为大草坪,边沿有音乐亭;在南北干道以东,北面有一个小花园,南面是一个小动物园。饲养动物始于1916年,起初是法侨赠送的几只鹤和两只天鹅,以后又增加了一些小动物。八一三事变后,法国公园接收了上海市立动物园无偿移交的一批动物。1938年6月23日，动物园正式对外开放。

公园也增加了一些中国园林元素，如假山、荷花池等。园西南部及南部为中国园，有假山、瀑布、荷花池、小溪。假山区，位于公园西南角，山不甚高，以块石叠成，山脊有道路与平地人行道相通，山上下林木荫翳。山顶有一亭，可眺园中景色。山前的悬崖上凸出一块巨石，石上原有潺潺的流泉下注到一个碧潭内，崖下有一山洞游人可穿入，山水花草引人入胜。荷花池，位于园西南部假山的东北，池面积约2 000平方米，满植荷花，蓄

法国公园假山

法国公园池畔美景

以金鱼。池南长廊水榭，可小憩，可观赏。池边有小溪，曲折向东伸延。改建后的法国公园，中西合璧，其景色在当时上海公园中独领风骚。时人对法国公园的景色有专门介绍：

> 法国公园在辣斐德路北，占地最广，西部有大池，中峙怪石嶙峋，池水曲折东流，水尽处有亭翼然，其下遍植花木，形如张幄。中部有木桥横跨，池荷夏放，绿盖红裳，清俊绝俗。西边有假山，山不甚高，而石磴曲折迂回，山上斲木作座，均形古朴，山下又有人工瀑布，其下有小塘，瀑下注，淙淙有声。四周多花木，小坐其间，苍翠沾衣。①

---

① 詹念祖编：《江苏省一瞥》，商务印书馆1931年版，第187页。

建园初,温室荫棚培育四季花卉,露地栽植的花卉有紫罗兰、金鱼草、三色堇、矮雪轮等,乔灌木有国槐、香樟、梧桐等。随着公园用地的扩大,辟建了法国式沉床花坛,扩建了大草坪、月季花坛。新扩土地上大量种植树丛和花卉,在笔直的大道两旁种植悬铃木,逐步形成具有法国式造园的特色。法国公园里还有一个空间开阔的大草坪,草坪周围有花坛和高耸茂密的大树。公园从落成伊始,一直是法租界节庆活动的中心,法租界当局每年庆祝法国国庆日的活动大都在此举行。届时,法租界当局在草坪上搭建检阅台、观礼台,以举行阅兵典礼。晚上园内彩灯绚烂,燃放焰火,举办舞会,游乐直至深夜。

1944年汪伪上海市政府把园名改为大兴公园,1946年元旦更名为复兴公园。

兆丰公园

兆丰公园于1914年建成,又称极司非而公园。有关"极司非而公园"的名称,有这样一个典故。据说,上海开埠之初,有一个葡萄牙商人路过虹口一家马戏场,听到帐内一少女哭声很悲,便付金为她赎身,并托付于一个美国传教士。后该少女随传教士赴美,就读后复回上海,嫁给传教士。传教士为她在沪西购地建屋,因该女子名极司(Jess),故称此地为极司非而(Jessfield),意为"极司之地"。由于这一风流艳闻在当时旅沪外侨中流传甚广,故"极司非而"在外侨中知名度也很高。

兆丰公园园址在鸦片战争前为农田、坟地,仅在今华东政法大学以东的吴淞江边有一个村落,名叫吴家宅。1860—1862年,英租界当局以防备太平军进攻租界为名,越界强行辟筑极司非而路(今万航渡路)。当时任英租界防务委员会主席的英国人霍格及其兄弟乘机以低价购买了吴家宅以西极司非而路两旁的大片土地,不久又在路南修建了一个占地70亩的乡间别墅。霍格兄弟于1854年开办了霍格兄弟公司,中文名为兆丰洋行,因此他们的别墅习称兆丰花园。霍格兄弟是以建造和经营上海的跑马场起家的,他们利用在沪官商人脉,利用租界管理机构工部局和上海道台的合力，转售土地，获利甚丰。1879年，霍格将极司非而路以北土地售给美国圣公会开办圣约翰书院，也就是后来闻名沪上的圣约翰大学。1914年3月，上海公共娱乐场基金会向公共租界工部局建议，原兆丰花园仍保留不少名贵树木，绿化面貌没有受到破坏，如果买下这片土地，只需稍加整理，就可以作为公园对侨民开放。在当月召开的公共租界纳税人年会上通过一项决议，批准买下这块土地作为新建的风景公园和植物园的核心部分。纳税人会议通过后，工部局立即开始修建。同年7月1日，公园正式对外国人开放，但不准华人入内游览。公园定名为极司非而公园，因这里数十年来习称兆丰花园，所以当时极司非而公园和兆丰公园两个园名通用。①

兆丰公园池畔美景

兆丰公园宜人景色

兆丰公园雪景

兆丰公园是以英国式园林风格为主题，又融入中国传统园林、日本式园林风格的中西合一式经典园林。据《上海园林志》介绍，公园初期规划分为三个区：1.富有乡村风味和野趣的自然风景园，由林地、草地、溪流和湖组成，是游人野餐和聚会的场所；2.植物园，拟尽量搜集原产于中国的各种乔灌木，使之成为最大和最有趣味的中国植物标本园；

---

① 上海园林志编撰委员会编：《上海园林志》，上海社会科学院出版社2000年版，第104页。

3. 观赏游览园，包括宽广草坪、林荫大道、喷泉和雕塑、中国原产花卉园、小型动物园等。由于公园是在长达十多年时间中逐步扩建的，规划中的分区界限已被突破，但是小景区仍基本上按原规划的要求进行建设。经过不断地引种，园内拥有观赏植物70余科、260余种，乔木与灌木2 500多株，为近代上海树种最多的公园。其中有一株中国最大的悬铃木，树高28米，树冠高达31米，此树来自意大利，为寓沪英商汉璧礼爵士所赠，霍格于1866年植于园内。

园中还辟有中国园、日本园、月季园等特色园和植物专类园。中国园以玉兰、桂花、海棠等中国传统庭院植物为特色，园中设牡丹亭一座，又称中国亭。1922年，山东路"救火警钟"被移至中国亭前的草地上。日本园以多种日本松、日本樱花等常绿和特色树木为主体。月季园内收集、展示世界各地的近200个月季品种，常有月季花展览，吸引不少游人来游览。常式花圃中一年四季花开不断，景象万千。公园开放后，还在白利南路（今长宁路）边辟建了一座儿童园，园内设置秋千以及跷跷板、沙池等游戏设施。儿童园门最初设在白利南路，1933年改由公园内进入儿童园。

此外，园内建有一座露天音乐演奏台。演奏台为喇叭形，台前有大草地，可放置上千把活动椅，供参加露天音乐会的游人使用。1935年，侨民爱斯拉夫人给公园赠建一只古典式大理石亭，亭基座似长方形的小舞台，它的阶、栏、台、柱、壁以及二尊半裸体塑雕女神像等均以大理石制成。亭建在园中部原一只中国式凉亭的位置上，建成后就取代了原来的音乐演奏台。

1918年，在公园内设一个很小的动物展览部，展出猴、羊、兔、猫头鹰、天鹅、隼等动物。1921年辟建动物园，1922年8月建成对外国人开放，系上海境内的第一个公立动物园。展出的动物有熊、狼、狐狸、驴、羊、兔，还有几十只鸟禽，吸引不少游人。动物来源是部分购买，部分靠外国侨民赠送，到1936年末，全园动物有100余只。

兆丰公园占地290余亩，为近代上海最大的公园。民国时期出版的《上海市大观》认为兆丰公园为沪上各公园之冠，它对该园的描述如下：

中山公园——原名兆丰公园、又称梵王渡公园、及极司非而公园，在愚园路底曹家渡，占地极广。园分南北二部，架旱桥通之，广野平衍，山林幽壑，各擅其胜，为沪上各公园冠。园西附设动物园，畜熊猴禽鹤之类，游园者均顺便前往参观。园之南部方亭中有巨钟一座，系自山东路外国坟山瞭望台移去陈列者，上海最古之火警钟也。①

民国报人曹聚仁常去兆丰公园，当他到大夏大学教书，或从暨南大学上课回来时，总是会经过兆丰公园，他还曾住过公园的对面，兆丰公园如同他的私园一般。在他的印象中，兆丰公园是如此清幽雅致：

整个公园有假山、树林、鱼池、亭榭之美，就像一只斜放的长靴子。进园之后，有三条路可走：如果从西边那一条路走，这是通往园的西山区去的。穿过草坪，前面是一座小山，山前有小池，曲水周围，种着不少银杏和樟树。山脚有一行密密的黄杨树丛，仿佛是一堵厚厚的矮墙。其间种着月季和牡丹，还有一座鸟头兽足，形状怪异的雕刻，那是欧洲教堂中的一种装饰。那丛林后面，便是规模很大的儿童公园。

从中间正路入园，一路满种龙柏、天竹、鸡爪枫、梅、桃，还有迎春花，这些百花夹拥着道路，迎面是一座浮雕纪念碑。从那儿分路，东面的一条，经过鱼池、假山、草坪，可到茶室。另一条是通向园子的中部和后部去的干道。中道所串的，乃是草坪连草坪，树木连树木，道路连道路的图画，它的中心是一片极大的草坪。草坪东边有一堆椭圆形的冬青树，里面拥着一座长形茅亭。草坪西边是钓鱼池，北部是一座长方形音乐台。旁边就是那座有名的1865年的救火钟。②

---

① 屠诗聘主编：《上海市大观》，载熊月之主编《稀见上海史志资料丛书》第7册，上海书店出版社2012年版，第579—580页。
② 曹聚仁：《上海春秋》（修订版），生活·读书·新知三联书店2016年版，第279页。

兆丰公园以植物造景为主，园内地形起伏自然，有假山、树木、鱼池、亭榭，景色优美。公园的形状像一只从西北向东南斜放着的靴子，以园中部旱桥为界，南部比较宽敞开阔，集全园景区精萃；北部比较曲折紧凑，主要是植物园景区。园门内有一个四季花卉常开的花坛，格外引人注目。

兆丰公园类似于郊野型游憩公园，距离市区较远，交通不便，所以建成之初，游客并不多。20世纪20年代之后，游客才逐年增加，兆丰公园逐渐成为最受游客青睐的游览与野餐地。由于公园地近梵皇渡，故又称梵皇渡公园。1944年6月改名为中山公园，原名沿用至今。

其他租界公园

华人公园

外滩公园建成后，英租界工部局不准华人入园游览，激起华人一系列的抗议和斗争。工部局为缓和华人的愤激情绪，在苏州河南岸，四川路桥与乍浦路桥之间的一片约有5.67亩的空地上，专门建造了供华人休憩的公园。1890年12月18日，华人公园建成开放，初名新公园，上海道台聂缉椝主持公园的开幕仪式，并赐手书"寰海联欢"匾，他说这表达了中外互信牢不可破、友谊真诚可靠的感情。次年改称华人公园，又称中国公园，专供中国人游览，不售门票。

华人公园

园中央建有一座中国古代利用太阳投影计算时辰的日晷台，日晷是铜制的，下面有一个巨大的石麒麟扛起了日晷，显得极为别致。时有传闻，麒麟久受日月之精华，能够变幻，遇女则变作男，遇男则变作女，常在黄昏时候出现。有一天晚上，

华人公园远景

一游人在园中纳凉,突见一美女姗姗而来,主动与游人搭话。游人感到奇怪,急忙拿棍棒驱逐,美女跑到园中央突然就不见了,只有一个石麒麟矗立在眼前,其他什么也没有。游人顿悟,赶紧召集众人说明缘由,众人便用斧断其舌及翼,这种情况才不再发生。

园内杂莳花木,左右有四个茅亭,有供游人闲坐的长椅。如果用房屋来打比方,外滩公园好比是装修精致的豪华别墅,而华人公园则是空空如也的毛坯房,"规模既隘,点缀亦简"。游者当中"以下流居多,中等者次之,上等人则绝迹不至也"。华人公园是苦力工人夏日的纳凉之地,也是他们冬日休憩之地。有记者常去园中散步,多次见到瞌睡汉被巡捕驱逐出园的情形。据报载:

> 记者寓所,与中国公园望衡对宇,故每晨必往散步一周,藉以吸收新鲜空气,然茅亭中及铁椅上,多为小工所占据额,往往横卧椅上,毫无公德心。巡捕见之,必飨以巨灵之掌,然后驱之出园,可恨亦可叹。日昨记者在公园内凭栏观潮,约半句许,见瞌睡汉之被巡捕驱逐出园者,共得十五人。巡捕在东茅亭内掌击瞌睡者,则西茅亭内之人,已入黑甜

乡矣。前车既覆，后车匪惟不戒，且尤加甚，殊可叹也。①

上海解放后，更名为"河滨公园"。

昆山公园

昆山公园在文监师路（今塘沽路）及昆山路之间，地不广，专为儿童而设，故又名儿童公园。花园原址为一块荒地，中间有一个面积6亩多的鸭塘，1895年公共租界工部局以1.5万两规银的代价购得了水塘及其旁边的7亩多的土地，后有又购得相邻的3亩多土地，同年开始施工，填平池塘，种树栽花。1898年7月，建成正式开放，早期规定华人不能入内，1928年6月才对华人开放。1934年改名昆山公园。

建园之初，花园四周以高5英尺，长1 120英尺的木栏栅封闭，环园种植乔木，园中央大草坪是儿童的主要活动场所，草坪边建凉亭4只，各亭有园路相通。西隅有一小屋，里有一张电风扇，为儿童纳凉之用。因公园位于市中心，居民比较稠密，成人要求入园游憩者较多，后工部局工务委员会议决，成人亦可购票入园。花园的一半供孩童使用，以竹篱隔开，其内包括孩童厕所及秋千，其余一半供成人游览。来昆山花园休憩纳凉的外国人也很多，曾有日本人与英国人在花园内发生冲突，虽

昆山公园

在昆山公园前扫雪

---

① 《中国公园瞌睡汉》，《民国日报》1917年12月10日。

起因甚微，形势颇为严重。据《新闻报》报道：

> 有日本海军陆战队士兵数名，在昆山花园纳凉，同时有一俄人某甲（一说为英人年约五旬），偶因燃吸纸烟，抛掷火柴残烬，误中日兵身上，遂引起纠纷，俄人被拳足交加，仍不甘示弱，互扭不释。当有英人汤姆逊忿忿不平，协同俄人抗拒，纷扰中汤亦被攒殴，此时人多嘈杂，固无人可证明孰是孰非。未几，此二西人即由日兵扭出园外，拘入沈家湾日本陆战队虹口派出所，一时观众云集，尤以日侨为多。虹口捕房得报，即由捕头亲往该派出所查询，而日本陆战队本部安田参谋暨日领署人员亦同时到来，互商良久，越一小时许始将英人等释出，事出后捕房人员及日陆战队调派乍浦路海宁路一带防范，形势颇紧张，至十二时半始各散去。①

1947年11月，上海市慰劳总队为招待过境新兵暨驻沪部队，筹募慰劳经费起见，假虹口昆山花园举办"世界吃水大王"董守经、"飞将军"皮德福两项技术表演。董守经漫游世界各地，表演"吃水""活吞金鲫鱼""水中吸烟""吃汽油"等绝技，备受欢迎，檀香山的报纸称为"人体的喷泉"，南洋华侨赐以"水怪"的称号。皮德福擅长飞车走壁，之前在仙乐花园表演，观众超过了10万人，也深受观众喜爱。军人参观完全免费，所收费用除必要开支，全部用于劳军。

昆山花园曾经历过多次毁灭性的破坏。1940年，被日军占为临时集中营。1949年上海解放前夕，国民党军把这里作为停车场，花木也大多被毁。上海解放后，园林工人重新平整土地，修复道路，种植树木，于1950年1月开放。

一儿童在昆山花园中留念

---

① 《昆山花园日本水兵与西人冲突》，《新闻报》1934年7月2日。

汇山公园

1909年，公共租界工部局于华德路（长阳路）和韬朋路（通北路）交界处购得36亩土地，建成汇山公园，于1911年6月30日开放。园属英式格局，垒石成山，凿地成池，草坪连片，遍植苗木。西北隅有一"荷兰花园"，置儿童游乐设施，另设有草地滚球场6片，草地网球场17片，是租界侨民进行草地滚球的主要基地。公园早期只对外国人开放，1931年9月，租界当局慑于舆论，始容许中国人入园。

关于汇山公园，流传着这样一个传说。据说在一天的晚上，有一群仙女来到园里聚舞，经她们踏过的地方，草就不再生长，于是出现了一个秃圈，而人们便把这个秃圈称作"仙环"，虽然后来经过一番研究，证明这是植物学里的一个问题，打破了曾经有仙女聚舞的传说，但由于这个传说，却给汇山公园留下了凄美的情调。1937年，日军发动八一三事变，汇山公园受到损坏。1938年1月，汇山公园的修复工作开始。1938年上海公共租界工部局公报的公园报告称：汇山公园之地球场，在刈除杂草后铺平，并面敷园中之肥料；园中之垃圾，均收集焚化，弹穴已填平，损坏之水沟已修筑；各灌木丛及花坛之清扫，以及折断树枝之移除，均已着手。1944年6月，易名通北公园。

二战时期，由于纳粹德国实行排犹政策，3万名来自德国及东欧地区犹太难民，历尽艰辛来到上海。1941年12月太平洋战争爆发，上海全面沦陷，仍有约25 000名犹太难民留在上海，他们大多居住虹口。日本侵华当局以犹太难民无国籍为由在虹口区境内西起公平路，东止通北路，南起惠民路，北至周家嘴路，设立犹太难民隔离区。汇山公园是当年上海犹太人休息场所。20世纪40年代在这里有过两次重大政治活动。1944年7月16日晚，上海犹太人组

汇山公园一角

织在此举行报告会，纪念赫茨尔博士逝世40周年以及比亚利克和雅布延斯基两位已故犹太名人。1947年4月22日，8 000名犹太人曾在这里举行集会，抗议巴勒斯坦的英国当局绞死4名"伊尔贡"（犹太复国主义军事组织）组织成员，是为上海犹太人规模最大的一次政治活动。

1950年，汇山公园移归上海总工会，改为沪东工人俱乐部，并悬挂"劳动公园"匾额，对职工免费开放。

凡尔登花园

凡尔登花园，坐落在霞飞路（今淮海中路）北、迈尔西爱路（今茂名南路）西、蒲石路（今长乐路）南，时为霞飞路474号。

该园原为德国花园俱乐部，一战后期，中国与德国断交，英法两国与德国激战正酣，法租界公董局遂把德国花园俱乐部作为敌产接收。1917年7月14日，在法国国庆节当天向外国人开放，初名霞飞路公共花园。为纪念法德两军进行过激战的凡尔登战役，同年将园名改为凡尔登花园。1919年，该园面积为61.9亩，翌年又购入6亩余土地，成为南临今淮海中路、北邻今长乐路、东沿今茂名南路的占据半个街坊的大花园。

由于该园地处交通要道，又是俱乐部性质，室内活动设施较多，法租界的花卉展览、音乐会、魔术表演等娱乐活动，大多在该园内进行。起初公董局仅允准将园内西部草坪用作体育运动，1919年在园内建网球场，数量最多时达18个，一度还有足球场。园内还有各种奇巧戏目、焰火、影戏、跳舞等。同年2月，公董局将凡尔登花园北部15亩土地售给法租界体育协会建造房屋和室内游泳池，南部40余亩土地及体育设施也租给该会使用。该园仅存数年，1925年起园址被改作后期法国总会。

1939年初，公董局决定将花园南部靠近今淮海中路约12亩的土地辟建为公园，因位于公园西北侧的住宅区已取名凡尔登花园（今长乐新村），遂取名凡尔登中心公园对外开放。1942年2月，公董局决定关闭这个公园。1947年，上海市政府工务局、教育局先后提出收回凡尔登公园，另辟作公园或体育运动场所，但因法国方面反对而未果。上海解放后，该园一度被辟建为体育公园，今为花园饭店的重要组成部分。

霍山公园

园址在虹口提篮桥，位于今霍山路118号。民国初年，居住在这一带的外侨集资租赁辟建侨民儿童游戏场所，1916年传闻此地要建厂，于是一些侨民向公共租界工部局写信建议改作公园。1917年，经租界纳税人年会批准，工部局以规银1.88万两购买了这块5.47亩的土地。同年8月公园对外籍儿童开放，取名斯塔德利公园。20世纪20年代初，公园门口对面辟建舟山路，园名改为舟山公园。1931年9月1日起，对华人开放。

公园初建时只种植了一些花草树木，并设置少量儿童游戏设施。后来为增加园内植物景观层次，在园内添种常绿耐荫灌木。1925年建一凉亭。1927年建了盥洗室和饮水喷泉。公园极受游众欢迎，附近儿童常在父母或保姆的带领下，到公园游玩。1932年初秋，一场台风使上海美专校长刘海粟与后来担任上海美专教务主任的谢海燕在舟山公园不期而遇，历史的偶然使他们成了知己，开始了几十年来合作的事业。第二次世界大战期间，大批犹太难民为逃避法西斯迫害来到上海，日军在公园附近设隔离区，限制犹太人行动。

1944年6月更名为霍山公园。

南阳公园

原址位于南阳路169号，爱俪园（又称哈同花园，今上海展览中心）以北、小沙渡路（今西康路）以西、哈同路（今铜仁路）以东的范围内，占地5.49亩，此处称金家浜，住有吴、沈、姚、顾诸姓居民，曾租与英商宝源祥洋行，后又多次转租。1921年12月，公共租界工部局以规银3万两购得这块土地辟建公园。1922年公园建成，初名南阳路儿童游戏场，仅对外国人开放，华童不准入内。直至1934年7月26日，中国儿童在家长或保姆陪同下才被准许进入，是上海租界公园中最晚向中国人开放的公园。

公园进口处有一圆形草坪，种植一些针叶树。里面有一块较大的椭圆形草坪，为儿童游戏区，置有秋千、跷跷板、滑梯等儿童游乐设施，并建有凉亭和儿童厕所。该园游客众多，颇受儿童的喜爱。1925 年，公园一度被美国海军陆战队占用，园内的植物也被移出。1928 年，又恢复成儿童游戏场。

1937 年更名南阳儿童公园，1951 年 7 月又改名南阳公园。园址今为上海商城一部分。

宝昌公园

宝昌公园位于霞飞路（今淮海中路）、麦琪路（今乌鲁木齐中路）、白赛仲路（今复兴西路）的交汇处，占地仅 3.66 亩。1924 年 3 月，法租界公董局决议在此地辟建公园，同年 4 月建成对外侨开放，主要用作儿童游戏场，因霞飞路原名宝昌路，公园名为宝昌公园。"宝昌"两字是法租界公董局前董事的名字，因其服务法租界达 17 年之久，后曾荣任总董，遂把该路命名宝昌路。1931 年起，公园对华人开放。

公园呈等腰三角形，三面设围篱，沿边设三道园门，为避免儿童发生车祸，1925 年底封闭了车辆来往较多的霞飞路、白赛仲路两道园门。园内绿化布置，除种植一些乔灌木外，其余铺满草皮。园内有一个小亭子，装置了秋千、滑梯、跷跷板等儿童活动设施。

1943 年更名为迪化公园。1954 年改名乌鲁木齐路儿童公园，后改为街心绿地。

贝当公园

贝当公园，位于斯德郎路（今广元路）、贝当路（今衡山路）、汶林路（宛平路）路口。1925 年 8 月，法租界公董局计划在此辟建公园。原址北部有一条旧河道，地势低洼，施工中用来自疏浚徐家汇河的河泥陆续填高场地，铺种一片大草坪，种植一些树木，1926 年始成花园格局。当时适逢北伐战争，租界内法国驻军大增。为此，1927 年 4 月公董局决定将该园改为贝当路蔬菜园，种植蔬菜以供应驻军。1932 年后，该园逐步恢复成公共园地。1935 年 3 月的公董局会议决定大幅度整修公园，旋即新建由水泥柱和竹篱组合成的围篱，以及贝当路公园入口的旋转式栅

贝当　　　　　　　　　　贝当公园

门。1922年，法租界公董局劈筑了一条从今桃江路至肇家浜路华山路的道路，为纪念在一战中为法国做出卓越战功的法国元帅贝当，该路取名为贝当路。因公园坐落在贝当路上，故定名为贝当公园。

1936年3月1日，贝当公园正式对外开放，实行购票入园。正式通告中称，凡持有顾家宅公园常券者，概得入内游览。园内环境清幽，碧草如茵，茅亭翼然，石像峙然，诚游客之乐园。当年入园人数为22 179人次。受战争影响，1937年的公园游客量略有减少。后来为吸引游客，增加了贝当公园的花卉装饰，1938—1942年的年均种植花卉达1.5万多株。该园1940年的游客人数达64 473人次，1941年更是达到87 765人次，游人数一直位居法租界小公园之首。[1]

1943年10月，该园改名为衡山公园，园名沿用至今。

新加坡公园

新加坡公园，位于新加坡路（今余姚路）、赫德路（今常德路）交汇处。1930年公共租界工部局买进沿新加坡路的25亩土地，准备将其中的一部分辟作公园和运动场地。考虑到该地坐落在人口稠密地区，儿童众多，工部局于是年底划出2.5亩辟建儿童公园，于次年4月25日对外开

---

[1] 王云：《上海近代园林史论》，上海交通大学出版社2015年版，第221页。

放，取名新加坡路公园。

公园并不大，约有外滩公园的一半，园内只有点草地及树木，花卉并不多。公园不售门票，凡持有兆丰公园季券的人，可以入内游玩，所以这个公园也可以说是附属于兆丰公园。儿童活动区内游戏设施较多，有11座秋千、4座跷跷板、1个沙坑，还有1个避雨棚，周围种有多丛常绿灌木丛。开园后，园内儿童游客甚多，附近华人学校的学生和成人游客也时常光顾该园。该处附近有美国及英国兵营，园内西洋兵较多。

1933年工部局决定在此建造华人女子中学（现为市第一中学），1934年7月又决定在此建游泳池，园内植物和儿童游戏设施被迁至新建的胶州公园儿童活动区，是年年底公园关闭。

胶州公园

胶州公园，又名晋元公园，原址南临昌平路，北近新加坡路（今余姚路），东临胶州路，西南界延平路，西北为民宅。1931年，公共租界工部局先后购买了约46亩的土地，建立公园。1934年11月15日，公园的儿童园先行开放。1935年5月12日，整个公园建成开放，定名胶州公园。

胶州公园是以体育活动为主的综合性公园。园呈长方形，东西长，南北狭。中部和东部的体育活动区是一片宽广的草坪，四周环绕宽10英尺的煤屑人行道。东部草坪为足球场地，也可作为橄榄球或棒球场，足球场东边建有容纳千名观众的木看台，场地周围种有各种花草树木。东部和中部有小路分割，路旁植樱桃。中部草地是网球、曲棍球活动的场所，网球场和曲棍球场曾多达30多个。公园西部用灌木丛分隔成南北两块，南面为儿童园，园中有秋千

胶州公园一角

谢晋元

架、跷跷板、滑梯等儿童游乐设施，是由附近的新加坡公园移来的。儿童园四周种有高大成荫的杨柳，沿路边是一批常绿灌木林。北面布置成供教学用的植物园，每种植物均挂标牌，供学生参观学习。1934年12月起，工部局把公共租界唯一的气象测量点设在胶州公园，每天都要公布测量结果。由于该园是以体育活动为主的公园，为使参加和观看运动的人与游客各不相扰，设有多处进出口，除昌平路有东大门、西侧门外，胶州路也有两处出入口。延平路另有一门可直达儿童园和学生园。

1937年八一三淞沪抗战时，国民政府军八十八师五二四团团副谢晋元，率部坚守上海北站阵地达2个月之久。10月26日，谢晋元奉命掩护大军转移，率该团一营的"八百壮士"转入扼守苏州河北岸的四行仓库，先后击退日军多次猛烈进攻，击毙日军200余人，胜利完成了掩护任务。

谢晋元等人守卫的四行仓库

该营的抗日爱国行动，激励着上海人民的抗日热情，谢晋元被国民政府晋升为上校团长，授予青天白日勋章。同年10月31日，部队奉命撤入公共租界，被租界当局缴械后由万国商团羁留于公园西北的新加坡路44号营地，被称为"孤军营"。11月12日，上海沦陷，租界成为"孤岛"，孤军处境险恶。谢晋元在"孤军营"内注意整顿军风纪，维持严格的军队生活，坚持军事训练。他曾多次拒绝日伪的威胁利诱，始终表现出中国爱国军人的民族气节。1941年4月24日晨，谢晋元与以往一样率领官兵出操，突遭叛兵暗杀身亡，遗体葬于"孤军营"内。1947年，为纪念这位抗日名将，国民政府将"孤军营"邻近的胶州公园改名为"晋元公园"。

1956年更名为上海市工会联合会江宁区工人体育场，今为静安区工人体育场。

兰维纳公园

兰维纳公园，在法租界霞飞路（今淮海中路）北，亨利路（今新乐路）南，劳尔东路（今襄阳北路）东，园址原是农田及墓地，其中有颜料巨商薛宝润家族的墓园，今为淮海中路1008号的襄阳公园。1938年法

兰维纳公园

租界公董局购买了这里共35.31亩的土地拟建造该局新办公楼。1940年法国政府向德国投降，建办公楼之议遂搁置。1941年8月，公董局决定把这块土地建为公园。1942年1月30日对外开放，门券每张3元。为纪念在抵抗德国法西斯的战争中阵亡的法国驻上海总领事馆原外交官兰维纳，定名为兰维纳公园，并在园内建立一座大理石的兰维纳纪念碑（1949年被拆除），纪念这一位为维护正义而牺牲的战士。因该公园临近杜美路（今东湖路），上海人习惯上称它为杜美公园。

入园是一条林荫大道，大道两侧列植大悬铃木。大道的近端两侧是地毯式草花花坛，远端以一圆形亭为焦点，后来改建为绿色琉璃瓦结顶的六角亭。公园北部是一块大草坪，草坪中间植有划分空间的少量树丛。草坪西北的有一圆形喷水池，池中央有一座喷水假山。公园内的小路多数呈圆弧形，园路交汇处布置多处花坛。园内景色最特色之处，是行人道都以红棕色的砂石铺成，予游人以特殊之印象，推陈出新，真可谓"踏破全沪无觅处，只此一家有颜色"。花圃的设计，紫红黄绿……配合浓艳彩丽，满呈法国作风，植成"拉维纳"法文名前缀字母，更显匠心。

该园于1943年改园名为泰山公园，1946年改名林森公园，今为襄阳公园。

近代上海主要租界公园

园名	建成时间	建立机构	位置	备注
外滩公园	1868年	公共租界工部局	外白渡桥南堍	又称公家花园、外国花园、外摆渡公园、大桥公园等
华人公园	1890年	公共租界工部局	四川路桥南堍东侧	上海解放后更名为河滨公园
昆山公园	1898年	公共租界工部局	昆山路	又称昆山广场、昆山儿童游戏场
虹口公园	1906年	公共租界工部局	靶子场路	又称虹口娱乐场，1945年更名为中正公园

（续表）

园名	建成时间	建立机构	位置	备注
法国公园	1909年	法租界公董局	吕班路、辣斐德路	又称顾家宅公园，1944年更名为大兴公园，1946年更名为复兴公园
汇山公园	1911年	公共租界工部局	韬朋路、汇山路	1944年改称通北公园
兆丰公园	1914年	公共租界工部局	极司非而路	又称极司非而公园、梵皇渡公园，1944年更名为中山公园
凡尔登花园	1917年	法租界公董局	霞飞路、迈尔西爱路	1942年公董局决定关闭该园
霍山公园	1917年	公共租界工部局	霍山路	又称斯塔德利公园、舟山公园，1944年更名为霍山公园
南阳公园	1922年	公共租界工部局	南阳路	又称南阳路儿童游戏场，1937年更名为南阳儿童公园
宝昌公园	1924年	法租界公董局	霞飞路、麦琪路、白赛仲路	1943年更名为迪化公园
贝当公园	1926年	法租界公董局	贝当路	1943年更名为衡山公园
新加坡公园	1931年	公共租界工部局	新加坡路	1934年工部局将该园关闭
胶州公园	1934年	公共租界工部局	胶州路	1947年更名为晋元公园
兰维纳公园	1942年	法租界公董局	霞飞路、劳尔东路	1943年更名为泰山公园，1946年更名为林森公园

上海租界公园位置示意图[1]

第二节　华界公园概述

中华民国成立后，特别是北伐战争胜利后，上海华界市政公园建设得到了一定程度的发展。1927年7月7日，上海特别市政府正式成立，直属南京政府。上海特别市政府建设的公园，有在文庙基础上改造的文庙公园，也有全新规划设计的市立第一公园。

文庙公园

被称为"东方巴黎"的上海，是我国第一大文化与经济中心，包含

---

[1] 刘欣雅：《晚晴至民国时期上海租界园林与天津租界园林的异同》，北京林业大学2016年硕士学位论文。

着我国最复杂最广大的社会内容。然而在这样一个大都会中，除去租界不说，在我国自行管理下的华界，却向来欠缺应有的几个大公园。沪南人口稠密，市肆繁盛，独公园之设立尚付阙如，市民缺乏游憩的机会。南市的半淞园，也算不得是一个现代的公园，只是过去老式的花园而已。

文庙公园由上海文庙改建而成。上海文庙亦称学宫，旧时为上海祭祀孔子、文人聚会和讲学之地，始建于南宋景定年间。1853年上海小刀会起义，起义军在文庙设军事指挥大本营，两年后清军攻陷上海县城，文庙被炮火所毁。1855年上海士绅以旧址难以收拾，乃迁新县学于西门内重建文庙，占地17亩余。以棂星门、大成门、大成殿为中轴，周围有崇圣祠、明伦堂、尊经阁、名宦祠、乡贤祠、兴贤坊、育才坊、泮池、魁星阁等，成为大型祀孔建筑群。

文庙公园大成殿

文庙公园魁星阁及石牌楼

1924年5月，上海文庙洒扫局董王慕结创议将文庙开放以建成公园，定名上海文庙园，受到局中多名司董赞同，均列名发起，准备移交县议会议决办理。此议一出，不乏响应之声。将文庙辟为公园，在上海市民陈松盛看来有五大益处：辟荒庙作公园很合地位上、经济上的打算；文庙旧有的泮池，这是现成池沼，很合公园的布置；文庙既是尊孔，借此开放大可供人瞻仰，引起他人崇拜孔子的思想要比终年封闭好得万倍；有了公园，市民得到正当的游憩，要远远胜过伤风败俗的游戏场或从事呼卢喝雉；使西人来游玩，可以睹孔子的尊严，又示以华人的宏量，使彼觉悟从前的非礼。他还表示："很希望各处一律从事开放，非但是开放文庙，就是专供各种土神泥偶的庙宇亦要一律辟为公园，这一来他们西人就不能'专美于前'了。"① 陈松盛表达了上海市民的心声，市民对公园的渴望，以及将文庙改建为现代公园的迫切心情，由此可见一斑。

1928年秋，上海少年宣讲团发起人汪龙超及市民尹勇，先后呈请上海特别市政府将南市原有之文庙加以改造成文庙公园。上海特别市政府将该呈文下发给市工务局，要求其核议具覆。接到市政府的饬令后，工务局局长沈怡即亲赴文庙勘察。在给市长的呈文中，沈怡支持汪龙超将文庙改建公园的提议，认为："文庙地点位于西门南部，交通极为便利，内部空地亦多，以之改造公园，甚属合宜。"后迭经筹议，市长张定璠于是年年底核准将文庙改建为公园，唯将所呈原计划中的图书馆改作民众教育馆，所需设备由教育局计划。1929年，张群接替张定璠出任市长，工务局与教育局在改造计划上又时有争论，且因财政原因而使文庙改造计划陷入困境，因此进程十分缓慢。

1931年底，文庙内改筑上海民众教育馆，内部格局"公园化"，园内各项布置以及花草树木，参照各大都市公园，文庙遂被称为"文庙公园"。民国时期出版的《上海市大观》载有对文庙公园的介绍：

> 文庙公园——在小西门文庙路，系将文庙旧址改筑而成，故名。园占地不广，而池沼花木，点缀得当，可供游览，园中有演讲厅，每日演讲通俗故事。此外有图书馆、一二八战迹陈列馆，及卫生标本陈列所等，昔之祭堂仍保持原状，陈列各种礼乐祭器。园之对面为市动物园。②

---

① 陈松盛：《文庙辟为公园之益》，《申报》1924年7月15日。
② 屠诗聘主编：《上海市大观》，载熊月之主编：《稀见上海史志资料丛书》第7册，上海书店出版社2012年版，第580—581页。

1932年6月1日，文庙公园正式成立开放。改造后的文庙公园，化身为一个教育化的公园，设有民众教育馆、图书馆、一·二八战绩陈列馆、儿童阅书室、卫生标本室、播音室、平剧研究室、笙鼓室、演讲厅等，以增进市民智识，培养一种积极向上的精神和意志。各界在民众教育馆举办了众多活动，如孔子诞辰纪念大会、国际妇女节纪念大会、卫生运动大会、国民救亡歌咏大会、新生活晚会等，发挥了陶冶市民、教育市民的社会教育功能。

八一三事变之前的南市，人口众多，建筑雄伟，商业繁盛，交通便利，真可谓车水马龙，往来如织。因文庙公园有骨格、有意义，是海上公园中的处子、沪南仕女的福地，被称为上海市政的荣光。

1937年淞沪抗战爆发，南市时遭日机轰炸，富有者莫不迁避租界，国民政府军队退守南市，日空军滥肆轰炸，虽平房庙宇，亦为其投弹目标，同时又以炮火猛烈进攻，军队水断粮绝，忍痛西移，南市遂沦于日军之手。南市建筑或被炸或被焚，已无完整者，弹痕瓦砾，断壁残垣，历历可见。文庙公园亦毁，但庙宇独能保持，却不常有游客出入。南市居民回忆起文庙公园，内心充满怀念："城南毁了，流寓上海长久了的人，对于文庙公园，一定会致着深刻的怀念，我相信。尤其在城南居留过的更不会忘记文庙公园那清新的风景所给予的好感。"[①] 抗战胜利后，文庙公园经修缮后，举办了不少大型的公众集会。

市立第一公园

原址在今杨浦区五角场镇，东界国和路，西至国济北路，南接政通路，北沿虬江，与上海市运动场（今江湾体育场）隔江相望，面积约为75亩，是近代上海华界市政当局建造的第一个颇具规模和水平的市政公园。

1929年，上海市政建设讨论委员会、市中心建设区域委员会等拟定的《建设上海市市中心区域计划书》，对设定的江湾新市中心区域建设作

---

① 华子：《劫火话城南（续）》，《上海生活》1938年第2卷第4期。

市立第一公园景色

市立第一公园南首直路

了规划。1930年7月，市政府批准在市中心区设立公园附设运动场的规划方案。规划建设公园三个，先建其一，故名市立第一公园。规划中的第一公园在行政区的西南部，虬江横贯其中，占地340余亩，公园西南为大门区，西部为花坛区，中部为森林区，北部为运动区，东南为池岛区。1932年1月，开始兴工建设，一度因一·二八事变爆发，工程被迫停顿。1934年初修改规划，虽基本延续原规划的分区格局，但规模明显缩小，1935年10月落成对外开放。公园不收门票，春秋佳日，游玩和野餐的游客甚多，还时有童子军到公园露营。

公园富有江南水乡特色，东部为湖岛区，有占地约4亩的碧湖，湖中小岛上建亭以观览湖景。碧湖以人工河北通虬江，河上架木桥，过桥为假山风景区，大假山奇峰突兀，另有一些小假山。站在假山上拍照，利用湖水作背景，是一个极好的镜头。园西部为花坛区，并建有培育花卉的温室。西南部为儿童园，园中草坪上备有多种儿童游乐设施，如秋千架、跷跷板、沙地等。园中部为树林区，种植多种乔灌木，颇具乡村山野景象。公园以内外两套环路为主园路，既区分又沟通了内外。沿公园四周贴近园界，设直线

童子军在市立第一公园露营

型外环园路，从公园外侧串联各功能区，于环路外侧密植乔灌木以分隔内外。内环园路呈自然曲线形，环绕公园中部的自然游息区，从公园内部联系各功能区，沟通各主要景点。①

1937年八一三事变爆发，市立第一公园毁于炮火。

第三节　公用私园举要

私人花园古已有之，但公用私园出现却是近代才有的事情。租界当局不允许华人进入租界公园，严重伤害了中国人的民族自尊心，也体现了近代上海社会的半殖民地特征。当社会公共服务无法满足华人日益增长的休闲娱乐需求，一定程度上也刺激了公用私园的出现和发展。近代上海公用私园很多，比较著名的有张园、徐园、愚园、半淞园，还有申园、大花园、西园、六三园、敏园、叶家花园、丽娃栗妲村等，其中张园名气最著。

张园

味莼园，位于静安寺路（今南京西路）之南，同孚路（石门一路）之西。园址在麦特赫司脱路（今泰兴路）南端，原为英商和记洋行经理格农的花园住宅，占地20余亩。格龙本以经营园囿为业，故该园布置颇具丘壑，有洋房一所，洋房前有大池沼种植荷花。四围沙路曲折，树木葱茏，旷场一片，细草平软。1882年，寓沪富商张叔和用银1万多两购得格农宅地，将该地命名为"张氏味莼园"，习称张园。其后数年内，园地逐渐拓展至70余亩。1885年4月17日起，张园对外开放。开放之初，并不收费，后因一些游客任意攀折花木，破坏严重，张叔和决定从1886年1月开始收费，门票银洋一角。

---

① 王云：《上海近代园林史论》，上海交通大学出版社2015年版，第252页。

张氏味莼园园名,源于张翰"秋风起,思莼鲈"的典故。张翰,西晋吴县人,才华横溢而纵任不拘,时人比之为阮籍,时称"江东步兵",被齐王辟为大司马东朝掾。他在仕途顺畅时,忽萌退意,一日托词见秋风起,思故乡菰菜、莼羹、鲈鱼脍,遂以莼鲈之思为由,辞官而归。后来恋于官位的同僚多在政争中丧生,他却因此而得以保全。此事成为历史上不恋官位、退隐山林的著名典故。张叔和与张翰同姓,又是同乡,所以用"味莼"隐喻"张"字,也有不恋官位的寓意。张园大门题"烟波小筑"四字,取唐代诗人张志和(号"烟波钓徒")浮家泛宅之意。

张叔和,名鸿禄,字叔和,无锡人。1880年,他以广东候选道的身份,到轮船招商局帮办事务,翌年被正式委为帮办。1882年至1885年,他与唐廷枢、徐润、郑观应为轮船招商局四个主要负责人。他起先经营海运、漕米,后专管漕米事务。1885年9月,因招商局亏款问题,与徐润同被革职。此后,主要致力于实业,除了经营张园,还在《新闻报》、华盛纺织厂等企业中拥有股份,1915年任振新纱厂经理,并投资荣氏兄弟在上海创办的申新一厂。张叔和是一个善于经营的商人,他一改江南园林小巧而不开阔、重悦目而不重卫生的特点,仿照西洋园林风格,以洋楼、草坪、鲜花、绿树池水等为筑园要素,在其经营下张园已是一座中西合璧的新式花园,园内崇楼高阁,绿草如茵给人以宽广、明丽的感觉。时人这样评论:

> 自来治园之道,必有山水凭藉而后可以称盛,若毫无凭藉,空中结撰,则维扬、姑苏间或有之。维扬盐商所营,姑苏豪富所筑,不惜重资,务极华丽,不留余地,但事架叠,大抵不离乎俗者近是,何也?以其全资楼台亭阁,装成七宝,或侈为楠木之堂,雕镂则极意精工,垩漆则必求金碧,又或堆叠太湖等石,充塞其中,绝无空隙。登陟则有失足陨身之虑,游行则有触额碍眉之苦,凡此皆治园之大弊也。……考泰西治园之用意,乃为养生摄身起见,与中国游目骋怀之说似同而实不同。西人以为凡人居处一室之中,触目触鼻,一切器物,皆死气也,西人谓之炭气,无益有损,惟日日涉园,呼吸间领受生气,西人谓之养气,乃为养

张园安垲第和大草坪

身之道。若山水，若草木，若花卉，皆生气也。既领生气，尤须开怀抱。夫大开怀抱，非拓地极广极大不为功。中国人但以悦目为务，不察护身之理，往往计不及此。惟此味莼一园，能深合西人治园之旨。园之东半隅，本二十余亩，园之西半隅，今又扩二十余亩，合之五十余亩。东西浚巨沼各一，东南有池一，小港则由西而南而东，环绕四达，一苇可枕，临流赋诗，坐矶垂纶，无乎不可。浮于沼者，莲叶田田，泳于池者，游鳞喋喋。杂花生树，四时不间，奇卉列屏，千色难状。①

1892年，张叔和在张园新建一座高大洋房，名之曰"安垲第"。此楼由上海著名的建筑设计事务所有恒洋行的英国工程师景斯美、庵景生设计，由浙西名匠何祖安承建，1893年10月竣工。景斯美以英文Arcadia Hall名其楼，意为世外桃源，与"味莼园"意思相通，中文名取其谐音

①《味莼园续记》，《申报》1889年7月16日。

安垲第前的茶座

张园门口车水马龙

"安垲第"。安垲第位于园中央,为当时上海最高大的西式楼厅,分上下两层,开会可容纳千余人。在二楼西北角上建一敞开式望楼,可一览全园胜景。清末民初上海的政治集会大多假此举行,平时则作为餐饮、游乐之处。安垲第前有一大草坪,可容纳数千人,是举行室外大型集会的场所。有游人在《新闻报》上撰文,表达了对安垲第的喜爱:

> 安垲第者,锦砖砌成之大洋房也。居园之西偏,高耸层霄,下临无地,周围文石阶台,宽阔盈丈,拾级而升,则重门洞开,四通八达,其中庭排宴可至五十余桌,四面走马高楼,如戏院看楼之式,而旷爽明洁,莫之与京。正面楼台,则作新月之形,云梯直上,有前报所登《味莼园记》中韬华阁者,如鸟道羊肠,盘旋而上,登其巅则园中胜景一览无余,且东西马路,棋局纵横,裙屐偕临,冠裳毕聚,车如流水马如龙,正合斯时情景。遥望洋场,觉浦树江云,绵渺无际。又名曰高览楼,目下重阳节近,正可以登高眺望,藉扩吟怀。尤可观者,庭际之顶,悬嵌极大自来火灯四盏,可三四人合抱。据西人言,其光华照耀,与日光无殊,为沪渎所未见,于今晚燃点,与庭前所放烟火两相辉映,洵入不夜之城,当更目迷五色。古昔名园称靡华者,试较之今日,恐亦退逊三舍。美景良辰,未堪辜负。及时行乐者,尚其秉烛

夜游，勿失之交臂焉可。①

至其室中，宜于春，一俯视间，万花满目；宜于夏，四通八达，举室生风；宜于秋，风高气爽，心旷神怡；宜于冬，四座温和，宛如黍谷。且更宜于晴，春和景明，瞳瞳旭日；宜于雨，潇潇洒洒，闭户不知；宜于风，万木偃仰，摇曳生姿；宜于雪，凭栏四顾，万顷琼瑶；宜观书，窗明几净；宜作画，境静心清；宜抚琴，月明风细；宜弹棋，人散酒阑；推而及于饮酒赋诗，清歌曼舞，有心作乐，无乎不宜。为园而至于如此美矣备矣，蔑以加矣。②

此外，园中还有曲池、荷沼、花房、假山等。除了美景之外，这里还有弹子房、抛球场、脚踏车，有书场、滩簧、髦儿戏，有茶楼、饭馆、旅馆，可吃、可喝、可看、可玩、可住。因此，张园在清末民初士女如云，享有很高的盛誉，时人曾作如下评论：

本邑租界各花园，地址以张园为最大……园内有弹子房、点膳铺、抛球场、茶座、照相馆等。其最高大之洋房曰安垲地，中央平坦，四周有楼，上下可容千人，故凡开会演说，恒有赁此者。楼之东北隅，复筑有望楼一，拾级而登，可纵览全沪风景。安垲地之西南，曰海天胜处，即现在之中国品物陈列所，幽雅宜人。东北隅有西式旅馆，南首有曲池一，板小桥三，池内荷花，红白掩映。池心有小屿，杂栽松竹。桥西垂杨，与四周杂树，摇曳生姿，颇饶画景。以是春秋佳日，士女如云，咸以此为游览地，盖沪上园林中巨擘也。③

20世纪初，张叔和将张园租给西人人经营。西人将该园互租，管理混乱，1905年沙俄军队曾在园内驻扎。1909年，张叔和将张园经营权

---

① 《安垲第纪游》，《新闻报》1893年10月15日。
② 《张氏味莼园后记》，《新闻报》1893年10月2日。
③ 环球社编辑部编：《图画日报》（第一册），上海古籍出版社1999年版，第110页。

收回，一番修葺后重新开放，怎奈营业不振，张园的游人量逐年减少。1909年，被誉为"海上大观园"的哈同花园建成，吸引了不少文人雅士、达官贵人的眼光。民国以后，张园经营每况愈下，园渐荒废。1919年园主将该园售卖，改建为住宅。

徐园

徐园，又称双清别墅，由富商徐鸿逵建造，俗称徐家花园。徐鸿逵，字棣山，浙江海宁人，清末到上海经商，开设了怡成丝栈，在上海丝栈中颇有名气，拥有大量资财。1883年徐鸿逵在闸北唐家弄（今天潼路）购地3亩余，堆土垒石为山，挖沟引水为溪，种花植树，建阁筑亭，建成一座传统式的园林——徐园，为清末沪北十大景致之一。成园初期为园主自己使用，1887年1月起对外开放，门票银洋一角。

徐园为传统的中式园林，园不甚大，却精巧典雅，曲折回环，深得宋元山水庭院画的精髓。园内有草堂春宴、寄楼听雨、曲榭观鱼、画桥垂钓、笠亭闲话、桐荫对弈、萧斋读画、仙馆评梅、平台远眺、长廊觅句、柳阁闻蝉、盘谷鸣琴等十二景，其雅致概可想见。

晚清文人池志徵在《沪游梦影》中这样描述徐园：

徐园，海宁徐棣山司马之园也。园不甚大，其中为堂、为榭、为阁、为斋，又列长廊一带，穿云度水，曲折回环，其布置已为海上诸园之最。虽然杉桐桧柏，奇花美草，华堂彩榭，鸟笼兽圈，皆为匠园者意有之物，而又一村实为独得之境。村在园西幽深处，隔以粉墙，游此园者鲜知此中有村。村口以树条编青篱，聊成户形。篱外一河，横可数丈，左畔有板桥可渡。渡河数十步，有茅屋数间，外绕以竹柏柳杏，树梢高挂一幌，曰"沽酒处"。入其屋中，槿篱土壁，竹榻纸窗，朴然入古。推窗一望，北风潇洒，隔河芦荻，戛戛有声。下视河中游鱼，可垂钓也。出酒家小石路二十余步，稍高处有亭，上亦覆以茅，炉灶瓶几，错落安排。亭中贮无锡惠山泉，任客品尝。亭下左畔有井一，旁置蓑笠桔槔之具。井旁墙下栏以竹栅,豢养鸡鹅鸭豕之类。伫亭久望,时当落叶满地,绿菜盈畦,忽听鸡啼一声,便不知此身仍在花园中也。①

池志徵详细地介绍了徐园的景色,认为其布置已为海上诸园之最。徐园亦具农家情趣,置身其中,会让人忘记身在何地。徐园是传统的中式园林,鸿印轩为全园主建筑,位于园中央,三开间,轩爽醒豁,陈设雅洁。竹林,位于园南入门处,有修竹数百竿。东墅,位于竹林西侧,用作棋室。兰言室,位于竹林东侧,常与鸿印轩一并作为花卉、书画展览场所。烟波画船、鉴亭,位于园西南临池处,烟波画船状如游舫,造型别致。回廊,自入门偏西处起至西北隅假山前止,逶迤联接东墅、烟波画船、鉴亭等景点。假山,园西北、东北各有一座。又一村,位于园西,系园中园,以陆游"山重水复疑无路,柳暗花明又一村"的诗句得名。村两侧有池沼,水中植荷,夹岸杂莳薛荔。村内有瓯香亭、吟云草庐、琳琅山馆、花廊、花房等建筑。村旁豢养兔、鹅、鸭、火鸡等禽畜,颇具农家情趣。此外,尚有十二楼、孔雀亭、桐韵旧馆、梅花仙馆、玉壶春、妍行、纪其楼等景点。②新园在园内假山上设风车,带动抽水机吸水上升,再注入池中喷出,水柱高达丈许。

1895年9月,徐鸿逵以西唐家弄一带过于喧闹为由将双清别墅租赁给经纶丝厂。1896年初,经纶丝厂因故退租,徐园经修葺后再度开放。随着租界的扩张和都市化进程的加快,地产商纷纷在唐家弄附近建造石库门楼房,这一片人烟日盛、车马喧嚣,徐鸿逵意欲搬迁。正打算迁园那年,徐鸿逵意外从疾驶的马车中飞出,伤重不治而亡,终年58岁。1909年,徐鸿逵的儿子徐冠云、徐凌云为了改善园子周围喧闹的环境,遂把旧园迁筑于康脑脱路(今康定路),新园面积扩至十余亩,保留了旧

---

① 葛元煦、黄式全、池志徵:《沪游杂记 淞南梦影录 沪游梦影》,上海古籍出版社1989年版,第162页。
② 上海园林志编撰委员会编:《上海园林志》,上海社会科学院出版社2000年版,第78—79页。

园的全部景点。

在当时,徐园和张园、愚园被称为沪上三大经营性私家园林。徐园虽不甚大,游乐内容却颇有特色。除了作为花园必备的园林景致以外,园中还可摄影、放映西洋影戏、演戏法、演昆曲,以及举办书画会、花展、琴会、灯会等,活动种类很多,活动也多带有浓郁的文化艺术气息。

1937年八一三事变后,大批难民涌入租界避难,徐园成了难民收容所,此后园景日益颓废,后部分沦为废墟,战后改建为住宅。

愚园

愚园,原址位于静安寺路(今南京西路)北,赫德路(今常德路)西。1888年宁波富商张某在此建园,1890年又购得相邻的原西园园地,全园面积扩至33余亩。

西园原有一幢洋楼名为品泉楼,园内构筑亭台,略种花木,亦具茶点、酒肴,游人颇多。卧读生介绍了西园的园景,对西园并入愚园也略有涉及:

> 静安寺之西偏向有珍珠泉,泉北有洋楼一所,原题曰品泉楼,初有人扩充其地,略种花木,小构亭台,名之曰西园,园中可以乘车周匝,亦具茶点,兼售酒肴,游人之多无异申园,歌姬辈尤乐就之,每逢申酉时,拂柳穿花褰裳联袂来游者不绝。今为宁人张氏购筑亭台花木、参差湖山曲折,更名愚园,中有花神殿等名胜,凡他园之所有以点级者无不备具。①

1890年,就在西园并入愚园的同一年,愚园对外开放,游资每人一

---

① 卧读生:《上海杂志》,载熊月之主编:《稀见上海史志资料丛书》第1册,上海书店出版社2012年版,第144—145页。

角。开放初期,每值春秋佳日,红男绿女,结队成群,品茗看花,流连忘返,尤以夏日为胜。

愚园是一座中西合璧式的园林,园东部为亭台池榭,西部为花圃。敦雅堂为愚园主建筑,位于园东,取四面厅样式,轩朗开阔,陈设精美。敦雅堂南系一幢两层的洋房,可容纳五六百人,清末民初的一些中小型集会和公众活动常在此举行。敦雅堂前有如舫,系一船状水亭,是联接敦雅堂和洋房的通道。假山位于园东北,花神阁位于假山之巅,登阁眺望,全园景色尽收眼底。鸳鸯厅、倚翠轩位于如舫两侧,临池而筑,画梁雕栋,洁净雅致。杏花村酒家位于倚翠轩后,茅屋数间,酒幌高悬,颇饶村野气息。花圃位于园西,大型玻璃花房内佳卉甚多,花房周围有露地花卉、树木、流水,还有菜地及小型动物园。[1]

徐珂,晚晴文学家,曾任《东方杂志》编辑,他在《沪稗类钞》中这样描述愚园:

> 愚园为上海租界之名园,与静安寺相近。入门过小桥即见一楼,楼前多乔木,有紫藤一棚,楼后为池,池上有水亭,曰如舫,过此即为敦雅堂,堂后为假山,石笋颇多,山上为花神阁,有闽人辜鸿铭英文诗、德文诗石刻在焉。池之东西南,富有亭榭,楼之西北隅复有小楼,曰飞云。楼西为球场,场之东北隅为弹子房,弹子房东为鹿柴虎栅,西为唐花室。[2]

孙漱石,又名孙家振,晚清著名小说家,再看他笔下的愚园:

> 园分东西二部,东为楼台亭榭,有敦雅堂、四面厅、倚翠楼、鸳鸯厅、花神庙、飞云楼、湖心亭诸胜,以敦雅堂及四面厅一带为最佳。树

---

[1] 上海园林志编撰委员会编:《上海园林志》,上海社会科学院出版社2000年版,第82页。
[2] 徐珂编撰:《沪稗类钞》,载熊月之主编:《稀见上海史志资料丛书》第1册,上海书店出版社2012年版,第291—292页。

阴拥翠，池水澄清，池畔有大假山，堆叠甚精，其山石得自法华李氏，极嵌空玲珑之致，余则层楼复室，曲折可通，流水小桥，回环得势，目其四面围廊，或高或下，或暗或明，贯通全园，颇占优胜。敦雅堂之前，有高大洋房一所，足容五六百人，藉备游人于此沦茗，在纯粹中国式园林之中，忽而有此，殊憾未能免俗，然为号召宾客计，当时盖不得不尔也。西部建设仿苏州留园之又一村，菜圃花房，位置井井，且豢有白鹤、锦鸡、梅花鹿、猕猴之属，以资点缀，颇得飞鸣活泼之趣。游资亦售小洋一角，与张园同，每值春秋之间，亦召集戏法、滩簧等各种游艺，并于晚间燃放烟火，以助游兴。①

徐珂简要介绍了愚园的位置、建筑和园景，孙漱石则更为详细地介绍了愚园的建设格局、主要建筑、特色景点、游资价目、游艺活动等，读了徐珂和孙漱石的文字，仿佛游览了一趟愚园。愚园洋房可容数百人，是清末民初仅次于张园的集会、活动场所。愚园也是南社的主要活动地点，南社自1909年至1922年，共举行18次正式雅集和4次临时雅集，其中有12次正式雅集和2次临时雅集是在愚园举行的。

因愚园离闹市区较远，与张园、徐园相比又特色不足，渐营业不振。至园废时已五易其主，一度归镇海望族叶氏，后由常州刘葆良以11万元购下，1916年废弃后改建房屋。

半淞园

半淞园，1918年建成开放，占地60余亩，东临黄浦江，西接今半淞园路，南连今旺达路，北达今花园港路，由邑人姚伯鸿将原沈家花园扩建而成。

民国《上海县续志》载："沈家园在二十四保方十二图望道港，东临黄浦，门对沪杭车站孔道。宣统元年，邑人沈志贤创构。地可百亩，以

---

① 孙漱石：《愚园考略》，《世界晨报》1935年9月24日。

百分之五布置家室，余悉园址。有听潮楼、留月台、鉴影亭、迎帆阁诸胜。"① 沈家花园园中垒土堆山，遍植玉兰等花木，引黄浦江水为池，筑有玉兰堂、听潮楼、留月台、鉴影亭、迎帆阁等景，且建筑多中国传统形式，惟亭阁等顶上，不像一般园林那样置仙鹤、凤凰等，而全是十字架。因园主名为沈志贤，人们便称其为"沈家花园"。

沈志贤，天主教徒，世营沙船业，饶有资产。沈志贤早年于教会学校中习得流利的英文和法文，在结识马相伯后，由其介绍进入英商沙逊洋行担任买办，并深得沙逊信任，精于地产投资与金融交易。此后曾在华昌洋行、新沙逊洋行、东方汇理银行、上海商业储蓄银行担任买办，在沪经营事业颇多，与本地商绅朱志尧、陆伯鸿等交好。

姚伯鸿，实业家、慈善家、地方绅士，平日爱好诗词、书画，民国时期曾任上海市议会会员、上海地方自治研究会会员、上海市议事会议员，也是法租界公董局最早的5名华董之一，曾在南市创建小学校。姚伯鸿与沈志贤均为天主教徒，两家还有姻亲之好，1917年姚伯鸿与沈志贤商定以沈家花

半淞园之春

园为基础，共同斥资扩建园中面积，扩充至黄浦江边，建成半淞园。

由于半淞园内面积一半是水，遂取杜甫《戏题王宰画山水图歌》诗中的"剪取吴淞半江水"句意，命名为半淞园，以实践滨临黄浦江之花园，园外的半淞园路也由此得名。

半淞园为中国传统式园林，中国园林构成的四种要素山景、水景、建筑、花木，一样不缺。半淞园形若葫芦状，入门一小园，内景一大圈，其大门似葫芦口，二道门后为葫芦身。入门有一横额，曰"江天览胜"，

---

① 吴馨等修纂：《上海县续志》，1918年上海南园刊本，卷二十七"名迹·第宅园林"。

至二门，有"尘境蓬壶"四字。园内主建筑为江上草堂，位于园中部偏南，高大宽敞，富丽堂皇，四壁悬挂名人书画。草堂为平时品茗处，花展时辟为主要展地，多次举办蕙兰展和菊花会，民间聚会也大多在此举行。园西部则为西山，山势起伏，路径曲折，山体为开挖园湖、园河的堆土。西山分为三座，作犄角之势，中山高于两山，中山高20余米，比豫园假山高约一倍。三山之巅均有茅亭，中山之巅一亭不是很大，近江山巅一亭面积最大，足可容数十人。中山之腰有半山楼，虽不甚宽敞，却具有仙山楼阁之观，亦佳制也。园湖位于西山下，并延伸出数条河道，与黄浦江相通，水质澄净，岸边垂柳依依。园东有群芳圃，圃内玻璃温室宽敞明亮，周围花卉四时不断。江上草堂南有杏花村酒家，由五六间茅屋组成，茅屋内陈设古朴，酒家烹制的菜肴颇受文人雅士的垂青。园东南九曲桥横跨荷花池中部，过桥即属葫芦形中段之腰，乃入二道门之左首一路也。此外，还有藕香榭、水风亭、又一村、剪淞楼、湖心亭等景点。园内还设有弹子房、跑驴场、照相馆、中西菜馆等，供游人游乐、摄影、沽饮、品茗，每逢节假日游人如织，热闹非凡。

半淞园最大的优点是游客站在园中的任何地方，看不出园子的大小，不但平面上设计很有曲折，就是立体上也多曲折。半淞园的景观设计，多出自姚伯鸿之手，将水景、假山作为园林的主体景观，由人工开挖园湖，延伸出数条河道，复将挖湖之淤土堆叠成假山，亭台池沼，一切都依山水画稿，并加以点缀，颇富有自然趣味。

半淞园瞰江亭

半淞园倚山楼

游客去半淞园游玩，可参考1930年商务印书馆出版的《增订上海指南》：

> 半淞园　高昌庙路。即沪杭甬南车站之东，华商电车可直达其门。门内有"江天揽胜"四字之横匾。入内，可循东西廊，沿池而行，廊壁遍嵌玻璃板所印之快雪堂帖。再进，有"尘境蓬壶"横额，左右可通。绕荷花池，南行，由九曲小桥过藕香榭，北行，则由长廊过群芳圃，往东，而皆至大厅，即江上草堂也。对厅为碧梧轩。绕廊出西月门，有又一村。由水风亭过桥，有牌坊，上有"云路"二字，即见有山有水。山有亭可登，而黄浦江在望；水有舟可乘，而水中央之亭，可棹以登。江上草堂之东，为杏花村酒店，即在别有洞天之中，茆屋也，坐而沽饮，颇极观山观水之乐。南行过桥，见"问津"二字，即买棹北。再南行，经山麓，至四面厅弹子房，又有湖心亭，地宽而有新空气，品茗佳处也。入园游资，小银币二角，童仆减半。茶资一人或二人，除江上草堂、碧梧轩、湖心亭，每壶小银币一角外，余皆铜元六枚。舟资以小银币计，每小时，大舟八角，小舟四角。园有照相馆，可摄影。并有花木及饰成盆景之花石出售。杏花村酒店外，尚有剪江（淞）楼、江华春两中西餐馆及素餐馆。①

该版《上海指南》不但用较多的笔墨介绍了半淞园的特色景点、餐饮场所、游资价目等内容，还设计了便于游客休闲娱乐的路线，仿佛公园游览图一般，对于初游半淞园的外埠游客来说，起到了相当便利的提示和指引作用。

1937年八一三淞沪抗战爆发，侵华日军飞机轰炸南市，半淞园被炸为废墟。抗战胜利后，那里一度成为棚户区，后来改了工厂和民房，如今只留下一条半淞园路来追忆。

---

① 林震编：《增订上海指南》，载熊月之主编：《稀见上海史志资料丛书》第5册，上海书店出版社2012年版，第351页。

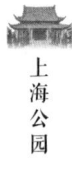

其他公用私园

申园

申园位于静安寺西隅，即今愚园路235弄。1882年，原公一马房业主以集资方式组建申园公司，以此地原有的一座西式花园别墅为基础扩建而成，占地十余亩，共耗银1.6万两，当年竣工并对外开放。

申园为一座中西合璧式小型园林，卧读生在《上海杂志》介绍了该园的情形：

> 申园在静安寺西隅，中构洋楼，四围花木，右偏亦有堂榭并凿方池，后设弹子房，任人游嬉，兼售茶点。园未启时，客之乘马车、挟美妓到此者无著足处，不过树林阴翳中略停片刻，便即返辔，自有此园足资憩息，红男绿女结队成群，品茗看花，留连忘返，自午后至日暮肩相摩踵相接也，若炎暑之日则彻夜灯火，游人不断。①

申园的主建筑是一幢西式两层洋楼，上下可容200余人，为园内餐饮、游乐的主要场所。园东有一组较华美的仿古建筑，前临荷池，堂榭内门窗及桌椅等均以上等木料精雕细刻。园内花树环抱，极显幽静。主楼备有中西菜肴、洋酒、咖啡等，园东堂榭内则由名师精制中式细点。弹子房设于堂榭后，内置弹子桌数张，这是当时极为时髦的一项活动。该园自午后起，营业至深夜，暑夜园内灯火彻夜不灭。

建园初期，因是首家独创，申园在沪上名噪一时，不少红男绿女成群结队而来，到园中喝茶看花、休憩纳凉，流连忘返。未几，申园很快就受到徐园、张园、西园的挑战，不能专美于前。1890年愚园建成后，申园的营业更是每况愈下。同年8月转租他人，翌年初再次开业，但终难逆转，1893年将家具、器物悉数拍卖。1937年该址建新式

---

① 卧读生：《上海杂志》，载熊月之主编：《稀见上海史志资料丛书》第1册，上海书店出版社2012年版，第145页。

申园

里弄住宅。

大花园

大花园位于引翔港附近，即今杨树浦路、腾越路路口。1888年，富商卓乎吾以招股方式成立大花园公司，谋划辟建一个大型的经营性私园。当时引翔港一带比较荒僻，地价较低，卓乎吾当即购地180余亩，并于是年年底开工。1889年9月1日，大花园正式开放，以旷朗清幽见长，为沪上私人花园之巨擘，门票银洋一角。园内设有动物园，观赏动物亦为银洋一角。

大花园以中国传统风格为主，略以西式建筑点缀其间。园内主要景点有假山、园湖、荷花池、听涛楼、四面厅等。该园最具特色的观赏景点、最吸引人的亮点是动物园，所养动物如象、狮、虎、豹、熊之类，都是从欧洲马戏班购的退役动物，还有犀牛、蟒蛇、猩猩、猴、梅花鹿

大花园

等；另设有大型鸟槛，所蓄鸟类多为毛羽斑斓、啼声婉转的珍稀品种；水族馆里，有珊瑚、海星和一些稀有的海洋鱼类。该园风景秀美，动物园中又有巨兽可观，游人遂纷至沓来。

大花园还开设一批游乐项目，自开园之日起，即经常在夏夜燃放焰火，常邀新丹桂茶园名角于周日下午在园内演出。开业的第二年，西人范达山制成"大可五六丈，高约八丈余"的气球，选择在大花园升放，为经营性私园首创之举。一名叫华利的女子乘球而上，至离地数百丈之高，在空中翻起连串跟斗，然后再打开降落伞翩然而下，观者莫不瞠目结舌。为解决游人的往返交通，特在二摆渡自来水桥畔辟专线马车，并在四马路招商局码头备小火轮定时接送，轮船可从黄浦江的河汊直抵园内，游人乘轮徐行，可饱览两岸秀色。

后来，园内动物因死亡而数量减少，游人兴趣大减。加之该园远离闹市区，偏于一隅，很快便陷于困境。1892年大花园易主，由英商继续营业，延至20世纪初，终告废圮。1920年前后，日商在大花园遗址建造了大康纱厂。

西园

早年有静安寺西园，李逸仙招股兴建，位于静安寺东侧，1887年建成开放，为中西合璧式小型园林。主建筑为西式两层的品泉楼（亦有人称之为"印泉楼"），园内假山茅亭，细草奇花，还有孔雀、懒猴等小动物展出和马车驰观、弹子房及中西餐饮等。因缺乏特色,门庭冷落,1888年售让他人,1890年并入愚园。

后另有一西园,位于上海县城西门外斜桥东(今陆家浜路、制造局路口东面)。1907年,商人张远槎等发起并募集资金,兴建一经营性小型园林,1908年落成开放。西园为中国传统式园林,园内花木扶疏,楼阁错落。园门前河浜上建花架廊桥,四面厅位于园中央,厅前假山顶有亭,山麓置石桌、石凳,园东南有金鱼池。园西南建有结构精巧的传统式戏台,夜间常有滩簧演出,偶有民间戏法表演,并放映西洋影戏,夏夜偶尔燃放焰火。

开园初期,园容大体保持完好,后因疏于管理,亭台楼阁得不到及时修缮,花木日趋衰败,遂于1914年4月停业。后由宝善公所在园内建造平房,作为停放棺木的场所。

六三园

六三园,又称鹿园,园徽为一圆线内有鹿三头,盖是园名"六三园"的谐音。原址在今西江湾路240号,系日本人白石六三郎经营的一座日本式花园,建于20世纪初,占地二三十亩。开园后,往游者多为日本及欧美各国文化界人士,不售门票,华人持西式名片者亦可入内。

六三园园景以简洁明朗著称。园内的建筑、花木均删繁就简,体现出日本式园林布局匀称、淡雅的特色。园南门内有一块面积五六亩的草坪,环草坪辟驰道,路旁植樱树。园东南有小池,池中有喷泉,池四周绿荫浓蔽,池东有一座木结构小神社,外涂红色,类似中国的神龛,日本侨民前往参拜者甚多。园西南的动物笼舍有长尾猴、麋鹿、鹤、雉、鸳鸯等。园中部有一座日本女性石雕,基座上镌有"普叠妙岭"四字。园西西式楼房内供应日本料

六三园园徽

日本艺伎在六三园中

理、中西菜肴等。

六三园以举办书画展览驰誉艺林,时有中日书画家以六三园为展厅,推出各具特色的书画展览,由此该园成为沪北一个书画展示、鉴赏、交流的中心。白石六三郎与海派书画家吴昌硕关系极好,经常请他来六三花园赴宴,并将他的作品介绍给日本书画家。1914年9月,白石六三郎在六三园为吴昌硕举行个人书画展,吴昌硕亲往参加,观者甚众。1919年3月,中日收藏界在六三园举行沪上私家精华的金石、书画、文物收藏展。1926年3月,王一亭、钱瘦铁、刘海粟与日本画家桥本关雪等人在六三园成立古画研究与鉴赏的解衣社。1927年吴昌硕逝世,当年旅沪日本书画界人士与吴的儿子吴东迈各倾所藏吴氏遗墨,在六三园举办吴昌硕遗作展,吴昌硕的绝笔——墨兰亦陈列其中。

该园以承办宴会和举办书画展览会为主要收入来源,曾接待过孙中山、鲁迅等名人。上海沦陷期间,该园曾改作日军高级军妓院,抗日战争胜利后园废。

敏园

敏园原址在今闵行镇沪闵路以西、华坪路东段两侧。1922年，闵行乡绅李显谟（字英石）发起创办沪闵南柘长途汽车公司。翌年4月，李在闵行镇长途汽车站旁兴建面积为27亩的经营性园林。因李显谟与半淞园园主姚伯鸿为至交，遂请姚氏主持该园的规划。园分南北两部，1923年8月开放北部，次年4月全部开放。1924年，因江浙战争遭到破坏。1927年初，军阀孙传芳的军队为阻击北伐军曾驻扎园内，破坏甚重，经修复后恢复营业。

敏园风景

敏园的建筑多集中于北部，南部以湖泊山石擅胜，北部则设置茅亭竹屋。绿野草堂为北部主体建筑，竹瓦木柱，以带皮松为栏杆，颇富野趣。假山耸立于堂前，山势挺拔。园河位于堂西侧，河道蜿蜒，花草夹岸。河上建九曲桥，河旁有石舫和双联六角亭。园河与园南部的园湖相通，湖中央建湖心亭。挖湖之土堆成两座土山，高约10米，登高可畅览闵行及浦江景色。园内还设有中西菜馆和西式旅社，旅游旺季住宿者不少。园内的剧场主要演出京剧、双簧、滩簧，偶有电影、话剧，还辟有一个200多平方米的舞厅。此外，该园还曾举办一些汽球施放等别有情趣的游乐活动。①

1937年八一三事变后，敏园成为日军马厩，亭台楼阁遭受惨重破坏。抗争胜利后，敏园已成荒芜之地。

---

① 上海园林志编撰委员会编：《上海园林志》，上海社会科学院出版社2000年版，第87页。

叶家花园

叶家花园，原址在江湾跑马厅之旁，由上海著名巨贾叶澄衷第四子叶贻铨建造。叶贻铨多次去上海跑马厅观看赛马，常遭洋人奚落、拒绝，他忍受不了这种侮辱，于是决心在华界建造中国人自己的跑马厅。1909年，叶贻铨以今武川路、武东路交叉点为中心选农田1 200亩，建造江湾跑马厅。1910年，为使参加赛马的赌客和游客有个赏景休憩的场所，他又在跑马厅东北购地77余亩，造了一座以假山湖泊取胜的花园，当地习称叶家花园。花园在1923年初步建成对外开放。

叶贻铨早年曾在圣约翰大学就读，时任国立上海医学院院长的颜福庆早年执教于圣约翰大学，师生之谊甚厚。1933年，颜福庆与叶贻铨谈及拟募捐筹建第二实习医院（即结核病院）一事，素来热心教育与公益事业的叶贻铨，慨然允诺将叶家花园全部园产捐赠给国立上海医学院，双方于当年5月办竣全部交接事宜。为纪念叶贻铨的父亲叶澄衷，国立上海医学院将第二实习医院定名为"澄衷肺病疗养院"，颜福庆兼任首任院长。该院的病员疗养区域仅占花园的一小部分，花园的大部分则自是年6月起开放营业，时名"夜花园"。

叶家花园美景

游人在叶家花园荡舟

叶家花园以中国传统样式为主，间以西式建筑点缀。园略呈圆形，园内花木葱茏，奇石罗列，波光岛影，相映成趣，为当时上海市民远足的绝佳去处之一。马路绕园而筑，循路可至园内各景点。园湖略呈三角形,当地习称三角浜,园湖内有三个大岛,岛与岛、岛与环路之间有钢筋混凝土桥相连接。在最大岛屿的中央有一座二层西式建筑,二楼前半部为平台,登临可眺望全园秀色。园内第二大的岛屿上堆一座大土山,山间大树参天,绿荫蔽日。岛西侧、南侧滨水处,建有六角形和圆形凉亭各一只。南部环路外侧石假山,嵯峨峻拔、奇石形态各异,山上有人工瀑布注入园湖,山内有逶迤曲折的山洞。①花园内还设弹子房、瑶宫舞场、电影场、高尔夫球场等游乐场所。

日军在叶家花园作战

1937年八一三事变后,医院连同花园为日军强占,被作为侵华日军头目住地。1940年,日军将该园交给日本恒产株式会社管理,花园一度以"敷岛园"之名开放。因游者寥寥,不及一年便关门歇业,花园旋为日本特务机关占用。抗战胜利后该园重归国立上海医学院,后为上海市第一结核病防治院。

丽娃栗妲村

丽娃栗妲村,位于极司非而路之底,梵皇渡桥之塊,原址在今普陀区西南部的东老河南段东侧。此地原是荣宗敬的地产,1930年俄国人古鲁勒夫租赁用于建造园林。1931年建成开放,取美国影片《丽娃栗妲》(Rio Rita)的片名为园名。1931年,荣宗敬将包括丽娃栗妲村在内的很大一片地产捐赠给大夏大学,学校仍将该村土地租借给古鲁勒夫继续营业。

丽娃栗妲村属于西式自然风景园,村东大门内是一片大草坪,环绕

---

① 上海园林志编撰委员会编:《上海园林志》,上海社会科学院出版社2000年版,第88页。

村东、南、北三面树丛高低错落。东老河的一段位于村西，水面宽阔，岸边柳枝低垂，彩色大遮阳伞沿河置放。村中路面平直，路旁植悬铃木，入夜路旁彩灯齐明。被人或称为"海上仙乡"，或称为"世外桃源"，或称为"人间天堂"。有记者经多方探访后，是这样介绍这个公园的：

丽娃栗妲村消夏同乐会

游人在丽娃栗妲村划船

> 全村占地极广，绿林成荫，十分凉爽。有网球场，树下有睡床。一面适临大河，可供游泳，沿河设有雅座及睡椅，河中则备有游艇数条，及白鹅数双，点缀其中，益见清雅。当记者等往游时，适夕阳西下之时，蝉声与乐声并作，（村中另设有舞场备容携伴跳舞）抑扬可听。审视绿荫深处及游艇之中，则更有无数情侣，私语其间，仿佛"情人天堂"也。①

丽娃栗妲村波光水色，风景优雅，非常适合摄影，游客多携带摄影器材为其女伴摄影。该村以外侨为主要服务对象，是经营性私园中欧陆风情最为浓郁的园林，常常士女如云。丽娃栗妲村具有综合性功能，村里有游艇、游泳场、跳舞池、音乐台、网球场等。茶座设于洋房内，并备西点、咖啡及各种洋酒供客。东老河被辟为泳场，又供划船用。网球

---

① 《丽娃栗妲村之发现》，《中国摄影学会画报》1930年第6集第251期。

场设于离村河岸不远处的草地上,球场近侧辟建露天舞池,夏夜舞池乐声悠扬,四周彩灯闪烁,是很受欢迎的"夏夜娱乐处"。

1937年八一三事变爆发,丽娃栗妲村毁于战火。

近代上海公用私园举要

园名	建成时间	建造者	位置	备注
申园	1882年	私人集资	静安寺西隅	19世纪末日趋衰败
张园	1885年	张叔和	麦特赫司脱路	又称张氏味莼园,1919年园主将该园售卖改建住宅
徐园	1887年	徐鸿逵	闸北唐家弄	1909年园主将旧园迁筑于康脑脱路,1937年八一三事变后日益颓废
西园	1887年	李逸仙	静安寺东侧	1890年并入愚园
大花园	1889年	卓乎吾	引翔港附近	20世纪初终告废圮
愚园	1890年	富商张某	静安寺路、赫德路	1916年废弃后改建房屋
西园	1908年	张远槎	上海县城西门外斜桥东	1914年该园停业
六三园	1908年	白石六三郎	江湾路	1945年抗战胜利后废圮
半淞园	1918年	姚伯鸿	半淞园路	1937年毁于八一三战火
敏园	1923年	李显谟	闵行镇长途汽车站旁	1937年八一三事变后被日军强占,1945年抗争胜利后已成荒芜之地
叶家花园	1923年	叶以铨	江湾跑马厅旁	1937年八一三事变后被日军强占,1945年抗战胜利后归国立上海医学院
丽娃栗妲村	1931年	古鲁勒夫	极司非而路底、梵皇渡桥之堍	1937年毁于八一三战火

第二章
公园与休闲生活

第一节 休闲游憩

> 公园为都市生活上之重要设施,公园之于都市也,其重要一似肺之于人;窗之于室然。盖未有人体健全而肺弱者,亦未有居室卫生而无窗者。西人喻公园为都市之肺脏,盖有由也。然公园不特有益于市民卫生已也,公园关于市民之教化者亦深,故谓之为都市之安全带,谓之都市之室外校,亦无不可。①

公园之于都市,犹如肺之于人,公园的重要性不言而喻。公园是城市基础设施的重要组成部分,有利于缓解城市空间对居民生活所造成的心理压力,是城市居民的主要休闲游憩场所,其活动空间、活动设施为城市居民提供了大量户外活动的可能性,承担着满足城市居民休闲游憩活动需求的主要职能,这也是城市公园的最主要、最直接的功能。

上海,是近代中国乃至远东第一大都市。"十里洋场""东方巴黎""魔都",字面上很令人向往,然而久居上海的人,总不免会逐渐感觉厌恶,什么缘故?一言以蔽之:离开自然太远。人本来是自然动物的一种,却自己制造了这样一座隔绝自然的樊笼困厄着自己,身心俱惫。谈补益身心,最妙莫过于高山大川。上海向无崇山峻岭、茂林修竹,河流不是没有,但苏州河和黄浦江腥臭烦嚣,令人生不出好感。于是退而求其次,到公园中去。

公园的存在,恰好给予都市人们亲近自然的空间自由,是近代上海都市文明不可或缺的重要组成部分。外滩公园、兆丰公园、法国公园、虹口公园,散布在上海租界的不同区位,分别与英美、法、日文化密切联系,散发出浓郁的异国风情。1928年以前,这些公园无一例外都限制华人入内。这种状况遭到了华人有识之士的批评抗议,但租界当局或置

---

① 陈植编:《都市与公园论》,商务印书馆1930年版,第56页。

之不理，或敷衍搪塞。经不断强力抗议和斗争，1928年以后，华人得以入内。不同国籍、不同民族的游客来此游览，青年男女特别是大学生来此约会，中小学生来此春游秋游。初夏时分的公园，黄昏时于绿树浓荫下举行的露天音乐会，这一切使公园显得更加优雅而富有情调。外滩公园、法国公园的浪漫，兆丰公园、虹口公园的清幽，成为很多骚人墨客吟咏的对象。一年之中的不同季节，公园都有着风情各异的不同景致。春游芳草地，夏赏绿荷池，秋景苍凉，冬日严肃，都有一游的价值。

租界公园休憩

提起外滩公园，由于舆论界、学术界对其歧视华人的问题给予高度的关注，它在城市中的休闲游憩功能反而被淡化了。其实，从城市社会生活的角度上来看，外滩公园的休闲游憩功能占有相当重要的地位。

外滩公园是近代上海最早的公园，其缘起就是外侨休闲娱乐生活的需要，建园资金便来自外侨的公共娱乐场基金会，侨民们经常在外滩公园度过春日或秋日的下午以及炎炎夏夜。公园里草坪开阔，乔木、假山、茅舍、鲜花、木椅、喷水池，还有习习江风，这些与近在咫尺的喧闹市区形成鲜明的对比，游园休憩成为对繁忙紧张都市生活的极好补充和调剂。曾在浙江兴业银行工作的李荣春回忆道：

> 住在行内宿舍中还有一个很便利的地方，就是离外滩公园很近。在这四郊多垒的孤岛中，尚能使我们暂时地忘了繁华的都市而与自然界景色相接触的恐怕只有公园了。我们每年只要费二元钱买一张长期门票，就可在芳菲的春天看到草色青青花带笑的美景，在炎热的暑天享到在树荫下纳凉和闲谈的清福，在秋天可欣赏那秋潮在月光下澎湃冲击的奇观，在冬天可看到寒鸦在雪地上觅食的闲情。所以外滩公园，除了对我们健康上很有裨益外，并且对我们日间机械式的工作亦很有调剂的作用。①

① 李荣春：《行舍生活杂谈》，《兴业邮乘》1941年第117号。

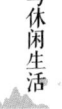

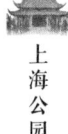

20世纪20年代始,上海已成为一个现代化的大都市,城市生活的忙碌和快节奏压得人们喘不过气来,公园就成为人们亲近自然、缓解城市压力以及调节紧张情绪的极好场所。1928年公园对华人开放后,有人记述游览外滩公园的情况:

> 游园的有西人,有木屐儿,有赭帛裹首的身毒奴,而尤以华人占多数,往往一对一对的坐在绿阴深处,喁喁情语,旖旎风光,难以笔述。西方儿童也不少,抟沙掷土,很是顽劣。一二岁的婴儿们,睡在小蓬车上,由乳媪推着,个个开着笑口,玉雪可念。随处设有铁椅,可供憩坐。①

日本文人村松梢风,这个最早创造出了"魔都"以及"魔都"这一意象的人,曾在1923年至1932年间,到过上海6次,他对上海颇感兴趣,游览过上海的很多公园。村松梢风认为,在上海的市区有不少与众不同的有趣的景色,不管是站在外白渡桥上眺望四周的景色,还是从小小的外滩公园向铁桥眺望,都是上海独有的都市风景。他回忆道:

> 在苏州河的入口处两岸,一边是公园,一边矗立着砖瓦建造的各国领事馆。紧靠河岸系泊着无数的小帆船。在黄浦江上则停泊着军舰和轮船等。公园里树木不多,大部分是草坪和花坛,置放着很多长椅。不管什么时候去,长椅上总是坐满了一对对夫妇或是带着小孩的父母。有几伙歪戴着鸭舌帽,穿着皱巴巴的大方格上衣,系着红领带的流浪汉模样的人趴在草坪上闲聊。从树桠之间可以望见市区远近不一的各式楼房……②

外滩公园景致的佳胜,居全市公园的首座。在初春和深秋的黄昏,

---

① 郑逸梅:《述外滩公园》,《紫罗兰》1928年第3卷第6号。
② [日]村松梢风著,徐静波译:《魔都》,上海人民出版社2018年版,第205页。

外滩公园一瞥

外滩公园临江远眺

外滩公园是一个适宜散步或闲眺的地方，虽然照上海人的说法，它确实是"小得真真一眼眼"，但它的优点是上海其他公园所不具备的。其一，外滩公园地处绝对的市中心——外滩，交通十分便利，人流量又很大，尤为其他公园所不及。其二，外滩公园面积虽小，但位置却占形胜，里面春色无边，别有洞天。外滩公园位于黄浦江和苏州河的交汇处，面临着一片空阔的黄浦江，反而把公园衬托得优雅可爱。公园沿江是一条大道，沿着临水的长堤之上有栏杆，一列巨大的梧桐树排成一行，一直从黄浦江沿岸延伸到苏州河口。树下为木制长椅，供游人休憩，是看江浦潮汐、船桅烟影的一个极佳所在。园内还有音乐亭、喷水池、小假山等设施。其三，外滩公园地邻江畔，是都市风景最集中的地方，从园内向四周眺望，很是赏心悦目。公园的东边，黄浦江以它滚滚的波涛和朝暮的潮汛，正推送着满载着人和货物的船只；不远处外滩建筑群，面向着黄浦江边忙碌的港口，很是壮观；公园的西北面，巨大的外白渡桥，横跨在苏州河上，大桥的北堍是百老汇大厦，站在或坐在公园里看，更觉得这大厦的建筑与桥梁、河流是那么协调，不愧是上海风景的精华；再向东北看，滚滚的黄浦江正奔向大海而去，潮大的时候，又可看潮头卷卷而来，拍着堤岸，发出动听的声音；站在园内黄浦江和苏州河交汇的一角上凭栏眺望，黄浦江浩荡地向东北流去，两边岸上是一个接一个的

外滩公园游侣

外滩公园西人游客

工厂、仓库、码头,一直延伸到目力不及的地方。望着望着,就能够把背后那片遮天的大楼和烦躁的都市忘掉,可以舒适地喘一口气!

外滩公园实在不大,不足五分钟,便可游遍全园。和外滩公园相反的,而具有阔大幽深的意趣,足够一两个钟头漫步流连的便是兆丰公园。它地处沪西愚园路底曹家渡,以阔大深宏见长,占地300亩,是全市面积最大、设备最佳的公园。兆丰公园是以植物景观为主体,供城市居民安静休憩的自然风景场所,这里绿化非常好,每年有不少蛇在园中出没。尽管远离繁华的市中心,市民颇为向往和喜爱,每逢夏季周末,红男绿女,络绎不绝,这里已成为人们的重要野餐地。春秋佳日或是盛夏之暮,偕两三知己或是情人,在这里小坐,吃些东西,最为惬意。公园内日益丰富的乔、灌木种类和几乎每周迥异的各式花卉景观,令那些真正的植物爱好者啧啧称赞,以至于人们亲切地称之为"上海公园"。

1933年9月4日,《上海时报》发表了一篇题为"一起去极司非尔公园!"的文章,直接反映了当时人们对兆丰公园的向往与喜爱:

> 如今,让人们精神振作的最好方法就是去极司非尔公园散步半小时或者更长时间。那里有无数让人陶醉的水仙花、端庄高雅的紫罗兰、华丽高贵的风信子,还有那一片金黄色的郁金香,正散发着令人愉悦的气息……开花的树木饱满丰盛,还有那绿色的一片片灌木丛,冬季灰褐色的草坪也已恢复了新鲜活力,春天的气息充盈着整个空间。就是鸟儿也止不住地发出阵阵欢悦的歌声,人们更是想在此舒展手臂深深地呼吸这洁净新鲜的空气。在这充满美丽和绿色的公园里,丝毫没有城市中的那些尘埃、喧闹和拥堵。大量事实证明,这里每年都会受到上海市民的青睐,明媚的春光正吸引着大量游客来此踏青赏花。当夏季来临时,炎热的大街迫使人们去寻找凉爽的绿荫和微风的时候,游人的数量还将继续增大。
>
> 对于植物学家来说,极司非尔公园是他们快乐的源泉;对于那些熟知本国乡村自然风景的英国人来说,这里能够让他们因为看到石蚕状婆婆纳(植物名称)而感到高兴,也会让他们因为看到他们所知道的、在很久以前放学回家的路上采摘过的野生花卉而雀跃;对于那些疲惫的上海人来说,极司非尔公园会使他们的精神得到恢复,这样的精神就是上帝所赋予的户外的精神。[①]

兆丰公园自建成后,就成了上海市民休闲游憩的一处园林,这里绿树成荫,绿草如茵,许多家长在节假日都会带着孩子来游玩,他们在草地上做运动、玩游戏、看书,有的跑到池边捉小鱼、放纸船,真是快乐极了。1932年秋天的一个下午,杨小佛在父亲杨杏佛的陪同下到兆丰公园游玩,当时只有14岁的杨小佛正是贪玩的年纪,别提有多高兴了。他们父子俩还回忆起1926年杨小佛第一次到兆丰公园游玩的情形,那天他

---

① 《一起去极司非尔公园!》,《上海报》1933年9月4日。

上海市少女会游兆丰公园留影

兆丰公园中曲径通幽

四四儿童节,红卍字会难童学生在兆丰公园花台前合影

们玩得太开心而忘记了时间,由于天黑迷了路,最终在一个英国士兵的帮助下走出了园门。

省立上海中学实验小学一位名叫陈葆成的小学生,记述他在兆丰公园游玩的快乐时光:

一个风和日暖的早上,我同着我的知己孙君少萱,一同乘了车子到兆丰公园去游玩。

　　我们进了园门,那青草、花儿都在摇曳起来,杨柳也弯着腰,快乐地跳舞起来,表示欢迎。我们走上了草地,那些天真活泼的小朋友们,跳来跳去游玩,嘴巴笑得关不拢,另外有些小朋友坐着看书,有些做他们的健康运动。

　　我们走到了园圃,那些花真是芬芳异常,红的、白的凑成一种很美丽的颜色。

　　园圃旁边有个山洞,我们走进了

孩童在兆丰公园池塘边玩耍

山洞,觉得一阵阴气,很是潮湿。走出了山洞,好像重见光明一般,山洞的对面便是苍翠的树林,里面很是凉爽。

　　树林对面有一个池,旁边种着奇异的花卉,把那池点缀的更美丽,更可爱。旭日从树林的空隙处透出光,映在水面上。融和的春风吹来,池面上微微地起了皱纹。孩子们玩耍的小船在池中飘来飘去。还有些人拿了小网在池边捉小鱼。真有趣!

　　时间已是下午一时了;我们就别了这快乐的世界,乘了车子回家。①

从以上引述中不难看出,20世纪二三十年代的兆丰公园是游人春季踏青赏花、夏季纳凉避暑、终年逃避城市繁杂的野外休憩场所,也是小朋友亲近自然、感受自然魅力的胜地,发挥了郊野型游憩公园的作用。

　　如果嫌兆丰公园太过宏大,则可以到法国公园去。法国公园如小家碧玉,楚楚风姿,以幽丽胜。法国公园还以承袭了法兰西的浪漫风情而著称,是青年男女约会的理想地点,不管是春夏秋冬哪个季节,也不管是白天还是夜晚,在园中总会见到青年情侣的身影。柔和的春风,和暖的阳光,撩起了人们逛游公园的兴致,熙熙攘攘的人们怀着欣喜的心情

---

① 陈葆成:《游兆丰公园记》,《儿童世界》1935年第34卷第7期。

到法国公园寻春。一位游客记下游览法国公园的心情:

> 冬悄悄去了，春的景象，已透露到人间，柔和的春风，和暖的阳光，撩起了人们春游的兴致，大家怀着一颗欣喜的心，向着法国公园走去。
>
> 华龙路，充满了春的气息，园门口的售票处，有些像车站上轧票的形势。随了一群人潮涌进去，树木依旧是枝条光秃秃地，还不曾发芽。可是，一般熙熙攘攘的人们，尤其是青年的男女，都穿红著绿，手挽着手，在每一座憩椅上，绿荫的深丛里，有说有笑地，逗留着。不错，春天属于年轻人的啊！
>
> 中间一片旷场，是一群小天使的园地，拍皮球，踢毽子，捉迷藏，大家都很快乐地游戏着。有几个大一点的孩子，正在干新鲜的放鹤子的玩意，有好几双纸鹤，荡漾在蔚蓝的空中，使远近的游客，凝神地观赏着，似乎在翱翔升沉，飘荡无定的纸鸢上，能领略生之意趣，和春的气味吧？
>
> ……
>
> "夕阳无限好，只是近黄昏。"游客渐渐离走了！在园门口，还有拥进去的游客，男的，女的，也许公园的夜色里，正有人在陶醉啦！①

在这篇游记里，游客用饱含深情的笔调，描绘了初春的法国公园。市民们纷纷赶到公园里来，享受这一股大自然的清新和宁静。忙碌了一天的一个个小家庭，在公园的大草坪上享受着美妙的天伦之乐，岂不乐哉！倘若上班地点毗邻公园，则可以近水楼台先得月。在法国公园附近的洋行写字间工作的职员描述道："六小时的工作完毕之后，得到解放，马上一拐弯走向法国公园去溜达溜达。这几乎成为我刻板生活中一个小节目了。好在有的是派司，逛公园不但可以赏心悦目，说不定还有点意外的收获。"②

坐落于南昌路的大同幼稚园，为周恩来提议创办，先后收养20多个

---

① 慧中:《春到人间·法国公园巡礼》,《海报》1943年3月14日。
②《法国公园》,《文汇报》1939年3月18日。

烈士遗孤，其中有彭湃之子彭小丕、恽代英之子恽希仲、蔡和森之女蔡转、李立三之女李力等。1930年11月，毛泽东之妻杨开慧在湖南长沙英勇就义，留下了3个年幼的孩子独自在家。在上海中共中央机关工作的毛泽民获悉3个侄儿在当地生活艰难，后经报请党组织同意，设法帮助毛岸英、毛岸青和毛岸龙辗转来到上海，安排在了大同幼稚园。大同幼稚园邻近法国公园，天气好时几位保育员常带孩子们去园内游玩，大家坐在草坪上晒着太阳，一起唱儿歌，非常愉快。

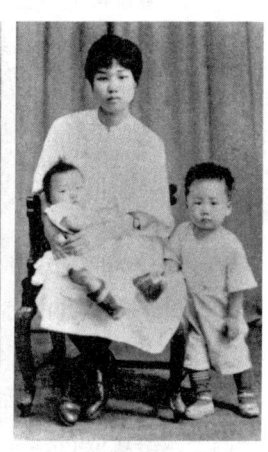

大同幼稚园师生在法国公园合影留念，二排左一为毛岸英右一为毛岸青，右二为毛岸龙　　杨开慧与毛岸英、毛岸青在上海时的合影

四大公园中，尤以外滩公园、法国公园地处市中心，在居民休闲游憩、避暑纳凉方面最为便捷。法国公园处于最热闹的中心地段，地点适中，环境清幽，园中有一行行排列着的法国梧桐、原野的草坪、玲珑小巧的假山、涟漪生致的小池、喷水的亭……置身公园，令人心旷神怡。1937年八一三事变爆发后，华界、苏州河北的公共租界被日军占领，租界如同一座孤岛，法国公园则被称为孤岛上的一个"世外桃源"，文人雅士、闺阁名媛时常到公园里呼吸新鲜的空气，他们在园中漫步、读书、练拳……

溯自上海太平以后，"逛公园"也算上海仕女一种消遣，春游芳草地,夏赏绿荷池,秋景苍凉,冬日严肃,在在都有一游的价值。梵皇渡公园与外滩公园因满目都是刺激朋友,胆小的娘儿们更裹足不前,贝当路、白赛仲路两公园小得如双亭子间一样,虹口公园、昆山花园亦做梦都不会去,文庙公园尤不在话下,最稳妥便利、最热闹的中心地段,那只有顾家宅公园。于是文人雅士、闺阁名媛,连我这俗不可耐的闲人也时常去玩玩,"吃"一些新鲜空气。

……

在顾家宅公园见到的,也独多以上三种典型人物。奶妈或母亲携着孩子,悠悠地织绒线;男男女女并肩挽手的走桃花路;也有带着沉重的几十斤重的洋装书在池边埋头勤读,也有痴汉似的独自在亭子里练拳。可以说,"男人衣着,悉如外人,并怡然自乐",孤岛上的一个"世外桃源"。①

设施较为完全,环境较为幽丽,当属法国公园。法国公园的游人很多很杂,但常见到的有三种典型人物:带着孩子的奶妈或母亲,在悠悠地绒线;手牵手的青年情侣,在漫无目的地漫步;带着沉重书籍的游客,在池边埋头勤读。生活在附近的文艺名人郭沫若、郁达夫等,亦时常去法国公园游玩散心。

法国公园之一瞥

在法国公园游玩

---

① 葛得:《游顾家宅公园记》,《现世报》1939年第85期。

带着孩子的奶妈在法国公园休憩

电影演员陈燕燕和导演马徐维邦在法国公园休憩

有段时间没去逛法国公园的郭沫若，特意到公园中走走。置身公园，令其精神陡振，胸襟顿拓。他回忆道："今天上午我特意走到法国公园，本想预备一点材料，但是恰遇两位朋友，谈谈笑笑，所以又没有机会。我许久未到法国公园去，现在美丽的花都开放了，黄莺儿和许多不知名的鸟儿歌唱得特别好听，春风轻轻地拂来，那稀疏的几点雨珠儿跳在池中，做出几个波圈又渐渐消灭了。呵！烂漫的春！一切都使我感觉着说不出的美！春天是最快乐的，倘若没有和暖的春日，只有冷酷的冬天占领着宇宙，则我们只能披着很笨重的衣，囚困在房子里。偶然走出门外，也只有灰色的天空，板起那无情的面孔：这样还有什么生趣？我们还能生活下去吗？只有美丽的春天是我们所欢迎的！"①

郁达夫曾在寻找了几处职业失败之后，为生计而发愁的他也常到法国公园感事抒怀："我于这样的晚上，不是往黄浦江边去徘徊，便是一个人跑上法国公园的草地上去呆坐。在那时候，我一个人看看天上悠久的星河，听听远远从那公园的跳舞室里飞过来的舞曲的琴音，老有放声痛哭的时候，幸亏在黄昏的时节，公园的四周没有人来往，所以我得尽情

---

① 郭沫若：《文艺之社会使命》，《民国日报·文学》（第三期）1925年5月18日。

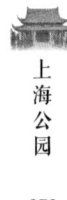

的哭泣;有的时候哭得倦了,我也曾在那公园的草地上露宿过的。"① 当然,法国公园中也有他甜蜜的时刻,印刻着他和爱人王映霞热恋的足迹,他在日记中写道:"七日至十五日,天气炎热,天天晴。住在旅馆内,无聊之至。八日映霞自嘉兴来,和她玩了三五天,曾到半淞园、法国公园等处看月亮。"②

虹口公园面积略小于兆丰公园,但比其他公园都大,是苏州河以北地区最重要的休闲游憩场所。相形其他公园,虹口公园亦别有一番特色。郑逸梅,文史掌故作家,民国时期曾任《申报》《新闻报》《时报》特约撰述,素以撰写清末民初文坛名人逸事著称,有"补白大王"的称号。郑逸梅曾记述他夏日游览虹口公园的情况:

> 海上公园,一一的开放了,在下一昨无事,作虹口公园之游。由一路电车趁至终点下车右折,循着孩童园行,那短栏上开遍了赭色夷葩,自有引人入胜之妙。既达,门前买票而入,票儿和外滩公园同一式样,不过名称改为 Hongkew Park 罢了。园以空旷胜,占地约一二百亩,浅草平铺,弥望无际,缓步其间,很觉快适。有大池一,池中绿叶田田,怒放着巨朵的白花和吾华的菡萏,差不多想濂溪翁见了,也当赞美它一声亭亭净植呢。画地为环线,适于赛跑,在下曩年在校读书时,矫健善走,每逢运动会,辄为赛跑选手。今日到了此间,观览所及,不禁有髀肉复生之感。园邻游泳池,隔篱可以窥望,有西人,有华人,也有妇女,御着各色的浴衣,拍波弄流,鱼浮凫赴,快活的了不得。池上架着铁桥,分高地阶级,有的竟从桥面上腾跃入水,激波飞溅,高几及丈,西人之好运动于此可见。园的后面又为靶子场,据阜下瞩,可见倭卒射击,每卒凭着一方形,斜面标有号数的木块,出机关枪向土堆开放,土堆上也立有标号数的木板,一排放过,顿有小旗竖起扬动,盖板下为沟,有人

---

① 郁达夫:《茑萝行》,载《郁达夫文集》(第一集),花城出版社1982年版,第219页。

② 郁达夫:《郁达夫日记集》,吉林出版集团股份有限公司2017年版,第160页。

藏着，专掌旗号以表示命中与否的。当开放时，厥声砰訇，我们锋镝余生听了不觉心为之悸，瞧了一会便走着续寻林泉之盛，有石洞，有小渚，有竹径，有板桥，徘徊揽景，不啻披着古人画本，那是多么有趣啊！居中有茆舍，略设桌椅，是卖果汁、冰浆、乳酪、汽水的，在下走的足乏口渴，就在舍中饮了一瓶汽水。又择那水涯荫下的长椅上睡了一会，绿叶为幄，日光筛影，凉飔吹来，水面起了一层微波，恨不能在此听水听风过一生哩，那些倭女夷姝连臂踏歌而来，手各执着球拍，正拟于斜阳芳草间，作网球的角逐呢！①

郑逸梅不惜笔墨，详细描述了他在虹口公园的所见所闻，文字中透露着他对虹口公园的喜爱。虹口公园浅草平铺，弥望无际，缓步其间，很觉舒畅。郑逸梅一一介绍了他所见到的大池塘、运动场、游泳池、靶子场的情况，在园中徘徊览景，足乏口渴时，豪饮了一瓶汽水，爽快至极。虹口公园也是小孩子们非常喜爱的地方，他们在里面呼吸着新鲜的空气，欢乐地游戏，玩得不亦乐乎。《新闻报》载有小朋友写的《游虹口公园》：

今天下午两点钟，桌儒哥哥领我及妹妹墨云同游虹口公园，青草红花，远远地望去，红红绿绿得十分可爱。鸟儿在树上唱歌作乐，池塘边上，小弟弟们弄水玩船，假山中有几个蓄着长长的头发的，看上去三五个月没有剪头发了，好像是位女士，原来是几位美术家，在那儿画画呢。有的游客取了竹竿，坐在池畔钓鱼，池里的荷叶大者如同车轮，小者如同盘

虹口公园日本游侣

---

① 郑逸梅：《虹口公园纪游》，《紫罗兰》1928年第3卷第9号。

虹口公园乘风纳凉　　　　　　　　虹口公园钓鱼

子,凉风吹来,荷花香香入沁脾。有的游客拍网球,一片"噼噼拍拍"的声音,兴致真浓。余同哥哥妹妹至晚始归。①

这些令沪上华人惊羡不已的西式公园,免费向外侨开放,但不许华人入内,直到1928年,外滩公园、兆丰公园、虹口公园、法国公园等租界公园才被迫向华人开放。开放后,游人踊跃,据公共租界工部局统计,1928年6月至12月,租界公园游览人数有162万余人,1929年和1930年均超过了200万人。在租界公园向华人开放以前,租界当局以各种理由强行将华人拒之公园门外,严重伤害了中国人的民族自尊心,一定意义上也刺激了经营性私园的出现。当社会公共服务无法满足华人日益增长的休闲娱乐需求的情况下,以张园、徐园、愚园等为代表的经营性私园应运而生。

公用私园休憩

从光绪年间始,受外侨辟设的西式公园供大众游览的启示,由私人兴筑和拥有的园林张园、徐园、愚园等沪上私家园林,由封闭转向对社会开放,成为外侨移植的西式公园向华人公园发展的一种过渡。一时间,

---

① 金卓然:《游虹口公园》,《新闻报》1930年7月13日。

经营性私园成为上海本土园林的主流,可谓是对西洋文明的一种借鉴和模仿。这些经营性私园不仅花木扶疏、山水相映、楼堂耸立,还有丰富完善的游乐、餐饮设施,休闲娱乐功能都很突出,往游者极其踊跃,其中既有本地绅商百姓,也有外地游沪的各色人等,极大地丰富了华人的业余生活。

张园是近代上海最著名的花园和公共娱乐场所。诚如熊月之先生所言:

> 张园赏花,张园看戏,张园评妓,张园照相,张园宴客,吃茶,纳凉,集会,展览,购物……张园之名,日日见诸报刊;张园之事,人人喜闻乐见。张园,成了上海人生活中不可或缺的部分。
> 什么服饰最流行?到张园去看;哪位妓女最走红?到张园去看;有什么时髦展览、新奇焰火、惊险运动、时事演说,到张园去看、去听、去参与!张园,最能体现上海时尚的地方,最能反映上海人气质、听到上海人声音的地方。①

张园其实是集花园、茶馆、饭店、书场、剧院、会堂、照相馆、游乐场等多种功能于一体的公共场所,在这里,游人可以散步、喝茶、赏花、听书、拍照、看戏、打弹子、玩抛球等,林林总总,不一而足。安垲第的望楼登高,鸟瞰上海全景,是每一个来沪游客都想一尝的心愿。而坐在安垲第门首的茶座,仿佛置身于整个城市的中央和潮流的中心,瞬间可察城市风俗流变。1909年的《上海指南》载有张园的游览项目及收费标准:

(一)茶资 入门不取游资。泡茶每碗两角,并无小帐。
(二)茶座果品 每碟一角。

---

① 熊月之:《异质文化交织下的上海都市生活》,上海辞书出版社2009年版,第400页。

（三）洋酒　起码二角。

（四）点心酒菜　汤面每碗一角半，炒面每盘三角，绍酒每斤一角，鱼翅每碗八角，牌南每盆三角，狮子头每盘五角，滷鸭每盆三角。

（五）望楼　欲登者概不取资。

（六）书场　安恺第夏季有之，每人六角。

（七）滩簧　海天胜处有时有之，每人约二三角。

（八）弹子房　租大木弹一盘给二角，租小象牙弹一盘给二角五分。

（九）铁线架　欲打者给一角。

（十）抛球场　租地一方，每月十五元。

（十一）照相　光华楼主人在园开设，其价四寸六角，六寸一元，八寸二元，十二寸四元。

（十二）外国戏　有时有之，座价上等三角，中等二角，下等一角。

（十三）花圃　有玻璃花房，售外国花，如石兰红、美人粉等，价数角至一元数角不等；又有益田花园售日本花，如寒牡丹、樱花、青簾枫、红簾枫等，价自一元至数元不等。

（十四）假座演说　包租安恺第，一日价四五十元，茶房另给十二元，夜加电灯费十二元。礼拜日酌加租价。如事关公益，亦可酌减。须先一日关照。

（十五）假座燕客　每次给煤水及侍候人等各费共十四元，厨房代办酒席，每桌自五元至十余元不等，在外叫菜亦可。须先一日关照。

（十六）德律风　旅馆有之，第一千七百六十号。

（十七）电灯　安恺第旅馆均有。

（十八）电扇火炉　安恺第有之。[1]

因张园游玩功能齐全，场地宽敞，能够满足游客的各种游乐需求，故成为当时游客云集之处。春秋佳日，张园车水马龙，游人如鲫。时有竹枝词写道："愚园游过又张园，安垲洋房到底宽。最是一班时髦客，暂

---

[1]《上海指南》，卷八，商务印书馆1909年版，第1页。

来不肯久盘桓。"①可见张园等新式经营性私园景观之秀美、格调之高雅、娱乐节目之丰富，已成为沪上民众休闲娱乐的新宠。

张园安垲第

张园是清末文人孙宝瑄经常去的地方，在沪居住的三年间，他先后游览张园69次。他曾在《忘山庐日记》中这样评价张园：

"味莼园有大楼，厅名安垲第，规制宏敞，有人云仿佛美总统宫殿。每礼拜日，士女云集。几座茶皿，皆极精雅。凡天下四方人过上海者，莫不游宴其间。故其地非但为上海阖邑人之聚点，实为我国全国人之聚点也。"可以看出，在孙宝瑄眼中，张园可称上海园林之巨擘。

孙宝瑄著有《忘山庐日记》，浙江钱塘人，出身官宦人家，父亲是户部左侍郎，兄长是清朝驻法、德公使和顺天府尹，他自己以荫生得分部主事。他不仅经常游览张园，更在《忘山庐日记》中留下了大量的游园笔记，为我们了解张园提供了宝贵的文字材料。兹列举三次日记如下：

光绪二十三年丁酉（1897）　五月丙午

初五日，晴。家祭。晡，谒客，观曾涤笙文。夜，诣味莼园，览电光影戏。观者蚁聚，俄，群灯熄，白布间映车马人物变动如生，极奇。能作水腾烟起，使人忘其为幻影。②

光绪二十七年辛丑（1901）　十二月

十七日，晴。诣省三。映，访质斋。晡，同游味莼园。薄暮，德国

---

① 顾炳权：《上海洋场竹枝词》，上海书店出版社1996年版，第427页。
② 孙宝瑄：《忘山庐日记》，上海人民出版社2015年版，第99页。

张园赛珍会

张园灯舫

团练兵麕至，以明日德皇生辰，于安垲第演剧相庆。华人旁立而观。剧台左右，丛竹峭倩中，为幕静垂。先有人出立，宣读祝辞，俄卷幕放电光，现人物树石。德兵皆起立，欢呼雷动。良久幕下，遂止。未几又卷，则演数人饮酒状，且歌且语，不解为何事。①

光绪三十四年（1908）十月

十四日，晴。……时日光斜射，徘徊久之，乃与少山登车改赴味莼园，觅视新制之飞艇，予银饼一枚，方得入观。外幂以布，其形似船，极巨，用油布为之，下系竹舆，可坐一二人。前有旋翼，后有形如方旗者，摇转以为舵。飞时以电药灌气入油布中，即可轻举也。②

前清遗老郑孝胥亦常到张园游玩。郑孝胥，福建闽侯人，曾随李鸿章办理洋务，并到日本当外交官，甲午战后回国，以后在京、汉等地做官。清末即在上海购房置业，辛亥革命爆发以后，居住上海，以遗老自居。据统计，从1882年至1916年，郑孝胥在日记中明确记载游张园的，有108次。

据熊月之先生的研究，常去张园的人，商界、文化界的很多。其中，属于报人、文化人的有王韬、钱昕伯、何桂笙、黄式权、袁祖志、汪康年、梁启超、李伯元、吴趼人、狄楚青、叶瀚、蒋智由、高梦旦、蔡元培、张元济、马相伯、严复、辜鸿铭，商界或亦官亦商的有郑孝胥、张謇、赵凤昌、岑春煊、盛宣怀、郑观应、徐润、经元善、李平书、沈缦云、王一亭。各地来沪的学者、学生、富家子弟有章太炎、吴稚晖、马君武、孙宝瑄、吴彦复、丁叔雅、胡惟志、温宗尧、蒋智由、陈介石、汪允宗。这些人控制着上海的各大报纸和出版机构，如《申报》《新闻报》《苏报》《时报》《中外日报》《东方杂志》和商务印书馆，主持着南洋公学、爱国学社、复旦公学等各种学校的事务，领导着中国教育会、

---

① 孙宝瑄：《忘山庐日记》，上海人民出版社2015年版，第447页。
② 孙宝瑄：《忘山庐日记》，上海人民出版社2015年版，第1224—1225页。

预备立宪公会、地方自治公所和名目繁多的联合会的组织。正是他们,构成了上海社会的精英阶层,影响着上海社会的舆论,很大程度上在社会上也起到了示范引领作用。

张园这一公共空间,对各界都有巨大的吸引力。张园还是上海妓女争奇斗胜、大出风头的地方。每至斜日将西,游人麇至,青楼中人,均呼姨挈妹而来。被李伯元称为"四大金刚"的名妓陆兰芬、林黛玉、金小宝、张书玉,每日必到张园游玩,因"四人既至之后,每于进门之圆桌上瀹茗,各人分占一席,若佛氏之有四金刚守镇山门,观瞻特壮也","四大金刚"之名由此得来。李伯元还常常将其主办的、以介绍和评论妓女为重要内容的《游戏报》多印四五百份,带到张园赠送,有时还夹送妓女小照,这更添助了游人的兴趣。其时上海时装流行的特点是男人看女人,女人看妓女。妓女扮演着时装模特儿的角色。时人看妓女,既是看人,亦是评衣。

因此,时人评价张园:"上海闲民所麇聚之地有二,昼聚之地曰味莼园,夜聚之地曰四马路。"张园内不仅建筑美轮美奂、景致赏心悦目,而且设有丰富多彩的游乐设施及新奇有趣的游乐项目,这一切让广大游客纷至沓来,流连忘返。

晚清的经营性私园中,除了最为出名的张园,还有愚园、徐园和半淞园等。"张园西去到愚园",愚园与张园相距不远,都紧邻静安寺路,时人常将愚园与张园相提并论。时有评论:"海上繁华,甲于天下,则人之游海上者,其人无一非梦中人,其境无一非梦中境。是故灯红酒绿,一梦幻也;车水马龙,一梦游也;张园愚园,戏馆书馆,一引人入梦之地也。"[①]

愚园景点众多,景色如画。每逢春秋佳日,游侣如云,园内熙熙攘攘,十分热闹。1890年愚园落成开放,画家吴友如曾去一游,并绘有"愚园图记"。大意谓上海城厢北门外泥城桥,往西四五里为静安寺,远离尘嚣,环境幽静,得点空闲,人们常携美妓去此消遣。从前寺庙附近

---

① 孙家振:《海上繁华梦》自序,江西人民出版社1988年版,第1页。

只有申园、西园可供游玩,四明张氏在寺东面,垒石山掘水池,筑楼台修亭榭,种四季花木,前后费时数年,方建成愚园。他驾马车游愚园,从东面的小门入内,绕长廊穿曲径登高涉幽,将园子游览一遍,找了个僻静的地方歇脚,忽然听到外面传来施工的声音,一打听,原来主人已经购得西园的旧址,正在进行扩建。

静安寺旁先建有申园,园中有西式楼房和中式台榭,还有时髦的弹子房,亦兼售茶点,游人结队成群,品茗看花,乐而忘返。不久,附近又建有西园,园内有西式的品泉楼,既有茶点,又售酒肴,还能乘车马在园中绕行,青楼女子尤乐于前往,游人之多无异于申园。愚园位于两园之间,建成后申园、西园相形见绌。1890年西园并入愚园,西园又与愚园相邻,所以吴友如听到西园施工的声音就不足为怪了。

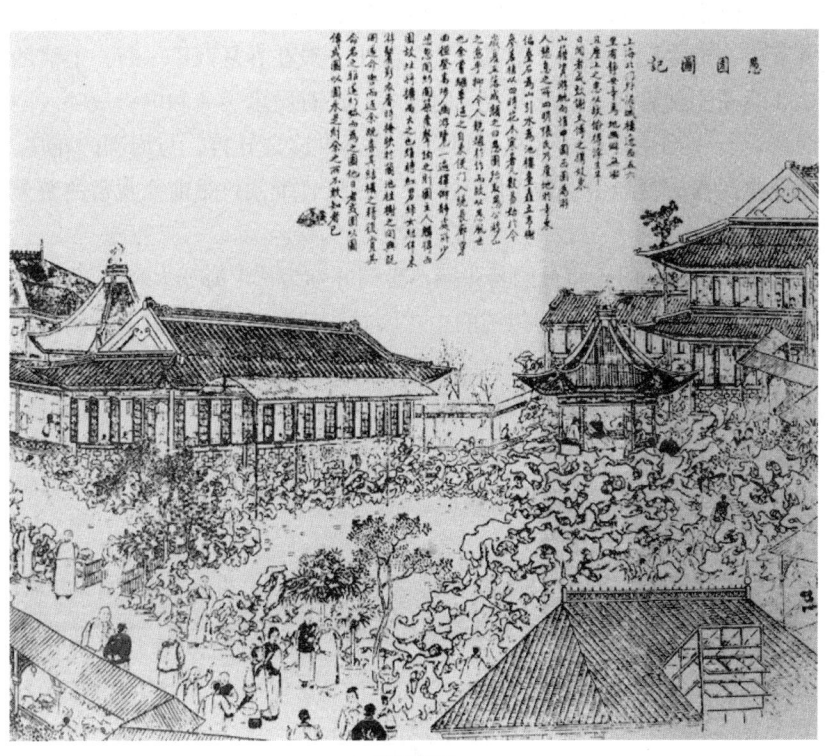

愚园图记

愚园的景点有倚翠轩、鸳鸯厅、飞云楼、如舫、湖心亭等，假山之巅有花神阁，登阁眺望，全园景色尽收眼底。花神阁壁间时刻颇有特色，是辜鸿铭撰写的英文诗、德文诗，他曾任邮传部上海高等实业学堂（即南洋公学）的教务长，常涉足愚园。时有游人记述了游览愚园的情形：

> 上海县治西北，有园曰愚园。每遇春秋佳日，游观者颇不乏人。余于仲春之月，尝偕友人一涉足焉。及门，车马之伺于其前者甚众，来游者尚络绎不绝也。余投资而入，见夫亭榭参差，花木佳胜，缤纷士女嬉游于长廊曲槛间，人影衣香，一时缭乱。余游览一周，凭栏小憩，啜茗片刻而归。①

园内还有丰富的餐饮和游乐活动。杏花村有中西餐饮、点心、咖啡、香茗等，茶室设于各主要景点。文艺演出一般在春夏两季举行，上演的主要戏曲剧种有滩簧、髦儿戏、时曲等，还有魔术表演和电影放映。园西还设有小型动物园，在里面可以看到不少珍禽异兽，与周围的花房、菜地共同构成野趣盎然的田园图景，春秋佳日带领孩子前往观赏的游人很多。

清末民初，时人将徐园与张园、愚园并称为"上海三大名园"，是文人雅士必游之地。徐园为传统的中式园林，精巧典雅，是游人休闲游憩的好去处。曾有人诗咏徐园，云："一角徐园别有天，小桃稚柳各依然，偶从青草池塘过，鹤唳一声浅水边。曲径通幽引兴长，好风有意送花香，人工毕竟夺天巧，山水居然似故乡。"②20世纪30年代，有游人回忆起早年游览徐园的情景，犹历历可数：

> 当年游徐园时，门券售一角，茶资二角，门外白板双扉上有副对联，写的是："白板双扉，听竹里棋声，松间琴韵""红尘一洗，看邻村雨过，

---

① 仪郦：《游愚园记》，《小说丛报》1915年第13期。
② 胡良成：《海上杂诗：徐园》，《学生文艺丛刊》1926年第3卷第5集。

远浦云归"。门内有广庭,植竹数百竿。左有屋二间,名东墅,是赌棋处,右面是兰言室,穿过竹径出山,有石洞,洞折廊尽,有一座大厅,厅名鸿印轩,轩后有月洞,洞后有高台,备演说及演戏用,台前有副对联,写的是:"莫道戏为嬉,都是现身说法""请观歌以可,无非借口宣言"。对面有厅堂,挂着一副祝枝山写的对句:"花林宛转清风送""霞石玲珑瞒气开"。

在鸿印轩的西面,有池亭名烟波画船,旁另有一亭,形式相同,名鉴亭,中有直额,写"今夕只可谈风月"七字。进为曲榭回廊,再进粉壁上挂有郑板桥写的"绝塞雨云秋淡荡""夕阳楼阁燕低昂"。

全园占地不广,楼亭台榭,池沼山石,应有尽有。在假山石下有一间轩室,里面挂有一张很大的画,画的是穿满清官场衣冠的人物,据说就是园主的肖像,宣统间该园属徐冠云凌云昆仲所有,他们都是风雅绝俗的人物,春秋佳日,在园中举行文学雅集,成为一时佳话。①

该游客在多年后,依然清晰地记得徐园的格局和特色景点,徐园的典雅幽静,旖旎景色,可见一斑。徐园园内备有餐饮、茶点、香茗,尤以玉壶春、又一村、妍行等处较为著名,游人乏了,则可在园中品茗休憩。

1888年在徐园开业的悦来容照相馆,是上海最早出现的商业摄影社。当年的菊花会上,徐园园主徐鸿逵与何桂笙、徐介玉等一众好友,赏菊后到照相馆拍照留念,何桂笙发表于《申报》上的《东篱采菊图记》对此多有记述。《申

上海名花十一友在徐园合影

---

① 《十五游徐园》,《社会日报》1936年9月10日。

天涯五友图（左起：李叔同、张小楼、蔡小香、袁希濂、许幻园）

报》主笔黄式权1888年赴南京参加秋试，临行前与何桂笙、尤笠江、周补枝、黄听秋、周桐孙聚于徐园并拍照留念。1900年，李叔同、张小楼、袁希濂、蔡小香、许幻园等5人在徐园小聚，宴后到照相馆合影留念，李叔同为感念对这几位好友的相遇之情，仿照王韬"海天五友图"，将合照命名为"天涯五友图"。照相机最早传入中国时，曾被不明就里的人称为"勾魂机""摄魂镜"，颇令人望而生畏。后来在各大经营性私园中，拍照称得上最为新奇有趣的玩意，引无数游客追捧。

在民国开业的经营性私园中，半淞园的餐饮、游乐、展览项目颇为丰富，不比张园、徐园、愚园逊色。半淞园利用园地面积较广，园内山水相依、楼阁错落、树密花繁的特点，不断推出饶有趣味的游乐项目，吸引了大量游人。

在餐饮方面：中餐馆除杏花村酒家外，剪淞楼布置典雅，档次较杏花村为高；西餐馆名江华春，西点、咖啡、洋烟、洋酒等品种不少，能适应不同层次食客的需要；素菜馆清静雅洁，若干看家菜色、香、味俱佳；园中茶楼、茶室四布，尤以江上草堂、碧梧轩、湖心亭三处最为著名。园中还设有照相馆，加之半淞园有山高水广的优势，摄影取景的条件较好，来问津者不乏其人。

休闲游乐方面，可以打桌球、划船、骑驴等。该园弹子房设于园西北，室内装饰颇为华贵，中置标准球桌数张，四周摆放沙发、靠椅、茶几，来此玩乐的多为洋派绅士；该园水面广阔，购票、登舟处名"问津"，位于西山与园湖之间的长堤上；园北旷地近墙处辟有跑驴场，跑道以沙砾铺就，两侧植绿篱。骑驴是半淞园颇受欢迎的一项游乐项目，许多青年男女都享受骑驴之乐，于是"湖心亭畔观游艇，隔岸咸看赛小驴""夹岸骑驴人几个，夕阳影照画桥西"成为半淞园内一道别样风景。但也有游客对骑驴之乐持不同看法：

>   大约三四年之前，我曾经到过半淞园一次，今日旧地重游，必要很畅快地玩了一个饱。观金鱼，登假山，过树林，穿山洞，这样把园里景色，尽览无疑，久被压抑的心胸开阔了许多，最后走到湖心亭，少坐休息。湖的对岸是跑驴场，据说费小洋数角，就可以一登驴背了。
>   许多青年男女都要尝试骑驴之乐，所以这跑驴场的生意真不差，我看骑在驴背上的青年男女，个个兴高采烈，但他们只知道自己的取乐，何尝想到驴子奔走之苦。要是驴子跑得慢一些的话，那么，无情的鞭子，就向它的身上打过来了，可怜的驴子，毫不抵抗的忍痛接受了。这鞭子之后，不得不向前快跑，等到时间到了，它很喜欢的可以休息了，倘那时没有第二个骑客，当然可以达到目的，若有第二个骑客的话，那么驴子的主人，他心目中有的是钱，利之所在，也管不了驴子的疲乏了。要是驴子因须要休息而不愿跑，或许不能跑，那么又要受鞭子之赏了。可怜的驴子，处在这种淫威之下，那里有反抗的能力呢？只好勉强抖着精神，再向痛苦的路上跑！
>   人类是动物中的最聪明者，也是最残忍最自私者，只要自己满足快乐的欲望，那顾驴子的死活！啊！可怜的压迫下的驴子！①

---

① 赓才：《春在半淞园》，《小五洲》1936年第3期。

1921年8月28日,一外地游客旅沪旬余,闲暇时游玩了半淞园,虽时间很短,却印象深刻,遂作《半句钟之半淞园》以记之。他记述道:

> 来沪旬有余矣,人事纷扰为苦,今得小暇,亟驰车至半淞园,一洗尘俗。到门,见车马拥塞,间不容隙,正逢星期休暇,而园中复设瓜会也。吾车数鸣笛,始得略进,购票入门,途颇曲折。江上草堂,陈瓜类若干,洋种为多。更进,绕山傍水,遮掩尚得势,有小流可通舟楫,游人买渡,出小钱即可环游一周。舟仿西子湖瓜皮式,亦甚轻便也。余于湖心亭啜茗,亭处水中央,游目所及,得花木清流之趣,惟游人杂沓不可久驻,略一息足,萧然而去,为时仅半小时也。久处洋场嚣杂之地,则此行为不虚矣。愿忆及吾乡山水,则视此有天渊之判,一天然优雅,一人工斧鉴;一山林清寂,而一终不脱繁华酒肉气也。出园,更放车龙华道,穿林木乡僻,不啻御风而行,胸襟为之一拓。①

半淞园湖心亭满是游人

游人在园湖划船

半淞园内幽廊曲槛、花木扶疏营造出的一方清凉世界,令这位游客心胸一拓,感觉不虚此行。时人比较南北相对的徐园与半淞园,云:"徐园结构精密,时有险境,而境地局促,不能舒展自如。半淞园因地之利,宽缓有余,而轻描淡写,有一览无遗之憾。譬诸文,徐园如王半山(安石),半淞如汪钝翁(琬);譬诸诗,

---

① 曼陀罗室:《半句钟之半淞园》,《游艺报》1921年9月6日。

徐园如宋诗,半淞如晚唐;譬诸画,徐园如罗两峰(聘)之山水,半淞如恽南田(平寿)之花卉。"①相形之下,张园则为"欧化文也,西洋画也"了,以汪钝翁、晚唐诗、南田画设喻,可见半淞园迂回疏淡的清幽雅趣予人印象之鲜明。

1932年丁玲和冯达在上海半淞园合影

园主姚伯鸿是一个头脑灵活的商人,半淞园的成功与其积极灵活的商业化运作密不可分,但过浓的商业气息,渐引起时人的不满。1927年,《良友》画报月刊第三任主编梁得所写文章比较当时的法国公园和半淞园,他认为法国公园和半淞园这两处地方,是初来上海的人不能不游览一遭的。然而,游览后心里却有些五味杂陈,他说:"半淞园地方虽不大,却也有山有水。园中景物和建筑大体是中国古式,可是多少有点现代化了。而最触目的是安在路角池边的广告牌。什么Capstan香烟,美女牌葡萄干,柯达照相机……大块大块的画得五颜六色,这些广告,把半淞园点缀起来,使一般想避开都市的喧闹而来园林中精神休养的游者,反而更触起了烦嚣的苦闷。"②受西方资本主义经济的影响,民族资本主义开始萌芽,一些经营性私园的日趋洋化与商业化不可避免,自然是多了几分世俗的商业气息,而少了几许文人园的雅致。

华界公园休憩

南市的文庙公园是华界市民,特别是居住在城南的市民休闲游憩的聚集地。住于华界内的市民,除了到租界中的公园去以外,向来没有适当的公园作为游息之所。自从城内文庙路开了一个文庙公园,立即成了

---

① 风厂:《徐园半淞园之譬喻》,《新上海》1925年第2期。
② 梁得所:《从法国公园到半淞园》,《汛报》1927年第1卷第5期。

城南居民打发业余生活的聚集地。有市民游览文庙公园后,用不少的笔墨记录了公园内的情形:

> 这公园虽称为公园,其实只是就旧有文庙加以改筑。进大门为三条石桥。再进为头道正星。文庙旧有之"钟""鼓",仍置该处,可供鉴赏。再进两旁为平铺一色之草地,极悦目。道旁放长椅,可以坐息。巍峨的文庙大成殿,便在前面了。殿中将祭孔所用之钟、鼓、笙、磬、琴、瑟,等乐器,及祭员所服之袍袴,以及盛祭物用之笾、豆、筐及尊爵等件,均用橱架陈列,古色古香,许多东西,多是我们现代青年未曾寓目之物。我觉全公园最有流连价值的地方,要算着大成殿上陈列的各件东西了。殿屋很高,两旁神位橱,排列历代儒家神位,有如竹笋矗立。什么子游,子夏,以至明代王守仁,清代顾亭林,都有在内。过去老先生辈称配享两庑为"吃冷猪肉",就是指此而言了。
>
> 大成殿为全园中心建筑。殿后左侧,有亭子式高屋一座,为"图书馆"。但里面书籍不多,光线太暗,实在称不得是很好的图书馆。此外,演讲厅一座,亦在殿之东侧。不时情人到该厅演讲,为民众教育事业之一部分。
>
> 除此之外,尚有其他建筑多所。有小池,流水曲折,架以木桥,人不拥挤时,凭栏而眺,也还有相当幽趣。只可惜此园太小,而来游者太多了,尤其是礼拜日,除草地外,各条路上,挤满的都是人,就不感乐趣了。只觉是轧闹热,而不是游公园。这我觉得是一个大缺点,这园其实太小,决不足以应城内市民之需要。假使事实有可能的话,我们很希望在华界能有一个更适合市民游息的大公园出现。①

这篇游记详细记述了文庙公园的主要建筑、基础设施及园内景致,文庙公园大受市民欢迎,以至于除公园的草地外,各条路上都挤满了人。人不拥挤时,站在木桥上凭栏而眺,也有相当幽趣。来游玩的人也是形形色

---

① 清波:《文庙公园与动物园》,《家庭星期》1936 年第 1 卷第 35 期。

色,据1932年11月8日的《上海报》分析:"公园里很是热闹,有摩登少年和摩登女郎,有摩登少妇和摩登太太,有摩登小孩和摩登娃娃,有乡下大姑娘和乡下老头儿,有劳工神圣和武装同志,有穿运动衣的体育家和穿布长衫的小学生,色色形形,真是说不尽的众生相。"

文庙公园景色

进文庙路数百步,即为文庙公园。公园附近就是学校区,学生很多,放假的日子最为热闹。离文庙公园不远的梅溪小学创办于1878年,初名正蒙书院,是中国人创办的第一所小学,梅溪小学的学生时常到文庙公园游玩。据时年8岁的梅溪小学一年级学生戴嘉铨回忆:"有一天,我和小弟弟同到文庙公园去游戏,在那里有红的花,绿的树,有小桥,有池水,我和弟弟一直玩到下午,大家都很欢喜。"①

1932年11月13日是个星期天,有一位叫吴志棻的小朋友和父亲一起到文庙公园游玩,回去后写了一篇《游上海文庙公园记》,记述了他当天的见闻,并发表在了《上海民友》杂志上:

十一月十三日,恰是星期日,吾父叫我到上海文庙公园去游玩,我们就一同搭车赴申。下车后,即步行到小西门,再走几步,已看见文庙公园了。进了大门,有一片很大的场地,种满了许多花草,此时菊花盛开,煞是好看。上了石阶,是三间高大的房屋,中间是礼堂,左边是会客室,右边是干事员室。父亲对我说:"此处原是孔夫子的大成殿,是去年改造的。"再向后面东边走去,见一图书馆,走了进去,只见四面架子

---

① 戴嘉铨:《文庙公园》,《儿童晨报》1934年4月26日。

了,满放了许多书籍,父亲就向管理人取了几部书,坐在窗前观看;我也取了一本儿童故事,看了一回,觉得其中很有滋味,正想再换一本看,父亲说:"我们还要游玩,不能仔细的看了。"就一同走出图书馆,到一个茅亭中坐下,亭的四周,都是草地,有许多游览的人,来来去去,很是热闹,又有四五个小弟弟小妹妹,在草地上唱歌跳舞,欢乐非常,我一时也高兴起来,走去同他们一同歌舞,晓得这一班小弟弟和小妹妹,都是清心小学班的学生。正在高兴的时候,忽然有二个穿洋装的人进来,旁边的人都说他是日本人,我心中愤恨,就对他们说:"这不是你们游览的地方,请你们快出去!"父亲就将我喝住,我只得罢了!此时夕阳西下,就和一班弟妹们分手,仍从大门走出。①

文庙公园雪景

雪中的魁星阁

　　文庙公园是附近小学生的乐园,他们在草地上唱歌跳舞和做游戏,非常享受在公园里的欢乐时光。1937年淞沪抗战爆发,南市建筑或被炸或被焚,文庙公园亦毁。回忆起园中的建筑和景色,以及清新的风景所给予的好感,有不少居民依然难以忘怀,回味无穷:

---

① 吴志菜:《游上海文庙公园记》,《上海民友》1932年第62期。

公园的地区失之狭小，因而看去未免太单调了，但花草亭台池塘之胜，却没有一件缺少的。曲折的藤花廊之外，和兆丰法国一样，沿途连袭着一排排座椅，尤其是池塘边涯，风景的感动人，有独具的特有的逸趣，搓枒的老树根前，交叉着绿色的座椅，池水空明的清漪的漾着，空中的云影，有时候漾着一对对白鹅，对岸垂杨柳，一丝丝，轻轻漂拂着水面，杨柳掩映中间，还有一个古亭，计算起来年代是不少了吧！于是，电影、鹅影、杨柳影、老树影、古色的亭影，拱托出碧天的一角。你坐着，悠悠的坐着池边涯，这情绪该如何地优美！在图书馆东北角，一方小小的假山，虽则小小的，但同样具有嶒峻的石骨，山背一个六角亭子，在这里听下面淙淙的泉鸣，和鹧鸪鸟的啼声，就会体味到了清净的有美感。①

文庙公园面积虽小，却独具特有的逸趣。从上述回忆中可以看出，南市民众对文庙公园怀有特别的情感和寄托，文庙公园是华界民众特别是南市民众的聚集地，是他们非常喜爱的休闲游憩场所，极大地丰富了他们的业余文化生活。

第二节　露天音乐会

上海开埠以来，旅沪外侨许多群众性的活动都在租界公园中举行，其中举办得最早、活动时间最长的首推露天音乐会（Open Concert）。早期租界内有不少中国戏院，却没有适合演奏露天音乐会的场所，工部局乐队的演奏会只能在英、法两国领事馆花园举行。1868年，外滩公园建成开放，使得上海大众有了在炎热的夏季欣赏西方音乐的露天固定场所，以后又增加了兆丰公园、虹口公园、法国公园等场所。

---

① 华子：《劫火话城南（续）》，《上海生活》1938年第2卷第4期。

工部局乐队

早期公园的音乐会是由兵舰上的乐队来演奏,以后常由工部局乐队演奏。上海工部局乐队是工部局最重要的文化事业部门,是租界当局的城市名片,被称为"远东第一交响乐队",在上海交响乐史乃至上海史当中,留下了浓墨重彩的一笔。

上海开埠初期,音乐在外侨生活中占有重要一席。1864年,英租界成立了爱乐社。1865年,法租界也有了第一支管弦乐队。1869年,法国演奏家让·雷穆萨在法租界组建了一支交响乐团,由德国总会提供第一笔启动资金。到了1874年夏天,租界又增添了新的娱乐内容,一个被称为"管乐社"的团体开始在外滩公园举办露天音乐会,雷穆萨兼任爱乐社的指挥,大获侨民的好评。

1879年,上海工部局乐队的前身——上海公共乐队应时而生。公共乐队为管乐队,聘请雷穆萨担任乐队指挥,成员仅20多人,乐手全是菲

工部局乐队素描

律宾人。原来当时的菲律宾是亚洲各国中，受西方音乐影响最深的国家。菲律宾从16世纪中叶开始，遭受了西班牙三百多年的殖民统治，并由于天主教的传入而深受欧洲文化的影响，菲律宾人一直和西方音乐朝夕相处，自然也

工部局乐队在演奏

培养出了大批演奏西方音乐的人才。在雷穆萨担任乐队指挥的两年间，上海公共乐队的发展可谓举步维艰，但其对早期侨民社会的意义是显而易见，贫乏艰苦的旅居生活需要音乐的滋养和点缀，乐队的演奏为侨民提供了最基本的音乐生活。

1881年，租界召开纳税人会议，决定上海公共乐队由工部局接管，成为有正式拨款、有专门乐队委员会管理的正规、专业乐队，具体实施由公共乐队委员会来执行。西班牙音乐家梅尔基奥尔·维拉被任命为改组后的乐队指挥，他亲历了乐队的创建，以及从1883年来小型弦乐队的发展。到1885年，演奏节目已有序曲、进行曲、华乐兹舞曲、波尔卡舞曲、轻舞曲等，在外滩公园、法国公园、赛艇会、板球场、体育场和乡村俱乐部等地表演。1906年，德国音乐家鲁道夫·布克就任乐队指挥，他招收了部分欧洲管弦乐乐师，还将公共乐队扩充为小型管弦乐队，为中国最早的职业西式管弦乐队。为提高外侨的音乐欣赏水准，布克从1908年开始印制有时代背景说明和音乐简介的音乐会节目单。

讲工部局乐队的历史，梅百器是一个绕不开的人物。1919年，意大利钢琴家、指挥家梅百器出任乐队指挥，至1942年乐队裁撤，他一直是工部局乐队的灵魂。这一段时期，他使工部局乐队取得了辉煌的成就与崇高的地位，该队被公认为整个远东最优秀的交响乐队。

梅百器1878年生于佛罗伦萨，7岁时开始学习钢琴，11岁时就在戏

院中作公开演奏。14岁时到罗马，见了著名钢琴家李斯特的关门弟子乔万尼·斯甘巴蒂，并投其门下，斯甘巴蒂免收他功课所需的任何费用。1897年，到米兰音乐院成为一个学习作曲法及管弦乐法的学生，并在拉斯加拉剧院跟托斯卡尼尼等著名指挥当助手，得到不少关于指挥上的指导。1902年的一天，梅百器突然决定再开始他钢琴家的旅行及流浪生活，直至1918年的12月，著名的远东音乐会管事斯多克招引他到中国和日本去作一次扩大的旅行。12月28日到达上海时，很不幸已经染了剧病，他从船上被抬到医院，又在医院住了两个月，他有计划的旅行便从此取消了。1919年2月，当他能再演奏时，在夏令配克戏院开了首次音乐会，取得了很大的成功。1919年的上海是一个极富有吸引力的城市，人们都认为这个城市将成为世界大都会之一。当时很多人希望他留在上海，他也认为在中国作为一个音乐的拓荒者，胜于留在自己的国家，最终决定留了下来。其后，他开始组建工部局的管弦乐队和铜管乐队，从欧洲请来了12位音乐家，演奏不同的主要乐器。

  1921年11月，梅百器组建的新乐队正式亮相，并举办了交响音乐会的首次演出。1922年乐队更名为上海工部局乐队，并首次使用"管弦乐团"一词。乐队中的欧洲人自然是越来越多，1920年后俄国乐师的名字也出现在名单上，因十月革命流亡上海的大批俄国人，其中不乏优秀的音乐人才。到1926年，乐队几乎全由欧洲人组成。以1934年为例，工部局乐队有45名成员，俄侨占24名，其余21名队员分属意大利、美国、菲律宾等国。音乐会的吸引力也在不断增加，1921年一些音乐会能吸引1 500名外国听众，1922年在虹口公园的管弦乐演奏会创纪录地有3 500名观众。在以后的十年里，梅百器管理着乐队的发展，工部局乐队知名度越来越高，还成立了万国商团乐队、爵士乐队、铜管乐队等。1927年，乐队举行了纪念贝多芬百年诞辰演出；1928年，乐队成功首演巴赫的b小调安魂曲；1936年，在上海首演贝多芬第九交响曲，艺术水准很高，这在当时都产生了比较大的影响。梅百器主持乐队时期，工部局乐队主要演奏欧洲音乐家的作品，试以1937年的一场夏季露天音乐会为例：

工部局乐队露天音乐会[①]

时间：1937年7月3日

地址：兆丰公园

两位著名音乐家担任独奏：

小提琴家米歇尔·皮阿斯特罗（Michelle Piastro）

大提琴家约瑟夫·舒斯特尔（Iosif Shuster）

皮阿斯特罗：津金（Zinding）的《小调组曲》（"Suite la Minor"）

萨拉萨蒂（Sarasate, P. M. M.）的《茨冈之歌》（"Tsiganskie Pesni"）

舒斯特：圣-桑的《协奏曲》（"Kontsert Sen-Sansa"）

巴赫（Bach, J. S.）、门德尔松（Mendelssohn, F.）及波佩尔（Popper, D.）的独奏曲（Sol'nye veshchi）

皮阿斯特罗与舒斯特合奏：亨德尔（Handel, G. F.）的《复活》（"Paskhali-ia"）

交响乐队演奏莫扎特、柴科夫斯基和瓦格纳的作品。

指挥：梅百器大师。

1941年12月7日，日军发动珍珠港事变。翌日，日军占领公共租界。次年1月，由日本人担任工部局总董，这加速了工部局乐队的解散。工部局乐队遭受了极大的困难，资金短缺也是工部局乐队的重要威胁。1942年5月31日晚，工部局乐队在兰心大戏院举行最后一次的"别离音乐会"。当晚音乐会演奏三个作品，第一个作品是莫扎特《D大调第二十钢琴协奏曲》（K466），此曲是1919年梅百器出任乐队指挥时演奏的第一首曲子，在1942年离别时仍奏该曲，意味深长。歌曲由梅氏钢琴独奏兼指挥，全体乐队伴奏，奏完掌声如雷。第二个作品是贝多芬《d小调第十七钢琴奏鸣曲》（Op.31, No.2），此曲由梅氏钢琴独奏，其指法非

[①] 汪之成：《俄侨音乐家在上海（1920s—1940s）》，上海音乐学院出版社2007年版，第39页。

梅百器

常灵活,演奏时完全不像是60多岁的老人,可见其对于贝多芬的作品研究甚深。第三个作品是勃拉姆斯《c小调第一交响曲》(Op.68),全体乐队同心合力演奏,最后是一个非常强力而宽大的结尾。收束全曲,也就结束了工部局乐队六十余年的历史。梅百器也发表了简短的演说,大意谓其自加入工部局乐队以来,经历不知几多人事和各种困难,而终能存在至今,实为幸事,并向所有爱护及协助乐队者致谢。

1946年8月3日,远东乐坛泰斗梅百器因病逝世,葬于虹桥万国公墓。

中国人是从1927年开始在乐队中出现的。1927年5月29日,谭抒真以实习生身份首次加盟工部局乐队,为加入工部局乐队第一位中国人。同年11月,由中国人自己创设的第一家专业音乐教育机构——国立音乐院在上海创办,多位工部局乐队演奏员在国立音乐院教职,培养了一批

梅百器和他的学生们

本土音乐人才。1928年，租界允许华人进入租界公园，工部局乐队开始在中文报纸上刊登广告，这为露天音乐会表演增加了新观众，中国人的兴趣在不断上升。1930年，乐队首次演奏中国人创作的交响乐作品——黄自的音乐会序曲《怀旧》，1931年作曲家黄自担任乐队委员会的委员。1938年，工部局乐队首次正式吸纳中国演奏员谭抒真、黄贻钧、陈又新、徐威麟等4人。

工部局乐队裁撤后，由上海音乐会接办，改组为上海音乐队，梅百器的学生阿里戈·福阿接过了指挥棒。1945年11月，乐队由国民政府接管，并更名为"上海市政府交响乐团"，首次由中国人管理。1949年，黄贻钧作为新中国第一位指挥家首次登台指挥交响乐团演奏，由此乐团进入了中国人主导的新时代。1956年，乐团正式定名为上海交响乐团，并延续至今。

工部局乐队对于近代上海这座城市来说，具有很高的文化价值，其在丰富、调剂上海市民特别是外侨的业余生活方面，贡献很大。同时，也传播了西方传统音乐的演奏技艺、音乐的表达方式和表演形式，促进了东西方音乐文化的接触、交流与融合。后来，许多上海市民有了去听音乐会的习惯，许多的音乐家和音乐学校的学生也受到了很多良好的影响，工部局乐队及其举办的露天音乐会在推动中国音乐教育方面发挥了不小的功用。

露天音乐会

公园是近代上海举办露天音乐会的理想场所。工部局乐队演奏的露天音乐会主要集中在外滩公园、虹口公园、法国公园、兆丰公园、汇山公园和跑马厅等地，其中外滩公园、虹口公园、法国公园、兆丰公园为主要演出地。外滩公园擅歇浦之胜，虹口公园宜锻练身心，法国公园占人工之丽，兆丰公园存林野真趣，每当春秋佳日，来此休闲游憩和纳凉者，数不胜数。夏夜，在公园里听一场露天音乐会，在公园的长椅上吹一吹晚风，尽情地享受花木扶疏营造出的一方清凉世界，优雅而富有情调，对紧张都市生活是一种的极好的补充和调剂。

为了给工部局乐队提供演出场地，工部局在公园里建造了音乐亭或音乐台。外滩公园最早建有一只木结构音乐亭，后来旧的音乐亭被拆除，1892年新建一只六角形钢结构的音乐亭，屋顶形似英式礼帽，颇有维多利亚风韵，彰显着时代烙印。民国时期，音乐亭翻建，外观总体变化不大，仍为钢铁结构，但以水泥盖顶，亭下增设地下室。1937年音乐亭被拆除。虹口公园在大门附近草坪中央设音乐台，后来也进行改进，新建的音乐台形状像大张的鳄鱼嘴，两侧各有五根铁柱支撑。兆丰公园建有一座露天音乐会演奏台，演奏台为喇叭形，穹顶有很好的音乐反射效果。1935年新建一只古典式大理石亭，亭基座似长方形的小舞台，建成后就取代了原来的音乐演奏台。法租界公董局也在法国公园的大草坪边建有音乐演奏亭，1937年音乐亭拆除，后来则在该园中部的大树丛下用洋松

外滩公园木结构音乐亭

外滩公园音乐亭

兆丰公园大理石音乐台

虹口公园音乐台

木板临时搭建演奏台。这几座音乐亭或音乐台专门为举办露天音乐会而建造，形状各异，也都设置了新式舞台灯，很受听众的欢迎。

露天音乐会是公园的一大传统特色，只在夏季举行，一般6月份开始，约9月份结束。每周安排固定时间举办，分午后和晚间两种，午后一般安排在下午5点至7点30分或5点30分至7点，晚间一般安排在晚上9点至11点。露天音乐会形式主要分为弦乐会和铜乐会（军乐会），音乐亭前有活动椅供听众租用。每年10月至次年5月底举行的是冬季音乐会，冬季音乐会则在室内举行，兰心大戏院是当时上海众多剧场中举行室内音乐会的固定场所，1934年至1942年5月，这里曾举办过工部局乐队的星期音乐会287次。当局也会通过无线电广播播送工部局乐队举行的音乐会。

1928年6月1日起，租界公园对华人开放，各公园继续演奏露天音乐会。公园开放后的第一个月，露天音乐会于6月5日（星期二）开始推行，举行音乐会的次序和进场费用如下：

露天音乐会次序

星期一	弦乐	极司非而公园	夜九时一刻至十一时
星期二	军乐	外滩公园	下午五时半至七时
星期三	弦乐	极司非而公园	夜九时一刻至十一时
星期四	军乐	虹口公园	下午五时半至七时
星期五	军乐	外滩公园	下午五时半至七时
星期六	弦乐	极司非而公园	夜九时一刻至十一时

进场费用

极司非而公园弦乐会	每人小洋六角	二人大洋一元
虹口公园军乐会	每人小洋二角	不收取椅费
外滩公园军乐会	不取费	座椅每人一角

入公园，需交门票。公园年票售大洋一元，没有年票则需交纳铜元十枚，12岁以下孩童由成人陪伴则可免费入园。除去门票外，到公园欣赏一场露天音乐会还要交进场费用。到外滩公园欣赏一场露天音乐会需花小洋一角，到虹口公园欣赏一场露天音乐会则需花小洋二角，而去兆丰公园欣赏一场露天音乐会竟要花小样六角，若是两人同去，只需大洋一元。

为什么会出现这样的差别呢？由于各个公园所处的位置和环境不同，如外滩公园位于外滩黄浦江边，虹口公园在闹市中心，且是一个以体育运动为主的公园，都有杂音干扰，演奏效果稍有差异。兆丰公园则位于郊外，环境清新宁静，音乐台上有半圆蚌壳形回音壁，演奏效果最好。由于演奏效果的差异等原因，露天音乐会的收费标准也会有所不同。当然，不同年代其票价及演出时间也会有所调整。

工部局乐队每周都有固定场地和固定时间演奏露天音乐会，开始时主要在外滩公园和虹口公园举行，后来兆丰公园和法国公园也加入进来，每年都会举行几十场。在20世纪30年代，举行的次数更加频繁。今据《上海公共租界工部局年报》统计，1931年至1940年十年间，工部局乐队共举办露天音乐会594次，平均每年举办近60场。具体情况见下表：

工部局乐队1931—1940年举办露天音乐会场次地点统计[①]

年代	露天音乐会的场次地点	合计
1931年	露天音乐会26次（在梵王渡公园举行17次，在跑马厅举行9次），军乐会32次（下午及晚间在外滩公园及虹口公园举行）	58次
1932年	露天音乐会32次（在兆丰公园举行），节期音乐会2次，军乐会30次（下午及晚间在外滩公园及虹口公园举行）	64次
1933年	露天音乐会29次（在梵王渡公园举行），军乐会30次（午后及晚间在外滩公园、梵王渡公园及虹口公园举行）	59次

---

① 根据《上海公共租界工部局年报》1931—1940年的"公园报告""音乐队报告"统计编制。

（续表）

年代	露天音乐会的场次地点	合计
1934年	露天管弦音乐会35次（在梵王渡公园举行23次，在虹口公园举行12次），军乐音乐会52次（午后及晚间在外滩公园、梵王渡公园、虹口公园及汇山公园举行），在9月22日—10月14日期间，军乐音乐会（每星期两次于星期六及星期日下午在梵王渡公园举行），计有7次	94次
1935年	露天管弦音乐会23次（在梵王渡公园举行15次，在虹口公园举行8次），军乐音乐会39次（午后及晚间在外滩公园、梵王渡公园、虹口公园及汇山公园举行），军乐音乐会又4次（于星期六及星期日下午在梵王渡公园举行）	66次
1936年	军乐会50次（午后及晚间在外滩公园、梵王渡公园及虹口公园举行），露天管弦音乐会27次（在梵王渡公园举行18次，在虹口公园举行9次），特别露天管弦音乐会1次（在梵王渡公园举行）	78次
1937年	铜乐音乐会21次（午后及晚间在外滩公园、梵王渡公园及虹口公园举行），露天音乐会10次（在梵王渡公园举行9次，在虹口公园举行1次），特别音乐会2次（在梵王渡公园举行）	33次
1938年	弦乐音乐会21次（在梵王渡公园举行12次，在法兰西协会花园举行9次），铜乐音乐会38次（在梵王渡公园举行20次，在法国公园举行7次，在外滩公园举行11次）	59次
1939年	弦乐音乐会15次（在梵王渡公园举行12次，在法国公园举行3次），铜乐音乐会34次（在梵王渡公园举行13次，在外滩公园举行9次，在法国公园举行12次），特别铜乐会1次（在法国公园举办）	50次
1940年	管弦音乐会9次，铜乐会24次（在梵王渡公园举行9次，在外滩公园举行15次）	33次

上表中举办次数最多的年份是1934年，有94次。兹以1934年为例，6月至8月间，工部局乐队在公园举行夏季露天音乐会具体日程如下：

工部局乐队 1934 年夏季露天音乐会日程（六月至八月）[①]

日期	星期二	星期三	星期四	星期五	星期六	星期日
六月	五日 十二日 十九日 廿六日	六日 十三日 廿日 廿七日	七日 十四日 廿一日 廿八日	八日 十五日 廿二日 廿九日	九日 十六日 廿三日 卅日	十日 十七日 廿四日
七月	三日 十日 十七日 廿四日 卅一日	四日 十一日 十八日 廿五日	五日 十二日 十九日 廿六日	六日 十三日 廿日 廿七日	七日 十四日 廿一日 廿八日	一日 八日 十五日 廿二日 廿九日
八月	七日 十四日 廿一日 廿八日	一日 八日 十五日 廿二日 廿九日	二日 九日 十六日 廿三日 卅日	三日 十日 十七日 廿四日 卅一日	四日 十一日 十八日 廿五日	五日 十二日 十九日 廿六日
地点	虹口公园、汇山公园	兆丰公园	虹口公园	外滩公园	兆丰公园	外滩公园、兆丰公园
音乐会种类	军乐演奏	管弦演奏	管弦演奏	军乐演奏	军乐演奏、管弦演奏	军乐演奏
时间	下午五时至六时三十分（六月）；下午五时三十分至七时（七八月）	晚间九时至十一时	晚间七时三十分至九时（六月）；晚间八时至九时三十分（七八月）	晚间九时至十一时	军乐演奏下午五时至六时三十分（六月），下午五时三十分至七时（七八月）；管弦演奏晚间九时至十一时	下午五时至六时三十分（六月）；下午五时三十分至七时（七八月）

① 根据《上海公共租界工部局年报》1934 年的"音乐队报告"编制而成。

1934年的露天音乐会，主要分为管弦音乐会和军乐音乐会两种。就演奏地点来看，管弦音乐会于每周三和周六演奏于兆丰花园，每周四演奏于虹口公园。军乐音乐会则于每周二、周五、周六及周日，轮流在外滩公园、兆丰公园、虹口公园及汇山公园等地演奏。

就演奏时间来看，每周三和周六的管弦音乐会都是在晚间的九时至十一时举行；到了每周四，六月份的管弦音乐会时间为晚间的七时三十分至九时，七八月份的为晚间八时至九时三十分。由于七八月份的白昼时间比六月份更长，开始和结束时间也相应往后延长半个小时。每周二、周六和周日的军乐音乐会，六月份的演奏时间是下午五时至六时三十分，七八月份的为下午五时三十分至七时；每周五的军乐音乐时间均为晚间九时至十一时。

就入场费用来看，管弦音乐会在公园内特别会场举行，入场费为：兆丰公园分大洋一元及五角两种座位，儿童及穿着制服的军人需大洋二角，虹口公园分大洋四角及两角两种座位。军乐音乐会不在特别会场举行，不特别收费，唯有租座椅者，每张费用大洋二角。相比来说，管弦音乐会的入场费比军乐音乐会要高，兆丰公园的座椅费用又高于其他公园。

特殊情况也偶有发生。1934年的第一场夏季露天音乐会于5月27日在兆丰公园举行，该场音乐会并不是由工部局乐队担任，而是特邀华塞斯团第二营军乐队演奏。9月22日至10月14日期间，工部局乐队只举行军乐音乐会，且仅仅于每周六和周日的下午在兆丰公园举行。公园有时还会举行特别音乐会。

不管音乐会在什么时间、什么地点举行，演奏之前常常会事先在报纸上刊登预告。有兴趣的听众会来到公园，循声来到音乐亭前，租一把椅子，享受这短暂的美妙时光。《申报》经常为露天音乐会作预告，先看一则1936年外滩公园有军乐演奏的预告：

　　工部局乐队向分管弦乐及铜器乐（即军乐）二部分，管弦乐队在本年夏季七、八二（两）月之中，每星期三及星期六，演奏于兆丰花园；

每星期四演奏于虹口公园，时间均在晚间。而铜器乐队则于每星期二、星期五及星期日等日，轮流在虹口、外滩及兆丰等公园演奏，并不取费。今日（星期五日）为铜器乐队在外滩公园演奏之期，并连续演奏二次。第一次自下午五时开始至七时止，复于晚间九时开始至十一时止，故今日往外滩公园乘凉者，尽可作永夕逍遥也。①

再来看1939年《申报》为法国公园所刊登的弦乐会和铜乐会的预告：

工部局音乐队定于本月十三日晚九时至十一时（如天气良好），在法国公园举行弦乐会，节目计有七项。②

本（十九）日下午五时半至七时，如天气良好，工部局音乐队将于法国公园举行铜乐会，节目计有七项。③

报纸不仅预告了露天音乐会的具体时间和具体地点，有时还会附上节目内容。1937年5月22日在兆丰公园举行的露天音乐会共有7项节目，据《申报》载：

本星期六（二十二日）下午四时如天气晴朗，工部局乐队将于兆丰公园举行露天音乐会，节目如下：①进行曲——"True to the Flag"；②选奏曲—"蝴蝶夫人"；③短箫独奏—"Andante and Polonaise"；④舞蹈曲—"The Jolly Negroes"；⑤杂曲—"Waydown upon the Swannee River &quot、"Old Folks at Home" and in ForeignLands；⑥号角独奏—"The Most Chcrd"、喇叭独奏—"Imperial Salut"；⑦田园曲及幻想曲—"LeaFremcrsberg"。④

---

① 《外滩公园今日有军乐演奏》，《申报》1936年7月10日。
② 《法国公园弦乐会》，《申报》1939年7月13日。
③ 《法国公园铜乐会》，《申报》1939年7月19日。
④ 《工部局乐队露天音乐会》，《申报》1937年5月19日。

《申报》是近代上海发行时间最久、最具社会影响力的报纸，被誉为"近现代史的百科全书"，读者群体非常庞大。报纸极大地丰富了人们的信息来源，远自世界大事、国家大事、天气预报，近至物价涨落、市政管理、赛马、看戏，人们都离不开报纸，看报纸成了市民生活的一部分。每当公园将举办露天音乐会，《申报》《新闻报》《字林西报》等报都会提前作预告，势必起到很好的宣传推广作用。

露天音乐会是一个新鲜事物，经过市民口耳相传和报刊的宣传推广，听众自然是越来越多。在1936年，"军乐队在外滩公园、梵王渡公园及虹口公园共举行音乐会五十次（午后及晚间），总计约有听众19 500人；管弦乐队在梵王渡公园举行露天管弦乐会十八次……总计有听众4 311人，在虹口公园举行露天管弦音乐会九次……总计有听总871人"①。而到了1939年，露天音乐会平均听众人数已大为增加。

《字林西报》刊登的露天音乐会预告

《新闻报》刊登的露天音乐会预告

据1939年工部局音乐队的报告："夏季之弦乐音乐会，虽因天气恶劣，曾有多次不克举行，但本届时季之成绩，堪称优美。在梵王渡公园及法国公园举行之弦音乐会共有听众10 200人，券资收入约为8 900元。在

---

① 《上海公共租界工部局年报》，1936年，第629页。

法国公园举行之特别音乐会四次,共有听众2 500人,上届时季之记录,每次听众人数未有超过350人者。在梵王渡公园举行之其他特别音乐会四次,亦有听众3 200人。"①

1928年租界公园对华人开放以前,露天音乐会的听众主要是生活在上海的外国侨民,去公园听音乐会是外侨最主要的娱乐方式之一。美国人霍塞在《出卖的上海滩》一书中谈到上海外侨的娱乐时这样说:"第二种标准消遣是公园中有乐队演奏的音乐会。这个公园位于苏州河和黄浦江合流处的英国领事馆对面堆积起来的冲击地。包含许多苏格兰人在内的上海社会,常常喜欢享受一种逍遥自在的生活……在炎热的夏天傍晚,大班们邀请朋友到家里去吃饭,在喝过咖啡之后,往往全体坐上人力车到公园去听乐队演奏。"②

租界公园对华人开放后,华人逐渐接受西方的这种夏季音乐季的形式,并对西洋音乐日趋产生兴趣。随着华人对西洋音乐兴趣的渐加,华人听众也随之增多,甚至有华人音乐家参与表演。1929年,乐队与中国独奏音乐家马思聪举行了第一次演出;1934年,中国钢琴家陈玛莉在兆丰公园举办露天音乐会,有1 300余人观看演出,是当年听众最多的一次音乐表演。据1933年的工部局音乐队报告:"华人对于音乐会之演奏兴趣日增,而与华人音乐家联合举行之音乐会,亦为在全季中成绩最佳之一。听众之数未免令人失望,但华人听众现已为数日增,而尤以举行夏季音乐会之时为然,本队所演奏之最雅音乐其能深得华人之欣赏,即此显然而见。"

1932年5月29日,兆丰公园游人极多,创造性地达到了15 327人,比之前的最高纪录——1931年5月31日的13 293人,还要多2 034人。当天游人中,持季票者为11 136人,购票入园者有3 056人,儿童有1 135人。为什么这一天的游人会这么多呢?原来当天是星期日,公园举办露天音乐会,游人爆炸性增长。1933年6月1日的《申报》有这样一则报道:

---

① 《上海公共租界工部局年报》,1939年,第566—567页。
② [美]霍塞著,纪明译:《出卖的上海滩》,商务印书馆1962年版,第73页。

上星期日即五月二十八日，兆丰公园及动物园游人共计三万零五百四十四人，亦因是日午后有军乐奏演，故游人较往日更众也。是日外滩公园有六千一百零六人，虹口公园有三千三百七十一人，三园共计凡逾四万人。①

1933年5月28日这一天，兆丰公园及动物园游人共30 544人，加上外滩公园和虹口公园游人，有4万人之多。自公园对华人开放以来，去公园休闲娱乐的市民非常多，而公园的露天音乐会又吸引了更多的市民前来参与或围观。

夏夜，还有什么比在微风中听一场音乐会更惬意？上海一带的气候夏天高温多湿，那种又湿又热的天气对外国人来说实在难以忍受。从19世纪60年代起，居民们就常常在夏日晚饭后去外滩漫步乘凉，公园露天音乐会就更为这夜晚增添了许多情趣。日本人后藤朝太郎在《支那游记》中，记述了自己到外滩公园散步纳凉的情形，并被黄昏时分的露天音乐会所深深吸引。他回忆道：

黄昏时分，于上海外滩公园散步。坐落于外滩的这座公园毋庸在此多加赘述。该公园从外白渡桥尽头、沿黄浦江岸建造，为西洋式，禁止华人入内，但据说最近发起了允许华人入园的运动。与在沿苏州河的四川路一角所建造的华人公园、半淞园等不同，此处不允许华人踏入一步。我与结伴前往四川的高山孤竹父子及江越君从虹口归来时，进入了这座公园。已是六月下旬，我们想在此乘凉歇息，在长椅的绿荫下体验上海的氛围与感觉。况且这天恰逢周一，时间到了每周例行音乐会开始的下午5时。在菩提树浓重的绿荫下，欣赏上海黄昏时分的音乐会，这种感觉可不坏。于是我们情不自禁地走进了这座公园。②

---

① 《兆丰公园游人》，《申报》1933年6月1日。
② ［日］后藤朝太郎：《支那游记》，载黄仁伟主编：《江南与上海：区域中国的现代转型》，上海社会科学院出版社2016年版，第465—466页。

初夏黄昏时分,在公园绿树浓荫下听一场露天音乐会,显得优雅而富有情调。一曲完毕,满身的俗尘,暑热的烦躁,顿归乌有。文学作品中也常常涉及公园,外滩公园是最常见的。提到外滩公园,很自然会想到露天音乐会。茅盾的长篇小说《子夜》以20世纪30年代的上海为背景,小说的开头有这样的描述:

  太阳刚刚下了地平线。软风一阵一阵地吹上人面,怪痒痒的。苏州河的浊水幻成了金绿色,轻轻地,悄悄地,向西流去。黄浦的夕潮不知怎的已经涨上了,现在沿这苏州河两岸的各色船只都浮得高高地,舱面比码头还高了约莫半尺。风吹来外滩公园里的音乐,却只有那炒豆似的铜鼓声最分明,也最叫人兴奋。①

小说中对露天音乐会的体会用"兴奋"来形容,那感觉无疑是无比美妙的。晚风吹来了外滩公园的音乐,悠扬的乐声伴随着芬芳的花香,在整个公园里久久回荡,让人心旷神怡。虹口公园的音乐台颇有特色,演奏效果又好,一到晚上,来听音乐会和纳凉的游人不知有多少,这里就成为彼时中外人士夜生活的汇聚地:

  今晚是虹口公园夏令音乐会开始的第一个晚上,半月式弧形的音乐台,从新粉饰得极其富丽堂皇,长在音乐台附近的树木,系起一盏盏的红绿电泡。红绿的灯光从枝桠里参杂的放射出来,远远的看来恰似有无数的葡萄棚上,长满了一串串的葡萄,盈盈满树的垂着。也似一丛丛怒放的紫藤花,在半空中月影下舞蹈。这美不胜收的夜景,那些劳苦终日的朋友,是梦想也梦想不到的呵。
  公共汽车、电车,在公园附近无数下站的乘客,都是些轻罗淡绸的时装女子和漂亮洋服的男人,东方的,西方的,也有拖木鞋的日本人。他们在那美丽的家庭里还不够快乐,还不算是解暑,一个个都到此地来

---

① 茅盾:《子夜》,中国青年出版社2013年版,第1页。

了。公园门口，已经给来听音乐的大人们所坐的汽车挤满，一直联到公园的左近，可是享乐的富人们的汽车还是呼呼不绝的来。①

1939年，民国文史专家、金融专家王福穰游览了兆丰公园，他随即以《露天音乐会》为题赋诗一首，介绍了音乐台和现场演奏的情况，并表达了自己的感受：

> 露天音乐会
> 台置披霞诺，像雕维纳斯。探戈传妙舞，爵士奏新词。
> 白雪宁能和，青云不可期。哀丝并豪竹，聊复遣愁思。

露天音乐会常常聚集上海的上流人物，他们一边听音乐会，一边交谈，公园还发挥了社交功能。外滩公园便是各色外侨的一个重要的社交中心：

> 夏天，这里每个星期举行好几次音乐会。音乐会上汇聚了上海的上流人物，带着中国仆人的贵妇们穿着迷人的真丝夏装，绅士们穿着雪白的亚麻套装、配着白色的外套，也有穿着晚礼服和燕尾服的。他们有的坐着热烈地交谈，有的边走边聊。②

因为所奏的都是西洋乐曲，对于很多中国人来说，可能鼓不起非常高的兴趣，但外侨却是例外，他们不仅能够轻易领略夏夜的交响音乐，还能够相互交流感受。同时，对于那些整天围绕着商业贸易和房地产生意中的男人们来说，无疑是一种难得的解脱，当然也为他们提供了一个重要的信息交换和社交往来的场所。

---

① 苑尔：《践踏》，《拓荒者》1930年第1卷第2期。
② 王维江、吕澍辑译：《另眼相看——晚清德语文献中的上海》，上海辞书出版社2009年版，第208页。

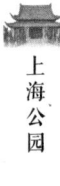

综上所述，开埠以来，露天音乐会是租界侨民消夏娱乐的特色节目。自公园对华人开放后，去公园休闲游乐的华人非常之多，露天音乐会吸引了越来越多华人的目光，渐渐成为他们最喜闻乐见的娱乐活动之一。伴随着近代上海城市的迅猛发展，上海都市生活的娱乐活动形式日益多样、内容日益丰富，越来越多的人对这种新奇又平民化的音乐会产生了兴趣，这是城市居民日益提高的精神文化需求的体现，亦是近代上海巨变的一个深刻反映。

第三节 夜花园

沪上自光宣之交起，流行夜花园。夜花园，顾名思义"夜晚的花园"，也称"避暑花园"，主要在夏季夜晚开放，从傍晚直到午夜，甚至到天明。因苦于暑夜烦热，开放夜花园的第一目的则是供游人避暑纳凉，租界公园因园址广阔、环境优美、设备完善，夜间吸引不少游人。除避暑纳凉之外，张园、愚园、徐园、半淞园等花园，为满足人们夜间多样化的娱乐需求，也安排了丰富的游乐项目，有焰火燃放、滩簧影戏、灯谜文虎、精美花灯等，亦深受游人喜爱。

公园纳凉

上海人对于夏夜非常的宝贵。朦胧的夜色笼罩在大地之上，一切都沉静了。半夜里起的阵阵凉风，吹在人身上，将一天耗去的精神，恢复过来。不过上海的土地贵过黄金。一般人的住所，都是狭小非常，天空里虽然有凉风，却跑不到家里来。至于马路上呢，车辆行人，挤得水泄不通，即使比屋子里凉快些，然究竟不是乘凉的地方。于是大家就跑上公园里去了。

住在西区的人，大都上兆丰花园去。法租界的住户，视顾家宅公园为他们的天堂。当然北区和中区的男女老少，将虹口公园及外滩公园比做人间的乐园。夕阳一下，每个公园里，男的女的，进进出出，拥挤非常，而且大家非到夜深不回去。在平时轻易不上公园的，这时候也要去光顾几次。所以一到夏天，上海人大有"游园热"的现象。绿荫底下，常见对对情侣，手挽手肩并肩，缓步走着，心中的乐趣不言可就明白。有的携儿带女，穿逐在花木树林中间，跳跃嬉笑，一点不觉得热。

每个公园各有它特殊的优点。兆丰花园地位最广，可惜偏西点。游人常嫌它路远，不能常去玩赏。法国花园，因在住宅区的中间，夏天的游人，特别众多，不过终及不了外滩公园。这外滩公园因为有黄浦江的胜景，游客在夏天最多，沿江所设的几十只椅子，没有一天不被人坐满的。远望对岸的灯火，江心里的明月，暑气也就退避无踪了。①

夏夜对于上海人来说非常宝贵，上海人的消夏生活自然是到公园中纳凉。除了那些住得起大洋房的富人之外，一般人的住所都非常狭小，住在一间小小的阁楼或亭子间，每天都在热浪下挣扎，他们唯一消暑的地方就是公园了，因此一到夏天就出现"游园热"的现象。公园里阵阵凉风吹在人身上，不仅暑气消退了，整个白天耗去的精神也慢慢恢复过来了。

住在虹口的人，大都上虹口公园去。住在西区的人，大都乐意到兆丰公园去，因它占地广且植被茂密，适合纳凉，唯一的不足是离市区较远，不能常去玩赏。法国公园位于法租界中心，被夏夜的游人视为天堂，前来纳凉的人特别多，但终究不及外滩公园。外滩公园独具黄浦江胜景，傍晚时分在那儿吹吹江风，是再舒适不过的了。

外滩公园独特的好处是可以凭栏远眺，缺点则是轮船的烟灰会突然布满天空。外滩公园最好的游玩时间不在早晨，因为早晨轮船进出最多；也不在下午，因为沿着江干的一排椅子没有树木遮挡阳光。到了夜晚，灯火点点，凉风习习，蟾影倒射，银波激滟，外滩公园容纳着大量消闲避暑的游人。有一学生夜游外滩公园后，凉风习习、芳草如茵，令其印象深刻，写成《夏夜游外滩公园作》："繁灯闪烁缀疏林，山石玲珑曲径

---

① 沈沛甘：《上海人的消夏生活》，《旅行杂志》1930年第4卷第7号。

深。行遍小园人意倦,绿荫闲坐听蝉吟。凉风习习爽精神,芳草平铺绿似茵。暑热烦襟都涤尽,浑忘园外有嚣尘。凭栏小立海风泠,无数艨艟水面停,暝色四垂天欲暮,隔江灯火乱如星。"①

1934年一个初夏的夜晚,有游人记述在外滩公园纳凉的情况:

> 是下午的九时罢!在初夏的夜里,天气是格外的闷热。
>
> 蜿蜒在白渡桥下的外滩公园大门,游客是正像潮流般的拥进,拥进;但是呵!在门首,却仍是鹄立着一班待命的人。
>
> 跨过了大门,穿过了角道;前进!前进!跑遍了四周,游客们是这样的拥挤;把整园的坐椅和草地,几乎占得没有一些些的空间。这里哪!有对对碧眼黄发的西洋人,木屐和服的日本人,还有,一群群的现代青年,一行行的摩登狗儿——脸上是涂满了香粉,唇上是搽遍了胭脂,怪红的;四七一一的香水,更是洒遍了全身;臀部是一起一伏的在摆动着;再衬上了奇装异服,真是富于诱惑性呵!
>
> 听!阵阵西乐声吹来!看!露亭里是灯光透明!吸引去了几许的游客!但看围栏四周。
>
> "每人大洋二角",甬道上划出了一段,放着几排的坐椅,栅口安放着一盏三角玻璃灯,就写着这样的几个字,园丁是守在栅口,正在欢迎着阔少爷,小姐们的依次光降呢!
>
> 应时而生的冷饮处,是设在露天军乐演奏处的对面,大概是因为天热的缘故吧!对对俊侣,占有了整个的坐椅,尝着冷饮品,听着西乐声——天上人间,这是有闲阶级的生活呵!
>
> 啊!人是拥挤,声是嘈杂,还不如——向江滨走走罢!看!到底是多么的幽静,清醒,江风阵阵的吹来,吹散了我疲劳的身心,亦吹散了人间的瘴气!
>
> 望望天际——疏疏的散着几颗闪烁的星,看看江面——惨淡的灯光是隐现在水面。多么舒适啊!坐着,卧着在软绵绵的草地上——这大自

---

① 单静瑜:《夏夜游外滩公园作》,《学生文艺丛刊》1932年第7卷第3期。

然所赐的沙发呵!

时光不早了罢?不如归去!只有阵阵的晚风,疏疏的明星,来伴着我归去……①

夏夜公园纳凉,外滩公园是首选。公园里沿江所设的几十只椅子,没有一天不被人坐满的,一旦坐下来,就不想再起身了。坐在那里阵风时来,远望对岸的灯火和江心里的明月,暑气早已跑得无影无踪了。绿荫底下,对对情侣,手挽手肩并肩,缓步走着,心中的乐趣不言即可明白,哪里还会觉得热呢!

每届夏令,外滩公园游人如云。八一三事变前,公园设施尚能差强人意,经过战争的破坏,外滩公园的设施和环境大不如前。抗战胜利后,有热心市民向《申报》投去了建议信,希望

夏天多夜花园(戴敦邦 画)

市政当局能够改进,建议主要集中在三个方面:一是大门须另辟。抗战前在外白渡桥堍辟有大门,但该门依然紧闭,只有一个狭小的边门(在东南角)为总进出口,终日挤轧,尤以黄昏时候为最,而虹口地区的游人多走了许多冤枉路。二是铁丝网须拆除。园内走道有层层铁丝网,而电灯亮度不足,一不留神,容易碎衣破手,尤以小孩为最。多次有人携小孩晚上到公园纳凉,小孩就破了手、碎了衣,结果乘兴而去败兴而归。三是开放时间须放长。夏日天时甚长,天黑较晚,一般市民公众,晚餐洗浴后动身,在天黑时到园,而园内管理人在每晚九时五十分即大声呼时间到了,要关门了,未免扫兴。从上述内容可以看出,这位热心市民必定是外滩公园的

---

① 白茵:《外滩公园之夜》,《时代日报》1934年8月3日。

常客，也体现了外滩公园在市民纳凉方面的重要性。

法国公园与外滩公园颇为相似，起初地处闹市边缘，后来租界不断扩张，就夹在闹市当中，在居民避暑纳凉方面最为重要。法国公园是海上公园的"骄子"，是法租界唯一的都市桃源，住在法租界的人要游公园，大概总到此园。园内大草坪，浅草如茵，碧绿可爱，夏天漫步其中非常舒爽。在夏夜，明月高挂，南风微拂，静静地仰卧着或坐着，不但暑气全消，且身似在旷野，大都会嘈杂的烦恼，一时也烟消云散了。1926年夏，有市民夜游法国公园后，记述了自己在公园纳凉的经历：

> 连日不雨，炎热异常。余日间做事之余，别无避暑之地，闻海上有夜游之花园，乃于前晚，约友董君，夜游法国花园。游者三五成群，多系西人，凡吾人往游，则必持券而进，其券由法租界商店所赠送，余与友亦得入内游览，则树木森然，阴凉开爽，不知日间之酷暑矣。园内游人，则有闲步林中者，坐而说笑者，以及儿童之玩戏，情人之谈心，各得所乐，各具游兴，并无喧闹之声，丝竹之扰，甚为文人学士之游乐也。时至半夜，众乃返，余与友亦相率而归矣。①

20世纪二三十年代，陶行知在上海期间，多次夜游法国公园。据他的密友白韬回忆，有一天晚上他们从一家罗宋餐馆出来，街上行人已逐渐稀少，但天气依旧很热，在法国公园即将关门之际他们还是侥幸地进去了，当时游园的士女已不是很多，但不时能够在树丛中看到情语绵绵的时髦男女。接着，他们在公园里毫无顾忌地漫谈起来。1931年，文人王正益考取上海大学，因姐姐家住法租界金神父路花园坊，距法国公园最近，常常带孩子到公园纳凉。在《钓船笛·法国公园》这首词中，王正益夏夜在法国公园纳凉的生活意境跃然纸上：

> 豪酒灯红夜，海上风光正浓。

---

① 梦花：《夜游花园记》，《民国日报》1926年8月29日。

车水马龙去后，绿茵池塘东。
踏歌携子入林枫，明月照清空。
寂寂风凉人静，时光太倥偬。①

法国公园以承载了法兰西的浪漫风情而著称，是青年男女约会的理想地点，热恋情侣在这里密语幽谈的，比兆丰公园还要多，神秘意味最浓，这也要算法国公园的一点特色了。夏日凉夜，公园里的青年男女最为显眼。

凉爽的晚风，廓清了白天遗留下来的热氛。清新！畅快！

稀疏的路灯，发着幽然的光辉，照射着碎石的路面，整

夜间公园纳凉男女青年之情话

个的公园里黑魆魆一片，披上了神秘的晚装，展开了神秘的画面！

草地上，人影晃动，嘈声喧嚷，是年轻的人儿：或立，或坐，或谈笑，或密语……甚至于还拥抱而卧，怡怡然旁若无人，令孤独者心海里不禁泛起一丝波浪！

黑暗中，年轻的人们得乘其会。试想：靠椅既是一对对的并列着，自然主人也是一双双的并坐着，而决不会单独的。他和她相依相偎，脸儿紧贴着脸儿，低着头喁喁耳语。——孤独者的心弦，在颤动！

尤其——绿荫深处，曲径尽端，假山道上……总之，游客的踪迹不能轻易走得到的"神秘之谷"中，更是黝黑，"不见人影，但闻人声"。这似乎是公园当局的"恩赐"，特予恋爱青年以此"深谷"的！

……

---

① 王正益：《红亭词》（卷1），1986年刊印，第87页。

> 花园之夜，是充满着情爱、软柔、绯红、缠绵的气氛！①

显然，随着城市化的进程，公园等一批城市公共空间向女性敞开大门，男女自由交往的空间被空前放大。华界向来缺少公园，而市民尤众，这是极度不平衡的。文庙公园自建成后，一度成为华界民众夏季消暑纳凉的胜地。1933年，应民众晚间消暑的需要，文庙公园7月15日以后开放夜游，开放时间至晚上9点，并在园内装上夜灯。文庙公园有草地、树木、假山、流水、池塘等，夜晚挤满了前来消夏纳凉的市民，平常较为冷清的文庙路如同南京路一般，十分热闹。有市民回忆：

> 当骄阳收敛了它的火焰，夜风送爽的时光：是岁夜的文庙，最热闹的关头，流水般的人潮，淌得平时寂寞的文庙路，如同南京路一样！
>
> 管门的警士，没法儿控制这大队的人马，进得大门，反觉得热气飞腾，环顾四周，都挤满了黑簇簇的人群，坐也有，立也有，打瞌睡啊！谈天说地啊！大成门是凉风送爽的要塞，吸引得贪凉群众，像便衣队般，取包围式的散兵线，来巩固他们的岗位！
>
> 斥堠般的走出了人群，好容易达到了大成殿的阶前，热的空气，虽有几枝摇曳的树木，在替我们驱除，但是怎能抵抗得一干二净呢？那里有茶博士，布尔乔亚，普罗阶级，包围在阶的四周，绝如屏风一般！
>
> 路是愈难走了！偷偷地慢步到市图书馆那边，那馆前池塘里的野荷叶，很静的亭亭玉立着，几声金丝蛙的清唱，也够得玻热神所窒息着的群众，透过气来！因了清越的关系，所以也吸引着不少的群众，中间有一个患着歇斯蒂里亚病样的昂起头来在笑了回，引得旁人对他侧目，几十条视线集中了他的面庞，扫射得他不好意思，转身溜去！再下去，便是冠生园的营业部，灿烂的灯光，照得全室通明，转摇的电风扇，忙了不停，月亮高高的照着，莹洁的颗颗明星，浴在河里，反射出雪白的银光，同时水际的萤火虫，一闪一烁的点缀着夏夜的文庙。

---

① 曹伟：《孤岛的桃源：顾家宅公园剪影》，《文苑》1941年第1卷第1期。

> 九点钟了，催回的钟声高声警告你，辞别了炭夜的文庙，荧光，蛙声，盘旋在我的脑海，做我归途中的精神上的伴侣。①

文庙公园布置精雅，夜晚又电炬通明，实为沪南最重要的消夏场所，每晚都挤满了黑簇簇的人群，行人道上，摩肩接踵，顽童充斥，动辄越规，该馆值夜人员，顾此失彼，兹事堪虞。文庙公园连日接到市民多封来信，要求设法限制。后经馆务会议议决，决定发售一种长期门券，藉以限制。

愚园夜市

上海有夜花园出现，亦当以愚园为嚆矢。当时一般喜欢呼吸夜空气的人们，以为上海之大，竟寻不出一座夜花园在晚上来供游览，未免是一件憾事。故此，就有人去要求愚园主人，晚上仍继白天开园，以供游览。园主情面难却，慨然允从，于是夜花园出现了。

夜花园的出现，与近代上海的城市特点不无关系。上海特殊的城市地理特点，是夜花园出现并繁荣的促进因素。据《申报》介绍：

> 上海人烟稠密，居屋鳞次栉比，且狭小异当，大抵皆无庭院，即或有之亦皆扁窄如井。兹近三伏天气，骄阳逼人，而无透风之灵场，纳凉之苑囿，无怪其片时难耐也。虽有张园愚园之设，而往来驰骤于烈日之下，即稍有温风，而热气郁蒸方四面逼人而来，是非避暑，适以求暑也，此则夜花园之所由来也。②

限于照明设施，中国传统花园多是晨兴暮歇。1882年，第一盏电灯在上海点亮，这为夜花园的兴起提供了至为关键的便利。园中电炬照耀，

---

① 姚明然：《文庙公园之夜》，《申报》1936年8月25日。
② 《忠告游夜花园之女同胞》，《申报》1912年7月6日。

夜花园

夜花园之滩簧

如同白昼。愚园夜花园开放后，当时规定每人纳一角小洋的门票，可以在园中逗留至深夜；倘然高兴在园中逗留一整宵，直至第二天早晨离园，那也无妨。此风一开，一般人士，以为所费无几，时间又勿限制，故"趋之若鹜"。尤其是在夏秋炎热的夜里，更是摩肩接踵，山阴道上，或马或车，亦步亦趋，川流不息地到愚园去纳凉。

1891年7月20日，《申报》以"愚园夜市"为题，为愚园夜花园作宣传预告：

> 时值炎天，概寻避暑之处，本园夜市天，是月望日起，仍照旧章，限十二点钟止。新设池内荷花鲜艳，盆上夏兰幽香，诸公清心快目，纳凉赏玩，务请早降是幸，特此布告。①

当时，愚园夜市还只是以避暑纳凉为主，活动项目并不丰富。后来经过不断经营，园中活动名目不断增多。1914年，愚园公布的夜游项目有"张筱棣改良滩簧""何处女开唱小书""也是娥演讲金台传"等，中西食物及荷兰水、洋酒、啤酒也一应俱全，每位小洋四角。1916年，又增加了电光影戏、王德岩戏法、女子新戏等，每位亦小洋四角。据报载：

> 本园风景为沪上独一无二佳境，园内点缀，焕然一新，新筑茅亭，桃源深处，湖心亭，九曲桥，图书馆，阅报社，打球场及异禽奇兽，池内金鱼，亭边百种鲜花，兼备中西茶点，应时小炒，一应俱全。六月初五起，加增电光影戏、王德岩戏法、女子新戏，园中名目繁多，书不胜书，务请各界绅商闺秀名媛，联袂驾临赏鉴，无任欢迎，游资连茶每位小洋四角，日间二角。②

愚园也常常夜放东莞焰火、潮州焰火、安徽焰火等各种焰火，与众

---

① 《愚园夜市》，《申报》1891年7月20日。
② 《愚园夜花园》，《申报》1916年8月2日。

不同,变化无穷,来宾乃蜂屯蚁聚。1895年7月25日,愚园大放焰火,当晚观看者有一千余人。有游客欣赏了焰火后,特作《愚园观烟火记》,介绍了当晚的盛况:

> 愚园公司筮期于昨晚九点钟燃放烟火,以助游人雅兴,时也荷塘暑净,柳榭凉生,月斜半钩,星闪万点,中西士女相与驾油碧车而至,弥望满园灯火,如入不夜春城。俄而烟火发于空际,为楼台,为轮舶,为宝塔,为龙舟,又为纸牌等诸玩具,人物则描摹惟肖,花鸟则点缀得宜,十色五光,莫名一景,观者皆啧啧曰:此真烟火之大观,名园之盛会也。且喜夜凉如水,天气宜人,故至火熄烟消,犹有赞叹声出于树林山石之间,盖顷之乘兴而来者,可谓不负斯游矣。是晚,中西士女约计不下千余人,闻园中稍迟数日,尚须续放,届时翻新斗巧,必将更上一层。特缀数言,藉告沪滨之游客。①

当晚的愚园,满园灯火,犹如不夜城,中西士女竞相乘车而来。焰火五光十色、艳丽夺目,如楼台、轮舶、宝塔、龙舟、纸牌等,观众不禁感叹,真乃焰火之大观、名园之盛会。1895年8月4日,《字林沪报》又发表一篇《愚园再观烟火记》,再次描述了愚园大放焰火的情形。是晚,焰火有若花篮,有若宝塔,有若火轮船,有若鱼龙曼衍……罔不光怪陆离,变幻莫测。中西士女成群结队而来,观者尤众,莫不流连忘返。

张园焰火

相对愚园,张园因面积广阔,且广栽竹木,大开池沼,前来避暑纳凉的游人亦络绎不绝,以至于"人人不惮车马之劳,夜夜来为不速之客"。时有评论,沪北数处园林,夜晚消遣纳凉,张氏味莼园为最盛。《新闻报》曾就"论避暑纳凉之盛"之类话题作过分析:

---

① 《愚园观烟火记》,《字林沪报》1895年7月26日。

上海地方，向无崇山峻岭，茂林修竹，堪以涤溽暑⼆服清凉。只此近年以来，沪北所筑园林数处，可资消遣，其中则以张氏味莼园为最胜。何也？他处皆有湫隘之嫌，惟此间地将百亩，水势回还，加以一片平芜，四围绿树，两方巨沼，几簇楼台，罗罗清疏，恢恢阔大，其景淑且和，其气疏以达。有时柳梢月上，群瞻碧落清光，有时水面风来，共醉红蕖香气。坐花阴而偶语，只听喁喁；倚石畔而怡情，何妨默默。荷兰水好，未须雪藕而调冰；吕宋烟香，且佐评茶而品茗。云如罗薄，历历星光；露比珠圆，微微凉意。以视他处之张灯万盏，满室辉煌，烧烛千枝，一庭炫耀者，真觉静躁之不同，而清浊之迥异也。当年秦淮、虎丘纳凉之盛，载在时歌，令人欣羡，然有人嘲以句曰，纳凉人坐火当中，读者不觉失笑，则以画舫之上，遍挂珠灯，或羊角灯千盏百盏，以多为贵，苏俗直以灯船名之，既已上下四旁，周遭华烛，坐舟中者扇不停挥，汗如雨下，而犹以纳凉为名，此等情形，以愚园等处较之，又何以异？须知凉风起于天末，不起于室中也，凉意来自水边，不来自屏内也。凉可以招，非多种竹树不为功，凉可以乘非趋就幽静则不得。①

避暑纳凉之外，张园把燃放焰火作为夜花园的重要观赏活动之一，精品有"火烧葡萄架""炮打平阳城"等。1885年以后，演放焰火是张园一大项目，几乎无年无之，有时一年不止一次。著名的潮州焰火、东莞焰火、高易焰火、徽州焰火及东洋焰火，都在这里演放。葛元煦在《沪游杂记》中对徽州焰火有描述：徽州焰火，大径五尺许，形圆似盒，戏园中新正以绳悬台中施放，人物鸟兽、亭台楼阁，变幻无穷，或花炮数十从盒中出，如万点流星飞满台上，或以铁丝作"一品当朝""指日高升"等空心字，蘸以硫黄、烧酒，燃成绿字，洵巨观也。

1886年8月，高易筹赈公所在张园演放焰火，筹款助赈，门票三角。1894年4月，放东洋焰火，入园看资二角。1896年9月，放潮州焰火，有"汾阳执笏""大蟹横行""满天珠露""火树银花""四夷电转""鲤鱼

---

① 《论避暑纳凉之盛》，《新闻报》1893年8月1日。

逐浪""花鹿奔驰""招财进宝""珠灯献瑞""宝塔玲珑"等名目。1897年6月，放"金花漫天""雄威猛虎""蜈蚣吐珠""双重换磨""洋式崇楼""大赐全福""观晋化身""九龙旋舞"等名目焰火，入园看资二角。1897年10月，放东莞焰火，"焰火灵变奇巧，色色翻新，五色迷离，观者无不目迷心醉"。每放焰火，张园必车马塞途、人山人海。1886年5月1日，张园大放焰火，有报载其盛况：

> 才出大马路而西，即见灯火之光，接连数里不断，望之整齐璀灿，若军行之有纪律，长蛇卷地，阵法宛然，而且往者过、来者续，无一息之停，辚辚辘辘之声，不绝于耳，东洋车之行，亦复踊跃直前，与马车直可齐驱并驾，斯已极一时之大观矣。俄而遥见空中如金蛇飞舞，车马塞途，不可复进，乃命停骖，而下步至门前，则人山人海，拥挤殊甚，阍者照票揖之入。园中花木阴翳，皆悬灯于其上。循径渐入，衣香鬓影，乌帽青衫，裙屐纷纷，履舃交错⋯⋯。至新园，中西客俱攒簇立于暗陬，千头尽仰，众目争观，嗤嗤之声，荧荧之影，几于目迷五色，不可方物。①

张园焰火，成为晚清沪上夜游的一个保留项目。传统园林在节庆时期，也有焰火表演，尤其是每到端午、七夕、中秋、元宵等传统佳节，都要大放焰火，但无论从表演规模还是游人数量上，都无法与张园相提并论。宣统年间，张园又特聘南洋名匠设计新式焰火，工艺更趋精湛，楼台、鸟兽、花卉等造型皆能升腾而起。观赏焰火的头等座位大洋3元，相当于熟练工人半月工资，但观者仍热情很高。

徐园西洋影戏

夜晚的徐园同样值得期待，夜花园安排了丰富的游乐项目。

徐园是中国最早的电影放映场所，据《中国电影发展史》考究，"1896

---

① 《味莼园观烟火记》，《申报》1886年5月3日。

年8月11日,上海徐园内的'又一村'放映了'西洋影戏',这是中国第一次电影放映"。所谓"西洋影戏"指的就是影片,因为片子短,放影戏常常穿插在猜灯谜、变戏法、看焰火等节目中进行。因当时作为光源的摩尔登尼汽灯不用电,所以还不能称为"电影",只能叫"影戏"。而且这种灯的亮度有限,为提高亮度,增强观看效果,就在一块大白布(代替银幕)前备几口大水缸,放映时不停地朝白布上泼水。

1895年12月28日,法国巴黎卡普辛路14号的地下室印度沙龙里,卢米埃尔兄弟邀来一众社会名流,为之放映《火车进站》《工厂大门》等短片,标志着电影的诞生。1896年6月,徐园主人徐鸿逵和徐贯云、徐凌云父子通过怡和洋行从国外购得电影放映设备和影片,准备放映'西洋影戏'。消息传出,各界人士纷纷要求他们向社会公映。

向社会公映电影之前,徐园多次在《申报》《新闻报》上刊登广告。1896年6月30日,徐园在《新闻报》上发布了《徐园告白》:"本园于二十日起,夜至十二点钟止,内设文虎清曲、童串戏法、西洋影戏以供游人随意赏玩。向因老闸桥北一带,马路未平阻人游兴,现已平坦,马车可直抵园门,维冀诸君踏月来游,足供清谈之兴,扬镳归去,可无徒步之虞。游资仍照旧章,准廿三夜外加烟火大戏,游资每位三角。"① 因此,电影最早进入中国的时间,比较通行的说法是1896年徐园又一村在"戏法""焰火""文虎"等游艺杂耍节目中,穿插放映了《马房失火》《足踏行车》等十余部"西洋影戏",持续月余。此后,园内经常放影戏,且多是法国影片。

徐园告白

早期电影放映并没有固定的场所,1896年之后的十余年间,大多选择在花园、茶楼、戏馆、溜冰场等场所放映,放映的影片都是无声纪录

---

① 《徐园告白》,《新闻报》1896年6月30日。

徐园七夕广告　　　　徐园七夕大会池内仙女裸浴图

短片，内容则多为海外奇景怪事、风土人情，还有人物、动物、马车的表演变幻等，画面是千奇百怪、奇妙新鲜，很受普通市民大众的认可和喜爱。

夜花园常常与中国的传统节日联系起来。1929年七夕节，徐园举行花灯烟火赠品大会，园内有灯彩大王桑栋臣设计的精美花灯，并燃放多种新奇烟花，为上海从来未有之奇观。据时人回忆：

上海之娱乐潮流沉寂久矣，静极思动，遂有七夕花灯烟火赠品大会之产生，该会会期虽只三日，而筹备以迄开幕则三月犹不止，假会场于康脑脱路之徐园，景色幽雅，建筑伟大，适合于理想中之布置也。

灯彩大王桑栋臣君为该会扎伟大鹊桥一座，置活动牛女于其间，并能表演桥上相会之一幕，园内有池塘，亦有桑大王扎九天仙女九人在池内裸体沐浴，池内编扎荷花灯彩，清幽脱俗，殊非凡境。

徐园之大厅，华厦巍巍，已为上海稀有之建筑，故将大厅布成一长生殿，殿内满悬灯彩，极富丽堂皇之至，美术家张狄寒君绘"夜半无人私语时"之伟大画图一幅，点缀其间，画里真真呼之欲出。徐园占地极广，建筑尤多，花灯会费数万盏之奇样彩灯，使全园生色。入晚，火树银花，如城开不夜。园内有杏花村，花灯会在村之东隅空地，每夜施放黄慧如、陆根荣及新奇烟火多种。此项烟火,经灯彩大王积数月之心血而成,能于烟火中有黄陆私奔一幕,行动如生盖,亦上海之见所未见者。①

大会门票售小洋四角,同时本埠著名国货工厂如华成烟公司、益利汽水厂、益丰搪瓷厂等数十家厂商,均有精美物品随门票附送,其目的"半以提倡艺术,半以提倡国货",可见大会筹办者的良苦用心。届时还举行猜灯谜活动,吸引大量游人参与,热闹非凡。猜灯谜活动常在鸿印轩内举行,堂中高悬一绢制大方灯,字谜或诗谜的条子贴在灯下端,猜中者有书籍文具等赠品。后来,报人孙家振等组织发起民间灯谜社团萍社,社名取谜人"行踪萍合"之意,专门进行灯谜研究,社员多至数百人,常在徐园活动。

半淞园之夜

每年七月,半淞园定期要开放夜花园,时限两月,门票售二角,营业至晚十二时。夜花园荷花飘香,风景宜人,电炬齐放,如同白昼,届时还会有各种点缀,有时也会放映露天电影,每周固定时间燃放焰火,前来纳凉、游玩的市民不在少数。半淞园之夜,别有一番景致。

1935年7月,在半淞园当年开放夜花园的第一个夜晚,一名为"鹤鸣"的市民参观了夜花园。夜游半淞园后,他用较多的笔墨记述了自己的观感:

> 前晚(六日),是沪南半淞园开放夜花园的第一夜,夜饭后我费了两毛大洋的代价,也进去参观了一下。最先呈在我眼帘的,便是园门口的彩牌楼,电灯光照如白昼。
>
> 走进第二个门口,有一个荷花池,池里挂着无数的绿电灯,和红荷

---

① 廷凯:《七夕之徐园》,《礼拜三》1929年8月7日。

花相映成趣。

再前进是"江上草堂",里面有《西游记》的灯彩,是"盘丝洞"的一幕,布置得极逼真而肉感。

江上草堂对面是"碧梧轩",里面设有文虎,猜中者可得该园游券等赠品,记得有一条是"君子问祸不问福",射明星一,给朱某猜"高占非"得中。另有一条很滑稽,是"公公偷看媳妇",射汉人一,为程某猜"张子房"得中。还有许多,记不清楚了。

经过曲曲弯弯的山路、甬道、树林、木桥,才到达了湖心亭。那人工"三潭印月",是用三双大号电灯分装在湖心亭的屋檐下,电光向湖面照耀着的,湖里还有二双画舫,有龙头龙尾巴,好像由划龙船改造而成的。舱里有两三个女孩,唱着凤阳、大路歌曲,声韵雄壮,颇觉动听。

大约十点钟光景吧,毛毛雨起来,所以提早放焰火了。大家齐集在跑冰场对过空地上,只听得"乓"的一声,吓得胆小的两手掩耳,张大了眼乌珠朝上望。但见那一颗颗的红灯火星,从云霄里落下来,接着"乓"又是……通通放完了。于是我跨出了园门。①

1936年夏,半淞园夜花园照例开放。有市民在领略半淞园的夜色后,详述了游览夜花园的所见所闻:

是一个星期六的夜晚,好奇的我,特地到半淞园去,想领略这园子的夜色。当我到达半淞园的时候,约莫在傍晚七时,云飞汽车,祥生汽车,一辆辆的载了游园客,送到半淞园的门口。半淞园的里面,这时已灯火齐明,换上一重夜景了。

当我走进园子,经过曲折的泥路的时候,只见绿树的中间,到处装着电灯,反映出一种青绿的光色,觉得这园子是更见幽静了。那些躲在树叶子下的夏蝉,以为灯光是太阳光,错认了夜晚是白天,所以又很高兴的在临风歌唱起来。

---

① 鹤鸣:《半淞夜园巡礼》,《新闻报本埠附刊》1935年7月12日。

一时的高兴，爬上一个最高的土丘，坐在茅亭里面，举目四望，只是一片黑魆魆了，什么都看不见，只是偶然可从树枝的中间瞥见一星两星的灯光。凉风一阵阵的吹来，着到我身上，使得我遍体觉得凉爽，忘却白天坐在家里时的苦热。

那个池子的里面，记得去年在湖心亭的前面探出一个三潭印月，可是今年吧，在湖心亭的对面，扎了一座嘉兴的烟雨楼。沿湖一带，电灯光倒映入水，立刻会使你联想到西子湖滨的夜色。划子船在水面轻轻的浮动着，游客们一时高兴，在黑暗中还会唱起歌曲来。

在这里，有情男情女在曲径中喁喁私话，有高贵的绅士率领妻女子媳而饱游夜园，男女工人，也到这园子里来吐一口气，恢复白天工作的疲劳，游园的人的确不少呢！

据说焰火要等到十一时半才放，我独个子在园子里兜了几个圈子，委实等不及，只有牺牲掉不看，当我走出去的时候，又发现了江上草堂里面，有文虎的玩意，而那个荷花池内，荷花已开放，一池荷叶，肥大的难得看见。①

夜花园装饰有《西游记》灯彩、"三潭印月"灯景、二双画舫等，并设灯谜文虎，游客有情男情女，有高贵绅士及其妻女子媳，有工人等等，好不热闹。焰火燃放时间一般为夜晚十一时，以致有些游客委实等不及，错失这美丽多彩的一刻。但特殊情况下也会提前，如1935年开放夜花园的第一个夜晚，因天下毛毛雨，大约十点钟便燃放了焰火。焰火主题争奇斗艳，极尽巧思，不仅有"孔明借箭""水漫金山""鹊桥相会""济公捉龙妖"，甚至有"一·二八战争焰火""阮玲玉自杀"诸种，火树银花，变化无穷。

因夜花园营业至晚十二时，为方便游客，半淞园与华商电车公司协调，于夜间一时余加开西门小东门专车数班，往来载送，以解决游客夜间交通。这些周详的服务，使半淞园夜花园更具吸引力。

---

① 影呆:《半淞园之夜》,《申报》1936年8月25日。

夜花园禁令

夜花园一度非常受欢迎，租界当局因担心夜花园开放时间过晚，游客易受风寒，甚至滋生瘟疫，且放任许多青年男女混在一起到深夜，易产生风化问题，不得不采取一些办法。遂发布《示禁夜游》：

> 时当炎夏，少年子弟辄喜深夜驾马车，纳凉于静安寺愚园张园诸处，每有嬉游，竟夜至晓方归者，不特感受风寒，易滋疠疫，甚且败俗伤风之事时有所闻。英界谳员屠别驾，因查照向章，出示晓谕，自六月初一为始，游人于晚间十二点钟时，即不许入园游览，犹恐不遵禁令，乃每夜派差役两名，分往愚园张园看守，并勒令届时将园门关闭，如敢违抗，即将园主送惩。①

租界当局采取的办法颇为别致：一到了晚上十二点钟，就有一个公廨差役，手上提着一双会审公府的灯笼，走到园门口，便将那双灯笼挂在一根特制的铁钩上，于是园中停止卖票了。这样，夜花园算是打烊了，后至者故不得其门而入，就是进到里面的游客也不得再在园中逗留了。故张园、愚园等，皆奉令维谨，不敢违背。

此令一出，晚到者，可谓乘兴而来，败兴而归。但他们常常相聚园外并不离去，以幕天席地，为大好纳凉之所。可有时苦于饥渴，园门外既无茗寮，更乏食肆，真是无可奈何。有人却眼光独到，抓住商机，一跃而为富家翁。据记述近代上海掌故的《沪壖话旧录》解析：

> 有投机者制一大车，向捕房捐领照会，专售各种洋酒面包及荷兰水、香烟等物，每晚于十二时后，驱车至园外旷场出售。酒则勃兰地、汇四格、口利沙、香槟、葡萄、啤酒俱备。香烟则三炮台、绿锡包。荷兰水为正广和屈臣氏牌，面包皆甚新鲜，以是购者每趋之如鹜。车上一主一

---

① 《示禁夜游》，《申报》1897年6月28日。

伙，几于应接不暇。苟遇天气郁热，游人众多之夜，所如恒至洋二三百元，星期六晚或更过之。如逢稔客，概可挂账，故亦有签字纸。逮至东方既明，彼始满载而归。是人后竟以此起家。①

当时一个卖酒佣，竟因夜花园禁令发了大财，真可谓生财之道，营业无分大小，只需具有才识远见。看到有人因此而发财后，投机者则更多，更有人在租界之界线附近，搭盖茅亭数座，供暑夜游客憩息，并亦俨以花园为名，称为"临时夜花园"。除售茶酒之外，并雇滩簧、影戏等一切玩意儿，以广招徕。而痴男怨女之依此为幽欢密约地者，无不如蚁之附膻，蝇之逐臭。时有七绝二首曰：野田草露夜漫漫，丝竹声中拾坠欢，清净园林竟如是，痴蜂醉蝶一团团。争向荒圩系玉骢，晓风料峭月朦胧，鬼声已罢秋坟唱，一曲滩簧尚未终。②

是故时有评论：夜花园之设，常人往往知其利而不知其害，不仅使人虚掷金钱，饱尝风露，甚者会耗人资财，致人疾病。夜花园一直饱受非议，甚至有不少人认为它是一个低俗的社交场所，青年男女多借此行苟且之事，加之青楼女子不时出没于夜花园，狎客们自然也趋之若鹜，《民呼日报》还将夜花园戏称为"夜合园"。因此，时有竹枝词云："僻地纷开避暑园，摊簧影戏样新翻。游人不畏行多露，聊借桑间宿野鸳。"

夜花园最开始作为一种新兴的休闲娱乐场所，体现了近代上海商业化、城市化所带来的休闲娱乐功能的变化，在丰富民众的消夏生活方面发挥了重要作用，成为民众夏夜纳凉休闲不可缺少的去处，也为时人所喜爱、所追捧。后来一度兴起的楼外楼、天外天、云外楼等屋顶花园可看作是夜花园的变身而已，只是地方由花园挪到了屋顶，再添加一些先进的设施罢了。

---

① 海上漱石生：《沪壖话旧录》，载熊月之主编：《稀见上海史志资料丛书》第2册，上海书店出版社2012年版，第187页。
② 《夜花园之滩簧》，《图画日报》第十九号。

第三章 公园与民众集会

第一节 政治集会

由于特殊的政治格局，近代上海没有建设中央广场，各行政区也没有专门的独立广场。但近代上海有公园、公用私园、公共体育场、跑马场等城市广场型公共空间，那里经常举行一些大型的政治集会、公众演说、节日庆典、军事检阅等活动，实际上承载了城市广场的功能，可作广场而论。

近代上海是中国最大的工商业城市、经济中心、文化中心、工人阶级运动的中心，是中国最发达和最早进入近代化的大都市，人口众多，交通便利，工商业发达，信息传播便捷，加之近代以来民族危机日益加重，各种社会思潮和社会运动不断涌现，民众参与集会的热情很高。租界虽是中国的领土，租界内也生活着众多的华人，然 1928 年以前华人不得随便入租界公园游玩，租界当局更不允许在公园内进行集会、演说和示威等带有政治色彩的活动。特别是辛亥革命后，租界对政治集会的限制更为严格，公共租界和法租界先是发布不准华人政治集会的布告，后来正式颁布取缔政治集会条例。

故此，在清末民初，一批经营性私园如张园、愚园、徐园、半淞园，以及文庙公园等公共空间，发挥了城市广场的功能，举行了众多的政治集会，有国民大会、市民大会、会党成立大会，有政治色彩很浓的追悼会、纪念会、庆祝会，有国货运动开幕、宣誓大会，也有各种形式的抗日救国集会等。由此，公园成为上海市民参与政治、表达民主自由思想的大舞台，记录着上海市民追求民族解放和独立的光辉历史。

张园集会

在清末民初，张园最突出的一点，是它作为上海各界集会、演说的场所。张园地处租界，地方政府无法直接干涉，园中又有安垲第、大草坪便于大型集会的场地，因此张园成为清末民初上海各界举行集会、演说的最主要场所。每当遇到如边疆危机、学界风潮、庆祝大典、地方自治等政治社会大事，总会有集会，而这些集会，大都在张园举行。

1897年12月6日，中外妇女120余人在安垲第集会，讨论创办上海女学问题。中外妇女约各占一半，中国妇女有盛宣怀夫人及女儿、经元善夫人、沈敦和夫人、梁启超夫人、赵元益夫人、陈季同夫人、张叔和夫人等；外国妇女有西班牙驻沪领事夫人、瑞典驻沪领事夫人、江海关税务司夫人、传教士林乐知夫人、慕维廉夫人、艾约瑟夫人、中西女塾校长海淑德、著名律师担文夫人、工部局董事威金生夫人等，会议讨论了办学计划，草拟了女学堂的简明章程，这是具有官方性质的集会，也是张园第一次百人以上的大型集会。1900年以后，集会、演说成为张园一大特色。熊月之先生根据《申报》《中外日报》《时报》及《近代上海大事记》等资料统计，从1897年12月到1913年4月，张园举行的较大的集会达39起。

其中，1901年和1903年举行的拒俄大会当时影响很大。1901年至1905年，围绕着沙俄侵占我国东三省的事件，中国发生了全国性的拒俄运动，全国很多省市及留学生、海外华侨卷入这一运动，其中规模最大的，国内则发生在上海。1901年，张园两次举行拒俄集会，反对清政府与沙俄签订卖国条约，一次200余人，一次近千人，两次大会为全国拒俄运动之先声。3月15日，汪康年等200余人，反对清政府与沙俄签订卖国条约，以保危局，汪德渊发表《告中国文》，揭露沙俄对中国的侵略，汪康年、温宗尧、蒋智由、薛仙舟等发表演说，声讨沙俄侵犯我国主权，呼吁中国人民万众一心、合理抗争。3月24日，士农工商各界近千人再次聚集张园，孙宝瑄、吴研人、何春台、蒋智由、温宗尧、黄宗仰、汪康年、薛锦琴等十余人发表演说，有数十名外国人旁听，一位名叫宗晚洙的朝鲜人发表了书面讲话。1903年因沙俄背约，拒不撤兵东北，张园又举行拒俄集会，影响颇大。4月25日，上海各界三四百人，集会拒俄反清，宣传革命，蔡元培、邹容等发表演说。4月27日，由汪康年等人发起，上海各界1000余人在张园集会，抗议沙俄企图永远霸占东三省，数十人发表演说，声泪俱下，参加者群情激愤，大家争相捐款，甚至有人当场脱下钻戒作为捐助。

张园集会演说的重要特点，是公开性、开放性与参与性。许多集会演说，都在事先发布消息，告知集会的时间、地点、主题，号召各界人士前来参加。1901年和1903年的数次拒俄集会，事先都有公告。这些集会，参加者动辄上千人，有不少人士并不是专门前去参加的，恰巧身在园中，顺便听听。1903年4月25日，郑孝胥与汤寿潜同在张园闲游，碰到吴稚晖等人在演说，便去听听，认为讲的颇为动听。

日俄战争是1904年至1905年间，日本与沙俄在中国东北的土地上进行的一场帝国主义列强之间战争。1905年3月，日军先后占领中国东北的奉天和铁岭，取得奉天会战的胜利，日俄战争中的陆战基本结束。4月2日，为庆祝日军在军事上的胜利，寓沪日侨举行"庆贺会"，其会场就选择在了张园。同年11月19日，日侨欢迎日本军舰高新号来沪，也在张园举行欢迎会，参加者除日侨代表外，还有军舰上的军官、士兵，共有百余人。

剪辫大会 法国《小报》1911年2月5日封面

1911年11月18日，为支持革命，张园安垲第举行音乐会暨捐助饷会，中西来宾甚多，后来几无立足之地。当晚的节目共有贫儿院音乐、小孩欢迎演说、双奏风琴、胡博士英文演说、影戏、全体男女合唱、史女士风琴独奏、男孩合唱、音乐送客等12项。每当表演完毕，欢声鼓舞声如春雷之动，气氛异常热烈。当晚，纪念花和国旗卖出甚多。

辫子，对于国人来说，是一个复杂的东西。清朝入关后，强行剃发留辫，前颅剃光、头后编辫是清朝全体男性的统一发式。辛亥革命后，留长辫被视为一种落后、屈辱和不文明、不卫生的象征,军政府发布的第一道令就是剪去中国人头上的辫子,要求同胞一律剪去胡辫,国人纷纷剪辫。1911年12月,慎食卫生会发起组织的第一次剪发大会便在张园召开,影响很大。据《新闻报》载:

剪辫后的梅兰芳

>昨日午后,慎食卫生会假座张园特开第一次剪发大会,自一时至五时二刻绅商学界先后到会者约有四千余人,西人来会参观者亦有百余人。伍侍郎因有要公未到,致函来会,云自辫已于昨晨在家剪去。先由湖州旅沪公学教员徐君登台布告,大致谓发辫对于卫生对于操作对于经济均有所害,今日剪发之时机已到,但愿同胞快快扫此奇辱,以图自新。继由技术专修学校职员某君痛陈我人有此发辫历受种种大辱,并亲闻外人不堪入耳之讥讽,一时鼓掌雷动。……外阜各团体均发函到会致祝词,自二时三刻开剪至五时,尚纷纷待剪者有数百人之多,当场登台剪去者有一百余人,在各剃发处剃去者有一千余人,内以浙帮为最多,数广帮次之,本帮又次之。①

当天到会者有4000余人,来围观的外国人竟有100多人,引起了巨大震动。从当天剪辫者按地域来看,浙江人最多,广东人次之,上海人排第三。辛亥上海光复后,虽然张园的营业辉煌不再,但是上海革命活动更加活跃,一些具有政治性质的欢迎会、追悼会、纪念会等也在张园举行,而这些活动《申报》均有记载。

辛亥革命胜利后被推举为革命领袖的孙中山,曾多次到沪,并在张园留下足迹。1912年4月17日,中华实业联合会假张园安垲第集会,欢

---

① 《张园剪发大会记事》,《新闻报》1911年12月16日。

迎孙中山到沪,上海各事业团体、华侨资本家、各省实业家等500余人到会。张叔和致欢迎词,大会全体公推孙中山为中华实业联合会正会长,杨杏城、程定夷为副会长。随后,孙中山发表演说,大致谓"中国乃极贫之国,非振兴实业不能救贫,仆抱三民主义以民生为归宿,即是注重实业。顾推倒满清政府,民族主义已达;改良专制政治,民权主义已伸;至于民生主义,非以社会主义行之不能完全。"①演说力陈实业的重要性,全场倍受鼓舞,直呼中山先生万岁。

不久后的6月23日,上海各界在张园召开欢迎孙中山、黄兴到沪大会。据《申报》报道:"前日下午,沪上各团体在静安寺路张园安垲第内开会欢迎孙中山、黄克强两君,男女来宾到者约数千人。三时许黄君莅会,孙君因事未到,即请黄君代表,是时会场即奏军乐欢迎,而招待员乃导黄君入座,众起立欢迎。李君怀霜即宣布开会理由,欢迎团向黄君行一鞠躬礼,李怀霜代表读欢迎词,黄君起答谢演说,注重国民捐及组织内阁问题,反复推详约一小时余始毕。"②接着,戴天仇、李怀霜、刘大年等人亦在会上演说,最后合影而散。

1916年7月17日,孙中山再次来到上海,在张园就有关地方自治召开会议。除了两院议员、沪上名流、新闻记者外,教育界代表黄炎培,商界代表宋汉章、朱葆三、洪承祁,护军使代表赵禅,交涉使代表陈震东、上海县知事沈宝昌等千余人到会,就地方自治问题与孙中山交换政见。孙中山在会上发言,谓"自帝制发生,不忍祖国沦亡,乃远道归国,谋助国人奋。斗今幸元凶已死,国法恢复,武力告

孙中山在张园演说地方自治

---

① 《实业联合会欢迎孙中山记事》,《申报》1912年4月18日。
② 《张园欢迎会纪要》,《申报》1912年6月25日。

终，建设伊始。两院议员不久赴京开会，共商建设之业，但建设须国民人人负责", "地方自治者国之础石也，础不坚则国不固观五年来之现象，可以知之。今后当注全力于地方自治。"①

追悼会和纪念会也是张园后期集会的一大特色。1913年，在张园举行的宋教仁追悼大会影响很大。宋教仁，字钝初，号渔父，被称为中国"宪政之父"。青年时便投入革命，1904年与黄兴等在长沙创立华兴会，宋教仁任副会长，因策划起义失败，流亡日本。1905年加入中国同盟会，任司法部检事长。1911年在上海任《民主报》主笔，又与谭人凤、陈英士等人在上海创建同盟会中部总会。1912年南京临时政府成立，任法制院院长，并参与南北议和。同年，同盟会改组为国民党，并在北京正式成立，宋教仁任代理理事长。1913年国民党在国会选举中占绝对多数席位，宋教仁希望以多数党的地位，成立责任内阁，约束袁世凯专权。因宋教仁的活动危及了袁世凯的独裁统治，1913年3月20日，袁世凯派人在沪宁车站刺杀了他。宋教仁为民主共和捐躯，举国恸悼，孙中山撰写挽联："作公民保障，谁非后死者。为宪法流血，公真第一人。"

宋教仁张园追悼大会会场正门

---

① 《纪孙中山之政见演说会》，《申报》1916年7月18日。

宋教仁张园追悼大会会场正中之光景

1913年4月13日,国民党上海交通部假张园为宋教仁召开追悼大会,国民党各支部代表、民主党代表、本埠各团体及各界来宾2万余人参加,《申报》对本次追悼会大会有详细的报道。上午的祭奠十时开始,陈英士代表因患足疾而未到场的黄克强主祭,他向宋教仁遗像三鞠躬后宣告追悼大旨,略谓"宋君为平民政治而死,即为我国同胞而死,我辈后死者当竟宋君未竟之志。彼以阴毒手段置宋君于死者,适自丧其人格。又言宋君素抱平民主义,死宋君者素抱富贵主义,宋君出彼等焉得不忌,宋君亦焉得不遭惨死云"。"继由汪洋君宣读黄克强君所撰祭文,毕。于是各代表各团体亦相继宣读祭文,计总商会、南商会、海军总司令、南京民主党商团叶惠钧君(为三十三团体代表率领商团入场向宋君遗像行鞠躬礼)、神州女界共和协济社(由舒蕙楨女士为代表)、南京民国大学、国民党南京支部、浙江旅沪学会、国民党盐城分部、朝鲜同学代表金圣道君、湖南旅沪同乡、公忠演说社、国民党沅州支部各代表将祭文读毕后,由居君赞礼。于是各代表及众来宾均向宋像行三鞠躬礼,礼毕奏乐。"此时已经中午,遂宣告休息。

下午的演说群情激昂,参加者更多。"下午十二点一刻会场男女来宾已无厕足地,场外亦异常拥,而安垲第中(即休息室)更有实不能容之势,来者仍势如潮涌,只以场内外均极拥挤,有甫至即回者,亦有已入会所以不胜拥挤亟行退出者"。"二下钟奏乐继续开会,孙中山亦因事未到,由居君对众宣告孙黄二君不能到会原因。继由徐君血儿将宋君主前历史对众详述,讫即由吴君永珊代表孙中山君演说,次由于右任、沈缦云、马君武、王玉声(民主党代表)、陈国权、伍廷芳、李佳白、尚贤堂教士孙铁舟、倪无我、卢润州、叶惠钧、张维、余睡醒、高一某、潘仲荫、陆颂橘、黄膺白、杨济、戴仁、王百揆、方清湘、杨振华、汪谷人、余恨海二十五君及舒蕙杠女士相继演说"①，众人均表达了对宋教仁的哀悼之情。

1913年4月27日，国民党上海交通部在张园召开黄花岗烈士纪念大会，并为林述庆追悼，各界来宾计有2 000余人。纪念会由陈英士主祭，刘子芬报告黄花岗七十二烈士流血详情，郑权报告林述庆一生历史，汪洋宣读充满血痕和泪的祭文，章太炎、贺振雄、戴天仇、汪洋等人相继发表演说。摘录章太炎的演说如下：

  去年黄花冈纪念，鄙人在北京参预，并于会场中聆钝初言论，乃今年纪念，钝初已亡，曷胜悼痛。然天下事祸福相倚，有七十二烈士之死，后有武昌之起义，而后有今日之民国，然则七十二烈士之流血可哀，亦正可幸，此七十二烈士皆艰苦卓绝真气磅礴之人，故人数不多而能影响全国。则林君述庆，其志行亦与诸烈士等虽建立殊绩，而未攫取巨金解职以后尤，淡于荣利，惟时时以民国前途为虑，此亦真气磅礴之人也。今国民真气似已渐趋淡泊，民国政府本国民人人所能监督者使能行使正当监督之权，政府何敢横恣若此，夫其事教革命为易，而七十二烈士能以少数之人实行革命，今日全国国民反不能实行监督者，有真气与无，真气之别也。使国民真气长此淡泊，则吾将为革命党追悼，为中华民国追悼，若因追念前人之故，而能团结其真气，则民国转祸为福之机在此，惟诸君为之。②

1915年3月18日，为讨论中日交涉问题，上海国民对日同志会及各界人士在张园召开国民大会，参加集会者达3万人，虽遇租界巡捕阻挠，但最终成功召开。据报纸记录："开会前，由詹天民登台报告开会奉旨，

---

① 《国民党追悼宋钝初君大会纪事》，《申报》1913年4月14日。
② 《黄花岗新旧泪痕》，《民立报》1913年4月28日。

中西探因涉及中日交涉即上前劝令散会,并将众人摆至张国门首,惟仍聚而不散。因此据头立用电话禀知,麦总巡乘坐汽车亲自到场,察得开会宗旨与租界治安无关,准予开会讨论。是以至钟鸣三下,仍复在张国开会,登台演说者甚多,大旨不离以和平态度为对付手段,并有两人断指血书劝用中国货。"①

民国以后,虽然在张园举行政治集会的次数依然不少,但规模已有所缩小,千人以上的大集会已不多见。但就上文所述的欢迎孙中山与黄兴大会、宋教仁追悼大会、黄花岗烈士纪念大会以及国民大会这几次集会来说,足以说明张园在民国初年依然发挥了重要作用。

张园这一公共空间的形成,与上海特殊的政治环境密切相关。租界既是中国领土又不受中国政府直接管辖的特点,使得中国大一统的政治局面出现一道缝隙。这道缝隙虽然很小,影响却很大。这道缝隙在清政府统治系统中,成为一条力量薄弱地带,成为反清政府力量可以利用的政治空间。因此,地处租界的张园,便逐渐演变成上海华人举行政治集会、自由发表意见的大舞台。

愚园集会

愚园洋房可容数百人,是清末民初仅次于张园的集会、活动场所,愚园也是唯一可以与张园相提并论的公用私园。相对于张园来说,愚园的政治集会规模较小,参加的人数较少。

1900年7月26日,唐才常等人在上海成立中国国会,邀请寓居上海的各界名流容闳、严复、章太炎、文廷式、叶瀚、宋恕等80余人集会于愚园,会上选举容闳、严复为正副会长,唐才常为总干事。

1903年8月23日,章士钊等在愚园为沈荩举行追悼会,会上宣读了章太炎所撰的《祭沈荩文》,有"不有死者,谁申民气,不有生者,谁复九世"的名句,颇为振奋人心。

---

① 《张园开会纪要》,《申报》1915年3月19日。

1903年12月，蔡元培等在愚园集会，成立"对俄同志会"，有百余人签名参加，议定创办《俄事警闻》。该报后改名《警钟日报》，专门揭露俄国侵华历史与现状。

1903年轰动全国的"苏报案"发生后，邹容入狱，租界当局不同意清廷引渡要求，邹容被判刑二年。他在囹圄中与章太炎吟诗唱和，继续撰写鼓吹革命文章，后终因体弱染病，于1905年4月3日狱中病逝。1905年4月5日，中国教育会在愚园为邹容举行追悼会，50余人出席。

章太炎

1906年12月16日，预备立宪公会在愚园召开成立大会，来宾300余人，郑孝胥被选为会长，张謇、汤寿潜为副会长，李平书、张元济等12人为会董。1907年11月24日，预备立宪公会在愚园召开第二次全体会议，郑孝胥作报告，介绍办会一年来的成绩。

民国以后，愚园由于营业不振，效益大不如前，在此集会的次数也越来越少。其中规模较大的一次集会，为1916年12月3日旅沪赣人假愚园举行的欢迎李烈钧来沪大会。据《申报》载：

邹容

昨日午后，江西旅沪同乡假愚园敦雅堂为李协和上将开欢迎大会，除旅沪赣人外，男女来宾约千余人，会场中几无插足之地。钟鸣三下，李上将乘汽车莅场，军乐大作，来宾均起立鼓掌欢迎。先由邹静斋君宣布开会宗旨，次由包荃孙君读欢迎词，毕，即由李上将起立演说。谓自江西别后，至今与诸同乡会晤业已三度：一在广西；一在广东；第三度即为今日。今承诸父老昆弟开会欢迎，感激之余，殊不敢当。既承诸父老昆弟不弃，不揣谫陋，谨将年来经历及将来希望，为诸父老昆弟告。①

著名军事将领李烈钧，青年时期便追随孙中山参加革命，中华民国成立后任江西都督，"二次革命"时在江西湖口成立讨袁军总司令部，任总司令，并发布讨袁檄文，国内影响很大。1915年与蔡锷、唐继尧在西南地区讨袁，曾有"李烈钧三炮定韶关"的美谈。此次来沪，李烈钧受到热烈欢迎。当天来宾很多，会场几无立足之地，他的演说博得来宾热烈的掌声。接着，谢复初、陈白虚、李佑之相继演说，后来宾至园中草地合影，以作纪念。清末民初的进步团体南社，政治倾向十分鲜明，也曾多次在愚园举行雅集活动。

徐园集会

徐园和张园、愚园被称为沪上三大经营性私家园林，但是与张园、愚园不同，徐园的游人以琴棋书画、诗词歌赋、花园盆栽的爱好者居多，院内的活动也多带有浓郁的文化艺术气息，政治性质的集会相对较少。

清末以降，徐园也举办过一些政治性的集会。1903年4月26日，中国教育会在徐园举行周年纪念会，160余人参加，蔡元培作报告。

1905年，美国胁迫清政府续订苛待华工的条约——《限制来美华工保护寓美华人条约》，爆发了全国规模的反美爱国运动，各界人士纷纷要求废约。1905年8月至10月，公忠演说会数次在徐园召开抵制美约大会：8月10日，公忠演说会假徐园召开拒约特别大会，以抵制美约，到会者1 000余人，会长戈朋云与沈仲礼、俞国桢、姚义门、尹鹤林、徐敬吾、张志千、周廉生等先后演说，"大抵谓善后事宜，固宜设法为今日计，各宜竭力抵制，以期速见效果，勿为某等所惑，破坏我同胞之大团体"；9月10日，公忠演说会亦在徐园开特别大会，商议抵制美约；10月5日，公忠演说会又定期集议拒约，召开预防美约恶果之大会。

---

① 《赣同乡欢迎李协和大会记》，《申报》1916年12月4日。

1906年6月17日，上海粤路股东团体在徐园开大会，发起人倪寿龄登台演说，当说到粤汉铁路关系最大，办理不善后患将不可言时，竟放声大哭，满座听客拍手之声如雷贯耳，是日到会者有800余人。

辛亥革命后，全国的革命气氛高涨，多有政治性质的会党成立。1912年6月23日，五族共和联合会上海分会在徐园召开成立大会，300余人到会。关于大会情况，据《申报》载："首由北京代表李灿东君报告开会宗旨，略谓本会旨在融化五族成一坚固之国家，所最重者全在国计民生。此四字之培植，拟以教育、实业为着手，并提倡语言统一，裨可联络五族盛请等语。次由来宾梁君廷柱演说，旋推陈润夫君为临时主席，以无记名投票法选举正副会长，陈润夫君得七十六票当选为总理，陈英士君得六十四票当选为协理。"大会还选举了干事长、交际长、调查部长、编辑部长、庶务部长等职，并商定办事处暂设于五马路（今广东路）鼓舞报馆内。

此外，一些具有政治性质的追悼会、欢迎会、纪念会也常在徐园举行。

1913年3月20日，民主革命先行者、南社社员宋教仁遇刺身亡，南社同仁于4月19日在徐园集会追思宋教仁。会员们创作挽悼诗文和对

孙中山在徐园慰问并宴请华侨讨袁敢死先锋队后合影

联，表达对宋教仁的深切哀思。1916年8月10日，为追悼安徽民党要人、前《民立报》编辑员范鸿仙，旅沪皖省同志在徐园开追悼大会，民党中重要人员到者约百余人，于右任、钮铁生、何海鸣等人在追悼会上作报告。1916年9月28日，孙中山在徐园慰问并宴请全体华侨讨袁敢死先锋队，并与大家合影。1917年7月9日，旅沪国会议员在徐园集会，欢迎外交总长伍廷芳、海军部总长程璧光，两院议员及谭人凤等100余人到会。1933年2月12日，徽宁同乡会假徐园举行十周年纪念大会，到会会员及来宾500余人。当天大会公推戴戟、杨虎、卫授经、谢淮卿、曹志功等为主席团，首由曹志功报告该会十年来之经过概略，及此次举行征求会之意义，并希望徽宁同乡扩大爱乡之心而爱国，对于航空救国运动努力表现。1934年10月28日，丹阳旅沪同乡会假徐园举行二十周年纪念会，该会会董马相伯亦有演说。

半淞园集会

半淞园是一座民国时期建成的经营性私园，也是南市一座重要的公共活动空间。半淞园地处人口稠密而又游乐场甚少的南市地区，加之当时园门前是宽阔的石子马路，有1路与4路电车来往频繁，毗邻沪杭甬铁路的南车站，交通便利，人流量很大，园中常有政治集会。

1918年4月，毛泽东、蔡和森、萧子升等人在湖南长沙组织了进步团体新民学会。1920年4月11日，毛泽东从北平乘火车来上海送别留法勤工俭学的新民学会会员。同年5月8日，毛泽东邀集新民学会会员萧三、熊光楚、李思安等人在半淞园开会，送别赴法会友，并合影留念，同时讨论了新民学会会务。

今据《申报》《新闻报》等所载，半淞园内举行的公众集会活动如纪念会、联谊、谈话会、送别会、成立大会等数量众多，但是规模较小，参加人数也不是很多。其中规模较大的要数国货运动开幕大会及上海各界为纪念孙中山逝世日举行的植树典礼，参加人数均在千人以上。

1927年8月5日，国货运动大会在半淞园正式开幕，参加代表有

1920年5月8日,毛泽东(左七)与新民学会部分会员在上海半淞园合影

2 000余人。半淞园门外以电灯缀成"国货运动大会"六字,正门悬挂对联:"诸君到此何为,岂真啸傲园林游目骋怀恣娱乐?""民众责任所在,唯有提倡国货同心协力振中华!"园内安装搭建展棚、货架、风扇、电灯等设施,各国货厂商计100余家,商品陈列鳞次栉比,会场布置仪式隆崇。开幕典礼见《申报》载:

> 下午一时之开幕典礼,会场设在正厅,中悬总理遗像,左右交义党、国旗,并悬白布之秩序及口号,时适细雨纷霏,已而大雨如注,然来宾仍纷纷莅止,仍至形踊跃。到会之代表警备司令部凌希起、赖健民,上海戒严司令部代表曾镛,清党委员会凌其干,第二路总政训部刘友平,公安局政训部刘云,上海地方审判厅郑毓秀代表陈曼倩,上海特别市党部及所属各区党部区分部,上海县党部,上海党务训练所,工会统一委员会,上海特别市商民协会,总商会,县商会,闸北商会,女子参政会,女玥年会,妇女运动委员会,各界妇女联合会,商业联合会,国货维持会,市民提倡国货会,中央银行,卷烟公会等五百余团体代表二千余人。
>
> 会场之秩序:(一)奏乐;(二)向国旗、党旗、总理遗像行三鞠躬礼;(三)恭读总理遗嘱;(四)主席黄惠平报告开会宗旨;(五)张振

远报告筹备经过情形;(六)演说有陈德征等;(七)答词;(八)口号;(九)茶点;(十)余兴;(十一)礼成。①

半淞园国货运动大会之前门

园中游客踊跃,各国货厂家打折出售,购物者踵趾相接。此外,园中特设游艺项目,以饷来宾。游艺台取"三民主义"名称搭建,分"民族""民权""民生"三处。"民族台",由少年宣讲团、中华歌舞学校、精武体育会等团体上演歌舞、独角戏、戏剧等节目,并悬一联:须知集会提倡,无非唤醒同胞梦;漫说逢场作戏,尔会振起国民魂。"民生台",由上海技艺艺员总联合会演出改良本滩、武术、空中拉戏等节目,亦悬一联:大好男儿,须把国货来振起;如斯盛会,莫将时日付蹉跎。"民权台",专映国产影戏,初定演放影片《蒋介石北伐记》,后临时改映《空谷兰》。影戏放映完毕,园内燃放宣传革命主题的焰火。

半淞园凸显中华文化元素,与当时租界公园形成鲜明对比,这在一定程度上折射了当时中国绅商热爱中华文化、坚守与弘扬中华文化的心态。1928年3月12日,上海各界人士假半淞园集会,在孙中山逝世日举办首届植树节,以表达民众对总理逝世的纪念,表示不忘总理。据《申报》载:

> 昨日下午二时,上海县各界假半淞园举行植树典礼,到县党部、县政府、公安局、教育局、建设局、款产处、县教育会、县商会、体育场、县总工会、敬业学校、务本女学等机关团体,以及各界民众不下千余人。钟鸣二下,爆竹与音乐齐鸣,参与典礼者相继入席,一时四面厅

---

① 《国货运动大会昨日开幕》,《申报》1927年8月6日。

内，跻跻跄跄，骤形拥挤。主席团、县党部、县政府、县公安局临时推教育局沈景司仪，县党部俞鹏飞纪录，开会如仪。首由县政府代表余芷江致开会词，略谓今天是总理逝世三周纪念日，由中央议决，自本年起每逢总理逝世纪念日举行植树。总理一生牺牲奋斗，志在解放民众，所以民众对于总理逝世应有很悲壮的纪念。今天我们植树，就是表示不忘总理的意思云云。次演说有县党部王剑中、县总工会徐成章，其它如建设局、教育局各机关皆有代表演说后，即在章地摄影，乃复奏乐植树，计植树机关约十二所，植树共三十株，植毕即随意茶点而散，时钟已四下矣。[①]

除此之外，半淞园还举办了一些规模不大的具有政治性质的集会活动。1922年5月14日，妇女节制协会学生部在半淞园开友谊大会，到会者约300余人。大会痛论烟、酒、嫖、赌之害，呼吁男女同胞须有觉悟之精神，明白各种嗜好的害弊，防御而革除之，并希望组织强有力的支会，分途劝诫社会以救国强种。1927年6月6日，东路军前敌总指挥部政治部特务组长尹子衡在半淞园勉励各同志。1937年5月1日，海军部江南造船所工会在半淞园举行成立十周纪念大会以及第十七届执监委员就职典礼。相对来说，这些集会活动的规模相对较小，参加人数较少，其社会影响力也比较有限。

文庙公园集会

辛亥革命后，华界举行政治集会最多、规模最大的公共空间，是建于1917年的上海公共体育场。自五四运动到八一三淞沪抗战，上海各界举行的反帝反封建的群众集会活动，如五四运动、五卅运动、上海工人第三次武装起义、抗日救亡运动时期的大型集会，大都在这里举行。文庙公园自改建以来，承载了城市广场的功能，也举办了不少大型的公众

---

① 《隆重之植树典礼》，《申报》1928年3月13日。

集会，其中不乏政治性质的集会。

孙中山是中国民主革命的先行者，是中华民国的缔造者和"三民主义"思想的创建者，对近代中国中国政治和社会的发展，做出了巨大的贡献。1935年11月12日，为孙中山诞辰周年纪念日，国民党上海市党部于文庙公园民众教育馆召开纪念大会，各机关、各团体、各学校、各级党部170余名代表出席大会，会议由市党部代表黄造雄主持。全市党政机关、团体、学校，均悬旗庆祝，并休假一天。市党部还发布告民众书，大意谓总理革命之目的，不但在求中国之平等，而且在于解放全世界一切弱小民族，因此总理实为全民族、全人类的救星，苟无总理，恐全民族已遭灭亡之祸，我们追怀既往，瞻顾来兹，自应致其隆重之敬意，发扬其伟大之革命精神。最后与会者高呼口号：孙中山先生精神万岁；继承孙中山先生的未竟事业。1935年3月29日，为纪念黄花岗起义，上海市党部召集各界代表在文庙公园举行纪念大会，全市下半旗以致哀思，全市各机关、各学校、各团体等放假一天。

国民救亡歌咏，是民族抗战的呼声，是民族解放的军号。《义勇军进行曲》是中华人民共和国国歌，由田汉作词、聂耳作曲，1935年诞生于上海。1936年6月7日，民众歌咏运动积极倡导者、音乐指挥家刘良模在上海南市公共体育场站在高凳上指挥数千群众咏唱《义勇军进行曲》等抗战歌曲，声势浩大。1937年全面抗战爆发，上海各界掀起了悲壮的抗日救国运动。8月8日，为唤醒民众，表明同仇敌忾、共同抗日之精神，国民救亡歌咏协会在文庙公园民众教育馆举行成立大会暨救亡歌咏大会。成立大会在上午举行，主席团由徐则骧、鄢克定、何士德、麦新、冼星海、孟波等11人担任，徐则骧致辞，鄢克定作筹备经过报告。下午举行救亡歌咏大会，狮吼、上海、量才、青春、时代、艺社、大众、萤社、民声、民众等歌咏团体的1 000余人参加，曲目有《义勇军进行曲》《大刀进行曲》《救亡进

聂耳

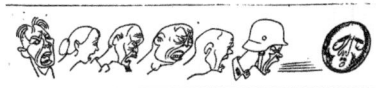 
 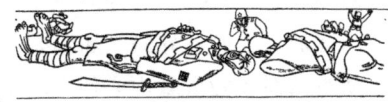
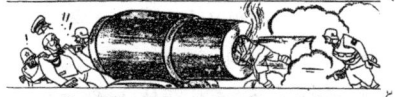 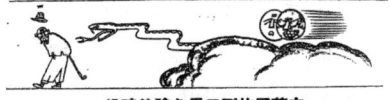

《义勇军进行曲》图解

行曲》《保卫中华民族》《保卫卢沟桥》《保卫华北》《救国军歌》《中华民族不会亡》《打回老家去》《热血》等20余首，由何士德担任指挥。

徐则骧阐述了国民歌咏救亡运动的意义，他认为："曲合乐曰歌，长言曰咏，发声以表意曰言，歌咏它是曲、乐、言的总合来发表意识的东西，它有移风易俗潜移默化的功能，它有激发民族意识加强爱国精神效率，它能唤醒一个国家民族已濒危亡的民气，它能唤醒一个国家民族救亡图存的责任。"[①] 这次救亡歌咏大会不是为了歌咏而歌咏，而是为了民族抗战救亡而歌咏，为了民族独立解放而歌咏，是要用歌咏的方法，来唤醒民众、组织民众、训练民众，把音乐变成武装千万万同胞的武器，使他们担当起御侮救亡复兴民族的巨任。现场气氛悲壮热烈，群情激昂，十分动人。

民众合唱《义勇军进行曲》

---

① 徐则骧：《国民歌咏救亡运动之意义》，《申报》1937年8月8日。

抗战胜利后，经过修缮的文庙公园也举行了一些政治集会活动。1946年9月17日，新生活运动促进会为提倡正当娱乐，促进市民正常生活起见，假文庙公园民众教育馆大礼堂举新生活晚会，该区参议员主讲"实行新生活与建国"，并放映生活电影。1946年11月12日，为纪念孙中山诞辰，上海各界假文庙公园民众教育馆举行民众大会，讲述国父一生从事革命，救世救人之伟大成绩与抱负等，各社教团体与民众500余人参加，下午有国术表演、平剧清唱、教育电影三项节目。

通过以上的叙述和讨论，我们可以看到，公园的华人政治集会参加者，多者数千人，甚至数万人，呈现出次数多、规模大、社会参与广泛、参与名人多的特点，产生了很大的社会影响力，奠定了近代上海独特的政治地位。这些政治集会不仅在上海产生了很大的影响，在全国范围内也有重大意义，公园俨然成为上海各界参与政治、动员群众与宣传群众的大舞台，借此来表达对民族利益的追求和民主理念的信仰，促进民主自由思想的传播。同时，也揭露了中国社会的主要矛盾，培养近代国民意识，促使更多的觉醒与斗争。

第二节 节 日 庆 典

近代上海是一座高度开放的城市，居住过数量可观的外国人，最多时超过15万人。其国籍最多的时候有58个，包括英、美、法、德、日、俄、印度等。1910年以前，一直是英国人最多，其次是美国人、法国人、德国人、日本人和葡萄牙人，1915年以后日本人最多。这些外国人生活在租界里，有自己的宗教信仰，说自己国家的语言，过自己民族的节日。租界本来专供洋人居留，1853年小刀会起义后，允许华洋杂居，华人大量涌入，因此租界中的居民绝大多数是中国人。公园作为都市不可或缺的组成部分，不仅是民众休闲游乐的场所，也经常被看作重大节日庆典的理想舞台，很多重大事件的庆典和节日庆祝活动都在公园中举行。

开埠50周年庆典

1840年鸦片战争中国战败，中英两国于1842年8月29日签订《南京条约》，规定广州、厦门、福州、宁波、上海等五处为通商口岸，史称"五口通商"。

1843年11月17日，上海开埠。50年后，上海由一个普通的沿海城市发展为远东的大城市，租界市政设施、生活环境都有很大改善，其中变化最大的是租界所在区域，原先是溪涧纵横、杂草丛生的一片荒滩，一变而为道路宽阔、纵横交错、楼宇栉比、人烟凑集、市面繁华、设施先进、管理有序的现代都市。各色人才发展的机会大为增多，来到上海的外侨约有5 000人，他们在上海安全、有序、安逸、体面地生活着，他们认为是开埠通商和租界成功管理的结果，也自认为是这个城市的主人。

1893年，公共租界当局决定隆重举行开埠庆典，纳税人年会选派出34人组成特别委员会专事筹备。是年11月17日，公共租界举办了各种庆祝活动，外滩、南京路一带非常热闹。从黄浦江到南京路，遍竖灯杆，用麻绳连接，绳上悬挂旌旗及五色彩灯，沿街店铺也挂灯结彩，以示庆祝。外滩一带热闹非凡，外滩公园整日挤满了前来欢庆的游人。在外滩，一幅标语还写着："世界何处不知上海？"异常醒目。

那一天，先是在跑马厅检阅租界准军事化组织义勇队，除商团外，停泊在黄浦江上的军舰亦加入。又让英国传教士慕维廉于外滩临时搭建的高台上发表了演说，历叙50年来上海的发展道路。午时，港内军舰与义勇队炮队鸣炮50响，象征这50周年。午后1时，工部局举行盛大招待会。午后2时，在跑马厅举行孩

上海开埠50周年圣三一堂前的庆祝牌楼

英国传教士慕维廉在外滩的草地上颂扬上海开埠50周年盛事

童游乐活动。傍晚，外滩公园新建的水池里喷泉启动，并点亮电气灯。晚上，外滩公园及外滩、南京路一带的电灯，一齐开亮，并有救火会的队员和华商提灯游行。

开埠大庆不仅是外国人的节日，也是全体华人的一大盛事。上海华人踊跃参加，但他们打的旗帜是"广帮""宁帮"之类，他们的身份并不是代表整个上海华人，而是上海的广东人或上海的宁波人。广帮的队伍举着装饰的灯牌，上面写着"预兆年丰""广帮瑞狮"，游行队伍中有的驾着宝船，有的牵马、戏狮，演奏鼓乐。宁帮的灯牌是一对玻璃灯，上面写着"通商大庆""宁帮"，一艘用黄杨木雕成的灯船，令沿途华人赞叹不已。

外滩公园及怡和码头、麦加利银行门前沿滩，早已搭建好施放焰火的架子。焰火由日本人制成，随时燃放，花样不一，各尽其妙。晚上10时，节日焰火腾空而起，照亮了浦江夜空。次日，亦有盛大的庆祝活动，《点石斋画报》用图说新闻的方式报道了庆典盛况。华人来观看者蜂屯蚁聚，拥挤异常，不仅租界、城厢内外的华人来看，上海近郊及外地亦有华人闻讯来看。据报载：

> 沿马路一带店家，因亲串人等咸来观看，几于户限为穿，除有洋台者无庸顾虑外，余则均将窗旁木板扒去。盆汤弄口一壶春茶馆，闻有人出洋念四元，包用二天，以备请客，其余茶馆，每人泡茶一盏，须取茶价洋三角，自朝至暮，游人如蚁，昂首举目，但见男的女的，老的少的，村的俏的，斜倚雕栏，颇为拥挤，而马车及东洋车之往来者，首尾相接，行人几难插足。幸英捕房所派之中西印各巡捕，沿途弹压，密若繁星，

不致酿成大祸。①

工部局非常重视这次庆祝活动，特意在外滩公园的北部建造了一个圆形水池，喷泉装在一块糙面石中心，池中还建有一座小假山。环池装置了灯光，配合管弦乐团的演奏，用灯光照射喷出的水柱闪闪发光。作为开埠50周年的纪念，日本天皇将3只铜鹤赠送给租界工部局，这3只铜鹤后被安放在外滩公园，算是外滩公园的一个特色景观。

外滩是租界的中心，英美租界当局和英国领事馆还曾多次在外滩公园举行英王加冕的庆祝活动。1887年庆祝英国女王维多利亚登基50周年、1901年庆贺爱德华七世加冕、1911年庆祝乔治五世加冕等，都在外滩公园举行了庆祝活动。

日本天长节

虹口公园不仅是一个自然风景园，而且体育设施非常齐备，是上海最主要的体育活动场所之一。除赏景、运动比赛之外，虹口公园有广阔的空间，像一个大广场，是租界居留民特别是日侨，经常举行集会的地方。

日本天长节是日本天皇诞日，是日本人非常重要的一个节日，每年都会举行盛大的庆祝活动。"天长"，天长地久之意，出自《老子》。天长节，来源于中国的唐朝，最初用于唐玄宗的生日，被称"千秋节"，后改名为"天长节"。随着时代的不同，庆祝天皇诞生的日子也会改变，明治天皇时为11月3日，大正天皇时为10月31日，昭和天皇时则为4月29日。

甲午战后，来沪的日本人越来越多，大都居住在虹口一带，虹口公园成为他们最喜爱的公园，日侨多次在虹口公园集会庆祝天长节。1925年10月31日，为庆祝天长节，旅沪日侨举行盛大的庆祝大会，日侨商店、学校均悬旗休假。日领署上午11时起，招待来宾，除各国驻沪领事

---

① 《灯会详记》，《字林沪报》1893年11月17日。

旅沪日侨热烈庆祝天长节

及武官外,还有国民政府官员、华商等。日本居留民,则在虹口公园举行祝贺会。下午1时,日本驻沪总领事矢田到场举行祝贺式,先由矢田读祝词,后群唱庆祝歌,并三呼万岁。接着有相扑、歌舞、戏剧表演,四周遍设临时贩卖场,统由日本女子招待,颇极一时之盛,当天还吸引了不少华人,到者共有万余人。此后,虹口公园天长节庆祝会,每次观众多达数千人甚至上万人,当天还有大相扑、刺枪、比剑等武术比赛及田径比赛等节目。

1928年的天长节庆祝同样隆重,并提前在《申报》发布启事:

在沪日本官民天长节祝贺会,昨日分函本埠三商会各委员云:四月二十九日恭逢本国天皇陛下万寿,同人等敬,于是日下午一时,在虹口公园举行天长节祝贺大会,遥祈圣寿之无疆,藉表普天之同庆,爰修短简,恭请贲临,以敦睦谊,而罄微忱,幸勿吝玉趾为荷。①

1928年11月10日,日本昭和天皇在京都紫宸殿举行即位礼和大尝祭。同日,旅沪日侨在虹口公园举行隆重的庆祝活动。上午的活动从9时起,先是日本总领事馆行遥拜式,接着80岁以上的日本老人举行天杯授予式,再是居留民团所属各学校的拜贺式,最后进行田径比赛。下午,施放皇礼炮,举行队列仪式,还有演剧、奇术等表演,庆祝的侨民在草坪上跳舞,直至夜深。

1932年,日军发动一·二八事变,并强迫国民政府接受其停战条件,为庆祝所谓的"胜利",1932年的天长节庆祝活动更盛大铺张。4月

---

① 《日侨明日祝贺天长节》,《申报》1928年4月28日。

29日，日本占领军和侨民在虹口公园隆重庆祝天长节。日本海陆空军及政商各界特设组委会，在虹口公园内高搭彩牌小旗，并搭有阅兵台，以招待各界。庆祝会以盛大的阅兵典礼开始，在沪日军政要人悉数参加，当日军总司令白川义则到达会场后，日军之军乐队高奏

虹口公园爆炸案，日军各要人在主席台上，演说者为日军总司令白川义则

日本国歌，全场一致起立，白川义则当即率军官，沿场巡阅日军一周后登上阅兵台，所有部队当即逐队检阅。11时30分阅军礼毕，各国参加代表以阅军典礼业已告毕，即相率离去。接着，官民共同庆祝仪式开始，在军乐队的伴奏下，全场齐唱日本国歌《君之代》，当时只有日本侵华军总司令白川义则、第三舰队司令野村吉三郎、第九师团长植田谦吉、日本驻华公使重光葵、驻沪总领事村井仓松、上海日本居留民团行政委员长河端贞次、上海日本居留民团书记长友野盛等7人留在阅兵台上，韩国抗日义士尹奉吉突然朝台上投掷一颗炸弹，台上鲜血飞溅，7人全部倒在血泊当中，这就是轰动一时的虹口公园爆炸案。

4月30日，爆炸案发生的第二天，《申报》便以《日本要人昨午被炸》为题，对此事件作了报道：

  昨日上午十一时三十分钟，日使重光葵、日军司令白川、日军第九师团长植田、日本海军第三舰队司令官野村、日本驻沪总领事村井、日本居留民团行政委员长河端等要人，率领日本海陆空军一万余人及日侨一万余人，在虹口公园举行阅兵，体后正在庆祝日皇天长节礼台上，突来一巨大炸弹轰然一声，全场震动，台上白川司令、植田师团长、野村司令、重光公使、村井总领事及河端、友野等人全被炸伤，凶手闻系韩人名尹奉吉，当场被日本宪兵捕获，现押于江湾路日本宪兵司令部严密讯问。此外，被拘者尚有中外人八名，闻与本案无关。各人伤势以河端

最重，生命危在旦夕，重光右腿折断，身伤二十余处，野村右眼珠流出，白川、植田伤势尚轻，日本军政要人全体受伤，停战会议因此波折，势将延期。①

当天的报道不仅有关于虹口公园爆炸案详细介绍，还配有现场照片及被炸日军政要员的个人照片。接着，《申报》又以大量版面继续跟踪报道爆炸案的情况。5月1日载有《虹口炸弹案》，5月3日载有《外人论安昌浩被捕》，5月6日载有《重光截断右足》，5月10日载有《虹口公园炸弹案之一函》，5月27日载有《日军司令白川义则昨午病死》等，还原了这一炸弹案的全过程。

虹口公园爆炸案震惊中外，日军损失惨重，白川义则、河端贞次被炸死，重光葵、村井仓松、野村吉三郎、植田谦吉、长友野盛等被炸伤。时人创作的一首《公园炸弹歌》，用风趣幽默的形式，介绍了爆炸案的来龙去脉：

四月二十九日岛国天长节，海上倭奴庆贺热。官民结合到公园，海陆两军大检阅。旌旗猎猎影翻风，剑戟森森光耀雪。文官武将尽参加，司令台中鹓序列。为祝天皇典礼隆，谁不兴高又采烈。维时公使名重光，站立台前恣演说。指天画地口悬河，诵德歌功莲灿舌。忽然巨响破空来，宛比山崩与地裂。可怜台上众名流，一齐翻身元宝跌。是谁炸弹寻开心，致使群公大流血。白川大将首当冲，遍体身嵌炸弹屑。野村左目已丧明，手术施时眸子抉。植田脚腿创非轻，将来难免成跛蹩。重光公使血流多，尊足须劳医士截。就中更有河端贞，未到中宵成永诀。如斯巨变异寻常，满场空气顿恶劣。军士齐将凶手擒，不费吹灰如瓮鳖。凶手言为韩国人，当年曾为倭奴灭。亡国深仇耿在心，此举聊将孤愤泄。于今被捉更何言，要杀要剖任裁决。吁嗟韩亡已多年，复仇依然心念切。不辞赤手入龙潭，竟敢单身赴虎穴。拼此昂藏七尺躯，胜他犀利千斤铁。昔日留侯博浪锥，

---

① 《日本要人昨午被炸》，《申报》1932年4月30日。

同兹一谈成双绝。英风豪气壮山河,信是今世人中杰。我因有感赋长歌,长歌赋罢心凄咽。①

韩国独立运动领袖金九,曾记述其策划虹口公园爆炸活动的背景,谓日本军国主义先是以武力吞并朝鲜,进而攫夺满洲,并无故侵犯上海,已为远东乃至全世界和平的威胁,他决意向国家和民族的敌人下手,先遣韩人爱国团成员李奉昌赴东京暗杀日本天皇,但以失败而告终。其后,金九又与中国军政要员合作,在"暗杀大王"王亚樵的帮助下,安排爱国青年尹奉吉赴虹口公园执行暗杀行动。

尹奉吉在韩国国旗下举弹宣誓

尹奉吉投弹后被日军当场逮捕

4月26日,尹奉吉举行义举前的宣誓,他目光炯炯,神态坚毅,站在太极旗前,左手握一枚手榴弹,右手持一支手枪,胸前挂着宣誓文,内称:"诛杀刻正侵犯中国之仇人军事领袖,以期还我祖国之独立与自由。"这一幕被拍摄下来,爆炸案发生后,该照片被寄到上海各报社。他们事先制造了两枚炸弹,一枚仿军用水壶形状,另一枚仿日本人的饭盒形状。举事前几天,尹奉吉还到虹口公园查看了搭建检阅台的情况。4月29日,尹奉吉与金九告别,并假扮成日本人混进了会场。据金九回忆:

---

① 头皮断送生:《公园炸弹歌》,《上海报》1932年5月26日。

当四月二十九日清晨，余召吾青年爱国同志尹奉吉君至寓，授以余手制之炸弹二枚，一以杀敌，但叮嘱只杀日军阀，幸勿伤及他国人士；一则于事成之后，自杀灭迹。彼肃然授命，允遵循余之训令，乃彼此含泪握手，期以来世相见。余遂雇一汽车，载彼往虹口公园。彼仅携炸弹二枚，银币四元。余乃祝其成功而别。①

爆炸案发生后，尹奉吉当场被捕，日军还大肆搜捕韩国爱国侨民，从事革命40年的安昌浩等人先后在法租界被捕。在中国政府的帮助下，金九前往浙江嘉兴避难。5月底，尹奉吉被日军上海派遣军军法会议判处死刑。11月，尹奉吉又被秘密押往日本神户，然后被转移到大阪的陆军监狱，12月19日在金泽被处决。虹口公园爆炸案的影响是巨大的，不仅仅极大地打击了日本军国主义的侵略气焰，而且改善了"万宝山事件"后中韩两国人民之间的感情。

1936年4月29日，日本侨民照例在虹口公园举行天长节庆祝典礼，在沪日本军政机关、公司、商店等休假悬旗，居留民会议员、各机关、各学校的日侨均参加庆祝。庆祝之前，日侨特向工部局商借虹口公园的一部分，供庆祝大会专门使用，并与工部局商定："是日虹口公园之一部分，借给该团作为日侨庆祝之用，是日日侨出入，概由公园西门，由居留民团发给入园证。公园其他非保留部分照常开放，至保留部分之范围布置等，则由日本居留民团与工部局公园管理处主任会商办理。"② 虹口公园虽为租界公园，但由于日侨经常在此集会，虹口公园便成为日本人最喜爱和最经常光顾的公园。

法国国庆节

法国公园从落成伊始，一直是法租界节庆活动的中心，法租界不少

---

① 金九：《虹口公园之炸弹案》，《新亚细亚》1932年第4卷第2期。
② 《明日皇诞日虹口公园举行庆祝》，《申报》1936年4月28日。

大型的庆典活动都在此举行，其中法国国庆节为法租界的第一大节日。

1922年3月8日至12日，法国霞飞将军访沪，法租界乃至整个上海都极其关注，举行了盛大的欢迎活动。3月9日晚，上海各界在顾家宅公园举行提灯会，欢迎霞飞将军。霞飞将军曾担任第一次世界大战法国总指挥，为恢复世界和平做出了巨大贡献，此次来沪，法租界也特地在顾家宅公园举行植树礼，请他亲自种植一棵"自由树"。3月10日下午，霞飞将军在顾家宅公园手植一棵"自由树"，中外各界男女来观此盛况，场内外约有1万人。

7月14日是法国国庆节。1789年的这一天，巴黎人民攻占了象征封建统治的巴士底狱，为纪念这个象征自由和革命的日子，将这一天定为法国国庆日。为庆祝国庆节，法租界内各机关、团体、学校、法国商行等均放假一天，这些单位、商店以及法侨住宅的屋顶或楼前都悬挂法国国旗。

到了这一天，法国侨民一如既往地在法国公园集会，举行每年一度的国庆庆典。公园大草坪上搭建观礼台、检阅台，日间开庆祝会、阅兵，夜晚放焰火、联欢。在国庆庆典的前一天，法租界总会以顾家宅公园为中心举行提灯会。且看1927年7月13日提灯会的情况：

> 本月十四日，为法国民主共和国庆纪念，法租界各团体循例庆祝。先一夕举行提灯会，年年今夜，灯火万千欢，欣鼓舞极一时之盛……顾家宅公园，占地殊广，影色至幽。本为提灯会之终点处，游者更群趋之，奈人众过多，顿觉拥挤，遂加以限止……园门高搭城墙式之大牌楼，装置红色电灯，约数百盏，照耀如白昼。园门左侧，有高台一座，备明晨十时，举行阅兵升旗典礼。园外南向之大洋房，满缀五色电灯。园之中心，搭有灯台一座，四周围以花草，上遍置电灯，颇含有美术思想，各照相馆纷纷摄取其影。广场草地上，植有木杆三，中悬红色灯笼，左右则悬白色者。前筑席棚一所，设有音乐，不时启奏，音调雄壮。更辟一隅，敷以散砂，四周植杆悬灯，旁设茶座，以备游者憩息之所，十四夕将于此作跳舞场……提灯散会时，法国公园大放流星。若朗月，若散星，

若明珠,若好花,余光掩映,华丽绝伦,诚大观也。①

入晚之后,法租界一带非常热闹,法租界各商店及各洋商门口,均悬灯结彩,以示庆祝。法国公园全园张灯结彩,在公园的华龙路大门搭建城墙式的大牌楼,装置五色电灯,约有数百盏,照耀如白昼一般。园内树枝遍悬折叠式纸灯,又夹道树立木杆,挂满红色和黄色的各式纸灯,装成伞形,或宝塔形,样式非常美观。还在音乐亭四周的柱子上装饰红色和绿色的电灯,好看极了。

法国国庆节法国公园前之凯旋门　　　　法国公园内为国庆灯会制作的马灯

除了提灯会,7月14日晚间还会举行一些娱乐节目。法国公园内电灯齐放光明,耀如白昼,如入不夜之城,另有盛大的跳舞会,并放映露天影戏。南边的水门汀的球场作临时跳舞场,园中草地搭盖席棚,用于放映西洋影戏。再来看1929年的庆典盛况:

十四之夕,顾家宅公园门首,满布中西探捕,而观者如堵,拥挤异常。无门券者,欲结队一拥而入,虽探捕以皮带相扑击,不顾也。园中灯火以数万计,电炬齐明,佐以军乐电影,鬓影衣香,极一时盛况。园门以内,遗有女鞋及草帽各十数,盖均观众所散失者。愚见有一妙龄女

----
① 《法国民主纪念之提灯会》,《申报》1927年7月15日。

郎，着时式装，赤足忸怩而出。又有年若五六龄之婴儿，为西捕所携去。连呼姆妈，继以啜泣，剧可哀已。

园内有池沼一，以木标插水中，上置绿色瓜灯，池内以千百行，如盘龙然，上置绿色电灯，照耀而下。池边绿草成茵，据坐其上，遥望天空皓月一钩，明星三五。而清风徐来，水波不兴，令人怡然神往。他如音乐亭之缀以红色电灯无数，以及绿色灯塔之灿烂幽雅，均为是夕灯彩中之足以增人美感者，诚盛会也。①

因风光盛大，每年法国国庆节都会成为上海滩的一大景观。1929年法国国庆节这一天夜晚，看热闹的人从四面八方赶来，游园、观灯的游客实在太多，乃至"观者如堵，拥挤异常"。《福尔摩斯》上有一则颇为让人吃惊的信息："十四日晚，法国民主纪念，顾家宅公园之拥挤为历年所无，全园几无插足地。事后，有人捡得大门口遗落之鞋子，不下数十双，其中以女士皮鞋为最多。"当晚，公园门外游客丢失的女鞋及草帽各有十几只，有一妙龄女郎，穿着时髦服装进去，却光着脚忸怩而出。

法国国庆节法国公园夜景之一　　　　法国国庆节法国公园夜景之二

法国侨民每年庆祝国庆的程序和节目大致相同，有提灯会、升旗礼、阅兵式、招待会、影戏、焰火等项目，在这些项目当中，法国公园总是发挥重要的作用。1928年的法国国庆节，有中国记者恰巧在法国公园纳

---

① 《法侨庆祝民主纪念两日记》，《申报》1929年7月16日。

凉，后根据自己的亲身经历，详细记述了法国国庆纪念之盛况。这里不避冗长，引录如下：

十四日法国共和成立纪念。先一晚法租界举行盛大之提灯会，游行各马路，而归宿于顾家宅公园。记者在园纳凉。得备观其盛，故记之以实本谈。

园门有二，辣斐德路之门，遍装电灯，照耀如昼。华龙路之门，则临时搭为城门式，亦遍装电炬。是晚，须持普通游览季券乃得入览。有多数持十四日临时入场券者皆被拒。

园中草地之四周建灯杆十余，缀以各色电灯，望之如火树银花，使人目眩。其中央之音乐台，范本为垣，密缀红灯，人过其下，面色皆变。东部池中树上。扎蚕形之灯凡三，屈曲如生。树根伏蛙三四，若将入水，游人围而观者，池边为满。其西部池中，则有采花之蝶，将于之鸟，并集蒲华间，通以电流，栩栩欲活，匠心之巧，叹观止矣。十时许军乐悠扬，自远而至，盖提灯会来矣。游人争趋东边之驰道，竚立如堵墙，乃提灯会入门后，忽折而西，于是游人又西趋，排墙直往，如钱塘八月之潮。而灯会忽又四散，辙乱旗靡，游人不知所适，盖灯会游行至此解散也，方觉扫兴。忽南隅炮声骤发，刹那间空中彩霞四散，电光石火，变幻万端，或如彗星之扫天，或如鸾凤之翔舞，或如流星，或如飞萤，或五色缤纷，如落英之满地，或一丛闪烁，如明珠之走盘。游人翘首而观，真所谓万流竞仰。炮声休止，兴尽而归。

次晚为纪念正日，工部局所发临时入场券尤多。记者八时往，自辣斐德路以西，肩摩踵接，途为之塞，入门处尤拥挤不堪。园内遍悬灯彩，如入不夜之城。入门后，但见万盏明灯，与万头攒动而已。欲觅游椅，固不可得，即欲席地而坐，亦空隙毫无，最后于花园饭店临时茶肆得一椅。忽闻音乐悠扬，出自人丛中，则露天跳舞已开始矣。地小人多，殊少回翔之地。音乐台上，书巨纸请游人少让，亦无效。人丛中空气尤杂，时而脂粉之香，扑鼻欲醉。时而汗臭之气，中人欲呕。凉风暂至，则爽气如秋。冯夷不来，则挥汗成雨。有一席之地，势不可以久留。乃趋电影之场，冲锋隔障，如入重围，良久乃达草地，以无隙地可立，遂赋归欤。时方钟鸣十下，游人续续前来犹未已，诚盛矣哉。①

观赏以后，记者不禁发出感叹，中华民国已成立17年，每年的双十节，除官厅悬旗志庆外，并无盛大的足以轰动一时集会和庆祝活动，难道是国人的爱国心不如法国人吗？显然不是。而是这17年间国内战争不断，社会有深刻的创痕，哪里还有欢喜的事能够回味呢！

每年法国国庆节，法租界其他公园也有庆祝活动。在这一天，旅沪法商和法租界的商人依例庆祝，如在凡尔登花园内举行赛灯艺术会，除赛灯外，还燃放焰火，放西洋影戏，以及举行跳舞、魔术等各种游艺活动。

中国传统节日

中国传统节日形式多样、内容丰富，是中华民族悠久历史文化的重要组成部分。端午节，又称端阳节、重午节、浴兰节、解粽节等，节期在农历五月初五，为本埠最重要的民俗节日之一。在民间传统习惯上，端午节要吃雄黄酒，吃粽子，挂艾蒲，还要赛龙舟。其中，赛龙舟是端午节的一项重要的传统民俗活动，也是一项全民同欢、全员参与的活动。

每年端午前后在园湖举行的龙舟竞赛，是半淞园喜闻乐见的表演项目，也是民国上海一大旅游热点。1927年的端午龙舟竞赛，有名为"浦东青龙"和"嘉定乌龙"的两条龙舟参与，每船水手14人，皆头包花布，服饰鲜明，船头指挥者的打扮颇似京剧的丑角，一举一动都引人发笑。沪上市民联袂前往观看，汽车、马车往来不绝，华商电车因乘客众多竟无立足之地，园中人山人海，甚至人满为患。据时人记载：

是日也，适逢雨后天晴，园中空气分外清鲜，而一切花草竹木亦

---

① 庄侮：《法公园法国纪念节之盛况》，《申报》1928年7月18日。

莫不欣欣向荣。困于煤烟浊气中者，一睹此情此景顿觉神怡心旷。既而锣鼓声起，乃绕道至湖心亭畔，见龙舟一双荡漾湖中，鲜艳夺目。一名"浦东青龙"，龙之身体及头尾均以柏枝及五色纸球扎成，中悬柏枝，幡龙作鲜蓝色。水手十四，分坐两旁，头包花布，衣红衣蓝裤，手中各执短桨。船头立有指挥者，戴一满插五色小绒球之草帽，穿老虎衣，鼻架眼镜下装黑色短须，手执小蒲扇，不啻京剧中之小丑也，或起或坐，或奔或跳，装出种种奇形怪状，观众莫不为之笑倒，而龙舟之进退也、快慢也，水手即依其姿势为标准。尚有白衣白帽之水手一班，人数亦为十四，时与红衣之水手互相更替，俾可免于疲乏。一名"嘉定乌龙"，周身以木板制成，饰以五色旗伞，水手八人，戴草帽，衣蓝衣蓝裤，形若海军之制服。二舟或相向而行，或相并而赛，惟乌龙身躯较大，水手无多，而青龙则身体轻便水手较多，故二舟之速率大相悬殊，而一般看客亦大都注目于青龙。①

是日，园门还高悬青天白日旗，门首有彩匾一方，上书"龙舟竞赛"四个字，园中贴满了国民党的标语及图画，五光十色，颇引人注目。湖心亭这一最佳观赛点为国民党军政要员包租，除他们的眷属外，任何人不得入内。1936年的龙舟赛，两只最大的龙舟分别从嘉定和浦东运来，名字分别是"黄龙"和"小白龙"，都博得观众们的好评，观者更是人山

半淞园之龙船

半淞园龙舟竞渡

---

① 影呆：《记半淞园龙舟竞赛》，《申报》1927年6月7日。

人海。每年赛事期间,园内游人量骤增,最多时一天达两三万人之多,时常能看到有孩童因与家人失散,而哭泣于道旁的情形。

20世纪40年代,一年一度的龙舟赛常常在黄浦江热闹上演,赛龙舟的地点也常常择定黄浦江与苏州河的交叉口,黄浦江畔的外滩公园便充当了天然看台。1946年6月4日,抗战胜利后的首个端午节,黄浦滩头隆重举行赛龙舟活动,外滩公园挤满了观众。据报载:

> 古色古香之端午节,在黄浦滩头掀起狂欢之浪潮,昨日下午二时,沿浦一带人山人海,多有扶老携幼,远道而来者,彼等咸集于外滩公园及外白渡桥上,争睹龙舟竞渡,钟鸣二下后,遥见龙舟十二条自南市江面迤逦北驶,每舟约二十人,分坐两边,俯仰有序,飞驰如箭,船首并有一人作草裙舞,坚蜻蜓等游戏,轻歌妙舞,兴高采烈,前行之十一艘均为男子,追随于后者则全为女性,浓装艳抹,健美毕露,当龙舟一行抵达苏州河附近时,锣鼓之声,飘漫荡江面,如潮观众,顿时欢声雷动,龙舟在观众前巡游数匝后,即鱼贯向杨树浦而去,此胜利后首次端午节之欢声,犹回荡于歇浦江面,历久不散也。①

黄浦江头看龙舟

---

① 《胜利后首次端午节　黄浦滩头龙舟竞赛》,《申报》1946年6月5日。

外滩公园挤满了观看黄浦江龙舟赛的观众

当年的龙舟赛,有龙舟11艘,舟上均为男人。另有1艘凤船,船上没有男人,全是女人,浓妆艳抹,健美毕露,真可谓别开生面。

1947年端午节,由渡船业公会发起的龙舟竞赛在黄浦江热闹上演,当天大部分工厂都休假,工人们经年累月地劳动,难得有假日,当然不肯错过这样的好节目,因此外滩公园挤满了人。江边各码头,水上饭店,沿江的树枝上,甚至外白渡桥的铁架上,都被看龙舟赛的观众占据了。隔岸浦东,远远望去,也只见万头攒动。江心中的小划子,招揽顾客乘船到龙舟边近距离观看,生意特别兴隆。来迟了的观众无法挤近江边,他们甚至把外滩公园围墙上的篱笆拆去,站在上面,居高临下。据估计,当天至少有30万人观看。

文庙公园自改建以来,被称为上海市政的荣光,举办了不少大型的公众集会。1934年8月27日,为先师孔子诞辰纪念日,上海市党政商学工农各界,在文庙民众教育馆举行纪念大会,各界代表计有1 000余人,市党部童行白、市长吴铁城为会议主席,全市各机关团体、工厂均休假一天,各学校除派代表一人参加纪念大会外,并将分别举行仪式,以资纪念。详情如《申报》所载:

(会场布置)纪念大会会场设在市立民众教育馆内大成殿,殿之正中悬挂总理遗像及党国旗,下悬市府特绘之孔子遗像,两傍分列大同乐会钟鼓琴瑟等庙堂之乐,殿外特建搭临时凉棚,以作来宾席,原来陈列之各种祀孔彝器,已迁在演讲厅中陈列,以资观摩。

(大会职员)纪念大会主席团定为七人,计市党部童行白、市政府吴铁城、市保安处杨虎、市教育会陶百川、市商会俞佐廷、市总工会朱学范、市农会俞振辉,纪录童慕葛,司仪张汉云,招待纠察由市政府市党部职员担任,并请市公安局派警维持秩序。

(大会秩序)大会秩序决定如下:(一)全体肃立;(二)奏乐(公安局军乐队大同乐会);(三)唱党歌;(四)向党国旗、总理遗像及孔子遗像行三鞠躬礼;(五)主席恭读总理遗嘱;(六)主席报告纪念孔子之意义;(七)演讲;(八)奏乐;(九)礼成。

(休假一天)本市各大中小学校及各机关工厂,除派代表一人持函参加纪念大会外,各学校同时分别举行纪念仪式,报告孔子笃行好学之行动,以示崇敬。①

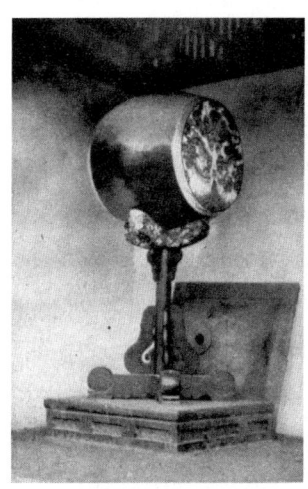
文庙公园内大鼓

文庙公园内大钟

---

① 《今日孔子诞辰 各界举行纪念大会》,《申报》1934年8月27日。

1934年上海市各界在文庙公园举行先师孔子诞辰纪念大会

此外，还在公园举办了国际性节日的庆祝活动。1935年3月8日，为纪念国际妇女节，上海市妇女会在文庙公园民众教育馆召开纪念大会，吴铁城夫人、蔡元培夫人等十余人为主席，并发表告妇女书，号召妇女界除为自身解放而奋斗之外，更应努力为民族解放奋起。文庙公园门前高张白布，大书"上海市妇女会纪念国际妇女节大会"字样，会场内遍悬有意义之标语，琳琅满目，壮丽整洁。大会秩序如下：

> 市妇女会纪念国际妇女节大会，定于今日下午二时在文庙公园内市民众教育馆大礼堂举行，其秩序为：（一）开会；（二）唱党歌；（三）向党国旗及总理遗像行最敬礼；（四）主席恭读总理遗嘱；（五）静默；（六）主席致开会词；（七）上级机关代表致词；（八）名人演说；（九）游艺，一、尚文学校女军人，二、和安学校平剧清唱，马玉琴、郭文佩、傅雅琴，三舞剑，梅曼璋；（十）呼口号；（十一）分赠品，有中国化学工业社、家庭工业社、上海国货公司、中国国货公司、美亚绸厂、三友实业社、天益布厂、冠生园、泰康、五洲药房、一心牙刷厂、鸣新布厂等数十厂名贵赠品；（十二）散会。①

此次国际妇女节纪念大会盛况空前，自中午12时始，妇女群众纷纷持券入场，及至下午1时许，"会场内已人山人海，座无空隙，同时场外来宾愈形踊跃，途为之塞，大会当局目击此状，当即变通办法，在场外

---

① 《今日国际妇女节》，《申报》1935年3月8日。

密排长凳,安插群众,热闹之状,空前未有。"[①]经统计,全场不下4000人,各界齐集,中外毕至,突破上海市妇运之纪录。

1946年5月1日,沪西15万工人在中国共产党的发动和组织下,在胶州公园集会庆祝抗战胜利后第一个五一国际劳动节,会上高呼"打倒官僚资本""改善工人生活""成立联合政府""撤退美国军队"等口号,会后冒雨举行游行示威。

综上,英美侨民在外滩公园庆祝开埠50周年、英王加冕等节日,法国侨民在法国公园庆祝国庆节,日本侨民在虹口公园庆祝天长节,国人在半淞园、文庙公园庆祝中国传统节日,还有劳动节、妇女节等国际性节日,这是近代上海城市的一个奇特景象,是上海"一市三治"政治格局的体现。不同国家、不同民族和不同文化背景的人,在同一个城市庆祝不同的节日,各显其美、各展其长、各显其能,自觉地进行传播、交流和融合,体现了近代上海开放、包容的城市特点。

第三节 军事操演

近代上海公园,承载了城市广场的军事操演功能。由于这种军事性的操练活动聚集了大量的人群,需要比较广阔的活动空间,公园恰好提供了这种空间。公共租界的外滩公园、虹口公园、跑马厅和法租界的法国公园充当了租界内的城市广场,英国、美国、日本和法国等国侨民不仅在那里举行集会,而且经常举行武装操演和检阅。

跑马厅地处租界的中心,面积广阔,地面平整,在相当长的一段时间内,充当了公共租界的中央广场。实际上在《申报》的很多新闻报道当中,都称跑马厅为跑马厅广场。因此,除了赛马之外,租界很多军事性的操演与检阅活动都在跑马厅举行。其中最有名的莫过于英国官侨为庆祝英皇加冕而举行的海陆军队正式大演习,庆祝上海开埠50周年的租界阅兵

[①] 《本市妇女界昨一致庆祝"三八"节》,《申报》1935年3月9日。

鸟瞰跑马厅

万国商团中华队

万国商团俄国队

万国商团苏格兰队

活动也是在跑马厅举行的。此外，美国独立纪念日的阅兵活动、美国海军纪念日检阅海军陆战队、万国商团检阅部队、公共租界检阅警员等活动也都在跑马厅举行。法租界和苏州河以北的公共租界没有跑马厅这么大的公共空间，公园便承载了城市广场的军事操演功能。

虹口公园拥有广阔的场地，经常被军队、警察用作操练和阅兵的场所。万国商团是上海公共租界一支准军事组织，承担着保卫租界的职责。1853年成立之初称为上海义勇队，因为大部分成员是英国商人，又称商团。后来经过扩张，商团成员来自多个国家，便称为万国商团。1853年太平军攻克镇江，江南局势甚为紧张，在沪外国人着手组织武装以保卫租界。当年4月，英美领事召开联席会议，正式组建以租界内洋人为主的民兵组织，起名上海义勇队。1870年，租界工部局接管了万国商团，使之成为工部局的常设机构。其最高指挥机构为总司令部，设总司令一名，副司令若干名。至1930年底，万国商团已设有轻骑队、美国骑兵中队、野炮队、轻炮队、工程队、铁甲车队，以及由甲队、乙队、美国队、葡萄牙队、日本队、中华队、上海苏格兰队、后备队、俄国队组成的步兵队等。到20世纪30年代，正常编制约有1500人，再加上后备队，总人数超过了1800人，已成为一支名副其实的军队。

1854年4月4日"泥城之战"中，万国商团击溃了清政府军队，租界当局认为依靠这支武装足以保卫租界的安全，遂定4月4日为上海万国商团"建军节"，每年此日都要举行阅兵仪式。最早使用虹口公园的是万国商团，因公园与万国商团的打靶场相邻，万国商团常在园中操练和阅兵。据《民国日报》载：

> 公共租界工部局，业已允准将虹口新公园作为万国义勇军之野外会操处，自十月份起，至一九二四年四月止，各国义勇军均可自由前往该处习操，惟有规则数项：（一）步兵集队操练，准在清晨及傍晚两时行之；（二）不得故意妨害园内游人之行动；（三）马车、炮车及其他车辆，不准携入园内；（四）花草树木，及一切设置不准损坏或秽污；（五）须遵守秩序及规则，如有违反规则者，管园人随时有纠正之权。①

1922年，明星影片公司还拍摄了新闻纪录片《万国商团会操》，其中就有万国商团在虹口公园操演的场面。后来，上海周围政治、军事形势一有风吹草动，万国商团就入园操练。20世纪20年代，各派军阀为争夺上海而发生混战时，万国商团每天清晨和傍晚都会入园操练，达两年之久。万国商团像这样的军事性质的检阅很是频繁，每逢春季都会举行一次总检阅，主要目的是展示一下租界的军事实力，让中国军民不敢轻举妄动，进而维持和巩固对租界的统治。

驻扎在虹口一带的日本军队也多次在虹口公园举行操练和检阅。1932年4月29日，借庆祝天长节的机会，日军一万多人在虹口公园举行

---

① 《万国商团会操地址》，《民国日报》1923年10月13日。

虹口公园阅兵台上的日军政要员

日军在虹口公园阅兵

日军军事装备

日军坦克车队

"淞沪战争祝捷大会",意图通过炫耀其军威,迫使中国人民屈服,在同国民政府的谈判中获得最大利益。韩国爱国青年尹奉吉制造的"虹口公园爆炸案"就是在日军检阅部队时发生的。

4月29日上午,天下着小雨,从位于江湾的海军陆战队司令部到虹口公园,日军将在一·二八事变中使用过的战车、重炮、野炮、装甲车等威风凛凛地行进在江湾路上,分列行进,意图强化威慑力。日侨则在道路两旁观看,然后走进虹口公园参加阅兵活动。会场搭建有检阅台,检阅台高2米,宽4米,长12米,台下的四周围着红白相间的布,台上和台阶上铺设红色的地毯。爆炸案发生时,日军政要人正在台上。虹口公园爆炸案震惊中外,日军损失惨重,侵华日军总司令白川义则和上海日本居留民团行政委员长河端贞次被炸死,数名军政要员不同程度被炸伤。每一次庆祝天长节时都会有阅兵活动,此后日军吸取了教训,对入园者严格检查,连公园四周也戒备森严。

日军驻沪海军第三舰队基本上每年都在虹口公园举行检阅式。1932年10月9日，日军2 500余海军陆战队士兵在虹口公园举行特别检阅，第三舰队司令官和陆战队司令分别骑白马检阅全军。当日，参观的日侨有6 000余人，他们手持国旗，高呼万岁，驻沪各国武

日军第三舰队旗舰"出云号"停在黄浦江

官亦到场参观。为汲取虹口公园爆炸案的惨痛教训，日军特别戒备，不仅对入园者严格检查，还在公园四周布满了军警，华人通过虹口公园附近者，多被日军警检查，因此通行者都感到极其惶恐。1933年1月9日，日本驻沪海军又在虹口公园举行联合大检阅，并参谒一·二八事变日军阵亡将士坟墓。参加阅兵的日军，有陆战队2 000人，第三舰队驻沪各舰海军1 000余人，联合少年团300余人，计3 300余人，均全副武装。阅兵台左右，有英美德意等各国军官，以及日海陆军驻沪武官。阅兵式上午九时十五分开始，奏日本国歌《君之代》，并向东京方向鞠躬礼拜，围

日军第三舰队司令部官员在军舰上

观的日侨高呼"日本帝国万岁"。接着,阅兵官米内中将和总指挥杉板,手持长剑,巡阅各队。巡阅完毕,登上检阅台,检阅行进大军。典礼完毕后,受阅日军又由公园出发至江湾路,浩浩荡荡举行进式,全军分成五队,以炮兵队、战车、坦克车及机关枪摩托车作为先导,奏军乐行进,路旁的日本侨民大呼"大日本帝国万岁"。炮兵队有重炮3门、曲射炮及轻炮7门,坦克车有3辆,战车有6辆,展示了日军充足的军备,一时观者如堵。这一天,公共租界实行临时戒备,形势颇为严重。居住在闸北的居民因惑于谣言,纷纷传言日军将有某项举动,误信为真,顿起恐慌,携带物品搬家者日有数起。

1935年1月,上海日本驻军又假虹口公园举行元旦阅兵典礼,参加部队计有海军第三舰队所属之出云、栗、梅等舰的陆战队,第三舰队军乐队及驻沪特别陆战队等数千人,日军为防范意外,事前特在江湾路一带及陆战队司令部附近严密戒备,形势颇为紧张。1937年1月4日的检阅有2000余人参加,横宾市长特意选派6名妙龄女郎至检阅地点与日军士兵互动,鼓舞士气。《申报》对检阅情况作了报道:

> 日本海军第三舰队于昨晨十时半,在虹口公园举行每年例行之检阅式。到第三舰队司令官长谷川清、特别陆战队司令官大川内傅七、川越大使、驻沪日领河相暨日侨千余人,并由横宾市长选派近藤茑子、藤崎照子、藤崎关子、稻荷和子、佐藤久子、森君江子等六妙龄女子亲至检阅地点,向各官佐士兵予以慰问。昨晨自十时十五分起,虹口公园一带即严密戒备,并禁止车辆通行。十时半阅兵式开始,参加之部队,计有日驻沪出云等六舰、所属全体陆战队及司令部坦克车队、野战炮队、铁甲车队、机关枪队、高射炮队等机械化部队,全体共约二千余人,由司令官长谷川清加以检阅,至午十二时半,始行毕事。①

虹口一带名义上属公共租界,实际上是日本人的势力范围。1907年,

---

① 《驻沪日第三舰队昨晨行检阅式》,《申报》1937年1月5日。

日侨在日本政府与军队的帮助下，成立居留民团，拥有行政和立法权，自主处理日侨事务，日本军队也驻扎在这里。在这一带，日军拥有比工部局更大的权势。全面侵华前夕，日军在虹口公园举行军事操演已成常事，人数多则五六百，少则二三百，均全副武装，虹口公园实质上已成为日军的操演场。《申报》有这样评论：

> 记者于上午九时许，经过北四川路狄思威路口时，见日兵三名正在该处装修军用电话，虹口公园又有日军操演。但据公园守卫言，日军在该公园操演已成常事，数日以来从未间断，其操演时间总在九时半或十时，多则五六百，少则二三百，均全副武装，机关枪等武器齐备，该公园殆已成为日兵之操演场矣。①

1937年夏，上海局势再度紧张，日军将虹口公园作为阵地，在公园内构筑防御工事。八一三事变后，虹口公园为日军控制，由于该地区居住的日侨较为集中，中国人很少敢去公园。公园靶子场东南部，则被日本人改建为神社，用来纪念和追悼侵华日军战死的官兵。

抗战胜利后，国民党军队和警察多次在虹口公园进行军事演习。1946年1月19日至20日，国民党军两次擅入公园演习，驱逐游人，封闭园门，砍树为炊，花坛、草地、道路损毁严重。1947年10月21日至22日，上海市警察局机动车大队及巡骑大队未经允许，就将坦克、装甲车和其他车辆开入园内演习，造成园路、草皮多处损坏。以后，虽经国民党上海市政府及淞沪警备司令部多次发文制止，但此类事仍屡有发生。

法国公园自建立之后，法租界的很多的军事操演活动都在这里举行。每年的7月14日是法国的国庆日，侨沪法国官民照例在法国公园举行阅兵、游行、演出等节目。上午，法租界当局常常举行三项活动，一是领事馆升旗，二是法国公园阅兵（也曾在凡尔登公园内举行），三是领事馆举行庆祝招待会。

---

① 《闸北虹口一带日军形态一瞥》，《申报》1936年10月13日。

每年的7月14日法租界照例要举办舞会。那一天是法国国庆日，是上海的小法国的节日。上午，殖民地的士兵、海军部队、捕房巡捕、安南巡捕、俄捕队和租界童子军列队在顾家宅公园举行阅兵式。出席这一仪式的有租界当局、教会组织负责人和洋行大班，还有外国代表、中国当局的要员、学校的孩子们以及兴高采烈的其他受邀请的人们。阅兵式之后，领事馆会在大厅举行招待会。①

且看1917的法国国庆，法租界照例在法国公园举行阅兵式，参加检阅的除了法兵和安南兵之外，还有公共租界派来的印度兵和万国商团士兵，计有1000余人。此次阅兵礼由法总领事韦德理检阅，据《申报》介绍：

昨日上午八时，法总领事至顾家宅举行阅兵礼式。华官如卢护军使、朱交涉使、聂会审员、华董陆伯鸿等先后俱到，由法总领事延入。须臾，兵队各齐集操场，计有安南步兵三百余人，法国兵数十人，英租界派来参与之印度兵六七百人，暨商团兵四五百人，由法总领事指挥操练，历一小时始整队齐至捕房及领事公署稍憩，分给酒点尽欢而散。并将评定兵式操演技艺之优等者列十二班，分别犒奖。②

国庆日法国驻沪军官在法国公园阅兵

每年国庆的阅兵式大都由法国驻沪总领事检阅，1926年则由当时法国海军司令官白齐尔少将检阅。7月14日上午，法国远东海军士兵、法国义勇队与巡捕等在法国公园内，接受法国海军司令官白齐尔少将的检阅，白齐尔还给军事事务表现突

---

① ［法］居伊·布罗索莱著，曹胜梅译：《上海的法国人（1849—1949）》，载熊月之等选编：《上海的外国人（1842—1949）》，上海古籍出版社2003年版，第123页。
② 《法租界庆贺民主纪念纪（二）》，《申报》1917年7月15日。

阅兵之情形

1927年法国驻沪军队总司令斐西亚在法国公园校阅铁甲军

出的军士颁授奖章。1937年的7月14日是法国第148个国庆日，旅居我国各地的法侨都照例举行庆祝，其中尤以沪上的庆祝最为热烈。参加部队有法国驻沪陆军、海军、陆战队、法租界巡捕房巡捕及商团等，由法国远东舰队司令检阅，驻沪总领事陪阅。因来参观阅兵的侨民太多，法租界当局不得不临时断绝辣斐德路、环龙路一带的交通。再看《申报》对当日阅兵典礼的报道：

> 原定晨八时在领署举行之升旗礼中止举行，而即于八时起在顾家宅公园举行阅兵典礼。参加部队，凡驻沪陆军、海军、阵战队、法租界巡捕房巡捕及商团等，由该国远东舰队司令毕致特检阅，驻沪总领事巴达斯陪阅，当并发给勋章并邀到淞沪警备司令杨虎、中委褚民谊及沪上各国海陆军武官、驻军司令等参观附近辣斐德路环龙路一带，并临时断绝交通。①

法租界当局不仅在法国公园举办国庆阅兵式，还举行了庆祝第一次世界大战结束阅兵典礼。1918年11月11日一战结束，英法联军战胜德国，上海租界放假三天。为了表示庆祝，法租界当局于11月23日在法

---

① 《昨侨沪法国官民庆祝民主纪念顾家宅公园行阅兵礼》，《申报》1937年7月15日。

国公园举行阅兵典礼,并广发请柬,华人名流应邀者不少。著名出版家张元济也收到请柬,儿子张树年随同张元济观礼。据张树年回忆:"公园草坪中央搭建阅兵台,台上都是各国高级将领及使领馆外交官员,两旁是来宾席。阅兵典礼开始,以马队为先导,继之步兵、炮兵、海军,各兵种齐全,最后是装甲车队,好像还有坦克。坦克是第一次世界大战中出现的新式武器。当时我才12岁,似懂非懂,看得十分高兴。父亲与来宾席上不少熟人一一招呼。典礼两小时后结束。"① 第一次世界大战是欧洲历史上破坏性最强的战争之一,一战和平纪念日是欧洲非常有意义的一个纪念日。1936年11月11日是一战休战第18个纪念日,侨沪英、美、法等国军人和官民,举行各种纪念仪式。法侨热烈庆祝和平纪念会,法国驻华大使那齐亚到沪主持,在法国公园举行盛大的阅兵典礼并授予相关人员勋章:

> 昨日上午八时四十五分,法大使那齐亚氏在顾家宅公园检阅防军警队。参加各部队,由防守司令贝尔茅中佐及法租界警务总监法勃尔少校引见,参加部队为海军一队、殖民地陆军第十六团第二营、义勇军一队、坦克车队、得军功勋章人及志愿军人代表团(以上部队由杜特少校指挥),警卫队四队、机器自由车队、预备队、自由车队、俄捕队(以上部队、由法租界警务处副总监盖勃尔指挥)。检阅时由那齐亚氏,授给勋章与下开人员:
>
> (甲)防军方面授勋章者:上尉来贝劳尔,法国荣誉章;中尉杜鲁,法国荣誉章;上士哈东,军功章;上士居林,军功章;一等兵季司来,军功章。
>
> (乙)警务方面授勋章者:西捕比纳里,公董局章(按该西捕曾于听见警笛声后,即至发生劫案地点,并与被迫之二盗互相开枪后,得将该两盗一人打倒,一人拘获);越捕正目阮家端,(授安南二等银质荣誉章);越捕正目阮惠青,(同上);越捕副目阮文勉,(同上);越捕阮文

---

① 张树年:《张元济往事》,东方出版社2015年版,第54页。

巨，(同上)。①

此外，法国驻沪总领事马杰礼也曾于1941年5月15日，为即将退休的法租界公政处长劳易尔在公园举行了盛大的检阅活动，对其进行嘉奖，并为其颁授奖章。

兆丰公园园址广阔，园之西北隅，自1927年以来为英国兵所盘踞，营房栉比，占地数十亩。游人常见赳赳武夫，荷枪实弹，整队出巡，时常在园中操演，有华人因好奇从篱罅窥看，辄遭严厉训斥。遂有游人不禁感叹：兆丰公园纯属我国土地，而外侨竟傲然自大，目无中国，恣意横行，公然无忌，吾国人生息其旁，不禁触目惊心。观此一地，足概其他。

租界举行一系列军事操演活动，一方面是为了庆祝节日或者重大政治、社会事件，以增强侨民的国家认同感和民族认同感；另一方面也体现了半殖民地色彩，是在彰显、炫耀武力，加强对租界的牢牢控制。黄浦江上长期停留有外国的军舰，租界也长期存在准军事化组织万国商团等军事武装，名义上是保护侨民，实际上充当了维护租界当局统治的角色。

---

① 《昨日欧战和平纪念法大使那齐亚检阅驻军》，《申报》1936年11月12日。

第四章 公园与社会教育

第一节　民众教育馆

上海为远东第一大商埠，西风东渐下社会教育逐渐兴起。自清末首倡通俗教育机构，民国初年又成立以"开通民智、改良风俗"为宗旨的通俗教育馆，提倡社会公众教育，传播科学文化知识，借以提高国民素质。此后十余年间，虽未有较大成效可言，但已为进一步建立地区综合性的民众社会教育机构奠定了坚实基础。

"民众教育馆"是一个新名词，它伴随着民众教育的兴起而诞生、发展，是近代中国实施社会教育最重要的机构。到1928年，经南京国民政府第四中山大学（后改为中央大学）教授兼扩充教育处处长俞庆棠提出并大力推行，民众教育馆由江苏推广到全国，在推进民众教育方面发挥了巨大作用，为社会所广泛认可，俞庆棠也因此被称为"民众教育的保姆"。

1924年，上海文庙洒扫局董王慕结提出改建文庙公园的创议，其目的不仅是给市民提供一个游憩的场所，更多出于一种开放文庙以使儒家文化传布民间的期待，为另一种方式的尊孔。1928年，上海少年宣讲团发起人汪龙超致函市长张定璠，提出文庙地处沪南中部，占地广阔，有泮水之池、魁星之阁，明伦堂可作公共演讲之用。不久，市民尹勇等十一人呈文市府，极力赞同将文庙开辟公园之议，认为沪南文庙内有魁星阁、泮水池、明伦堂，明伦堂可作演讲之所，以此宣传三民主义，既可将党义灌输民众，又可表示尊孔，供人游览，达社会教育之目的。从王慕结的创议，到汪龙超、尹勇等前后向市府的呈文可知，将文庙开辟为公园之议，从一开始就出于教育民众的目的，期待文庙公园承担广泛的社会教育功能。

1931年，为增进民众知识，提倡高尚娱乐，上海市教育局筹备建立一个完善的市立民众教育馆，并派该局第四科陈端志、杨佩文到南京、镇江、无锡等地参观学习民众教育馆的组织和实施方法，以资借鉴。是年底，上海市教育局将文庙公园内的市立明伦小学辟为上海市立民众教育馆,不久又将文庙公园内的尊经阁改建为上海市立图书馆。1931年12月27日的《申报》记述了民众教育馆和图书馆的改建情况:

> 南市文庙路蓬莱市场附近之文庙改筑公园,设立民众教育馆及图书馆,自经本年二月间上海市政府令饬市工务教育两局,会同设计进行改筑,成为教育化之公园,最近园内工程方面已大部就绪,在东隅前明伦小学之校址,改筑民众教育馆,日来亦将准备动工改造图书馆,定于一月十日开幕,公园正式开放期,明年二月底或可实现,其建筑经费悉由市府指定教育款项下之经费拨付。闻图书馆连筑费用在二万四千元,一切改筑工程约需一万余元,待筑中之明伦小学近估改筑费为八千元,新建之图书馆定于明年一月十日开幕,任市民观览。最近教育局特向各书局购就古今图书一万二千余册,现正分类编目,将于开幕期前筹办竣事,至文庙开放期,故在二月底教局即通令正式开放。民众教育馆之组织,计分总务组掌管会计文书及庶务事宜,演讲组举办各种学术演讲、通俗演讲,编辑组编辑各种民众读物及通俗图画,展览组展览各种史地博物艺术模型,卫生组指导民众注意卫生及参加运动事宜。①

1932年初,日军发动一·二八事变,民众教育馆建设事业受到影响,暂行停顿。到4月间,继续筹备,积极推进。1932年6月1日,上海市立民众教育馆及市立图书馆在文庙公园正式成立开放。民众教育馆是上海实施民众教育的中心机关,设馆长一人,最初由上海市教育局第四科科长李大超兼任,不久由杨佩文接替,1933年又由陈颂春担任馆长。该馆以公民教育为中心,以实际生活为根据,初设总务组、演讲组、编辑组、展览组、健康组,后根据实际情况,1933年改设总务组、展览组、教导组、演讲组、康乐组。各组设主任干事一人,干事若干人。后来,馆内附设民众学校,还添设民众常识顾问处,内分常识、法律、医药、家事、升学等部分。

---

① 《文庙公园图书馆定期开幕》,《申报》1931年12月27日。

文庙公园图书馆　　　　　文庙公园卫生标本室

上海女中幼稚师范科参观市立民众教育馆合影

1933年12月，上海市政府颁布了《上海市市立民众教育馆组织规则》，这对民众教育馆的发展起了重要作用。该规则还对民众教育馆的内部组织重新作了规定，分为总务组、展览组、教导组、演讲组和康乐组，并公布了各组所属事项。

　　一　总务组：庶务、会计、文书及不属于其他各组之事项属之。
　　二　展览组：标本、模型、古物、书画、照片、图标、雕刻、工艺、革命纪念品及各种产物等之陈列阅览事项属之。

三　教导组：民众学校职业传习班、民众阅书报室、儿童阅书室、巡回文库、民众通问及编辑民众读物、通俗图书及其他关于社会教育刊物等事项属之。

四　演讲组：学术演讲、通俗演讲、巡回演讲、化装表演及其他宣传事项属之。

五　康乐组：民众体育、民众卫生、民众娱乐、儿童游戏及其他运动或国术清洁或防疫等之提倡指导事项属之。①

与民众教育馆同时成立的市立图书馆，由尊经阁改建而成，为上海最早的市立图书馆。1932年初，馆藏书籍约有2万册。图书馆正式开放之前，文庙公园先进行了非正式开放，两日之内参观民众竟达万人。《申报》作了大胆预测："闻文庙公园及图书馆开放期定本月二十五日准备启，放任民众游览，从此沪上已增一民众教育化之游息园林，以园址位于市中交通利便之处，春秋佳日，预料游客必众。"②

事实确如报上所预料的那样，文庙公园图书馆地点适中，交通便利，常常满座。又如《上海报》所述："每日往馆阅书的人，总是络绎不绝，所有座位，无时不宣告客满，尤其是楼上的杂志室和阅报室，更形拥挤，每晨馆门一启，一般守候门外的好学青年，便奔向楼去，抢先借阅最新出版的各种杂志报章，因座位和报章杂志有限，致后到者常抱向隅之感。"③图书馆的设立，为市民读书看报、增强智识提供了一个理想的场所，平均每日到馆阅读的大约有六七百人。该馆整天地开放着，办理入览证后，任何人都可以进去浏览图书杂志和当天的各种报纸，冬天有热水汀管，暑天有电风扇，很是惬意。1936年9月，位于江湾的上海市图书馆开放，市立图书馆并入市立民众教育馆，成为其中的一个图书阅览室，并委任徐则骧任民众教育馆馆长。

---

① 《上海市市立民众教育馆组织规则》，《上海市政府公报》1934年第140期。
② 《文庙公园图书馆启放有期》，《申报》1932年1月16日。
③ 王志钦：《文庙图书馆》，《上海报》1936年10月26日。

改造后的文庙公园,化身为一个教育化的公园。民众教育馆、图书馆开放后,一·二八战绩展览室、阅报室、儿童阅书室、祀孔彝器陈列所、健康教育展览室、民众娱乐室等相继开放,在陶冶市民、教育市民,增进市民之智识,以及培养民众一种积极向上的精神和意志等方面发挥了积极作用。各界在民众教育馆举办了众多活动,其中有很多是市民直接参与的活动。据统计,民众教育馆1933年度(1933年7月至1934年6月)的事业概况如下:

上海市立民众教育馆1933年度事业概况[①]

展览组		教导组		康乐组		演讲组	
事项	参观人数	事项	刊物册数或阅览人数	事项	会员或参加人数	事项	听讲人数
健康教育展览室	1 445 515人	新民	13期	口琴队	会员43人	巡回演讲14次	6 700人
一·二八战绩展览室	990 265人	儿童图书室	1 700本,阅书人数42 489人	口琴传习班	会员24人	通俗演讲103次	31 250人
公民教育展览室	631 684人	民众学校	共办两届计九班学生414名,毕业生195名	口述传习班	会员42人	播音演讲45次	
祀孔彝器陈列所	283 758人			弈棋研究会	会员17人	化装演讲23次	1 350人
中心运动展览室	155 095人			国乐队	会员15人		

[①]《市立民众教育馆概况统计表》,《上海市教育局教育周报》1935年第279期。

（续表）

展览组		教导组		康乐组		演讲组	
事项	参观人数	事项	刊物册数或阅览人数	事项	会员或参加人数	事项	听讲人数
				平剧队	会员 20 人		
				儿童乐园	每日平均约 300 人		
				改良说书	每日平均约 300 人		
				音乐室	每日平均约 50 人		
				弈棋室	每日平均约 34 人		
				民众远足会	参加者 11 人		

　　由上表可知，1933 年度，民众教育馆开展的各类活动中，健康教育展览室、一·二八战绩展览室、公民教育展览室、祀孔彝器陈列所、中心运动展览室等事项，共有参观人数 350 多万人，与当时上海的总人口基本相当，在推广公民教育、生计教育、健康教育、艺术教育等方面发挥了重要作用。口琴队、国乐队、平剧队、改良说书、口琴传习班、口述传习班、弈棋研究会、民众远足会、儿童乐园等事项，亦有不少民众入会或参与。除播音演讲外，巡回演讲、通俗演讲、化装演讲等事项共举办 140 次，听讲人数 39 300 人，平均每场演讲听众约为 280 人。演讲作为一种迅速传播思想的口语宣传方式，对民众道德观念的改变，尤其是对那些识字不多不能独立阅读书籍报刊的人来说，更加直接、有效。

　　演讲是民众教育馆开展社会教育、普及公民常识的重要手段之一，在普及民众教育过程中发挥了重要作用。民众教育馆时常利用周六、周日民众休息时间举办通俗演讲，听者踊跃。据报载：

> 上海市立民众教育馆所举办之通俗演讲，目的在灌输民众普通常识，施行以来成绩良好，近以时局紧张，为灌输民众政治意识起见，特拟就通俗演讲之中心讲材，内分日本研究、国际政治、军事常识、公民训练等多项，分别讲述，至演讲日期，仍定每星期六及星期日下午二时起举行，此外每日尚有时事报告，听者甚形跃跃。①

通俗演讲的目的除增进民众普通常识、改进日常生活之外，还举办一些时事报告和主题报告。演讲者一般由民众教育馆的职员担任，或是邀请知名的社会人士担任。如1933年3月，出席国际联盟会中国代表团秘书吴凯声博士，受邀在民众教育馆演讲"今后我国应有之外交方针"，向民众介绍今后国家外交情形；1937年3月，本市名流、章渊若博士在民众教育馆演讲"纪念上海节之四大意义"，向民众阐述设立上海节的重大意义。

儿童是国家的未来，是民族的希望。民众教育馆十分重视儿童知识教育和健康教育，对于儿童设施建设不遗余力，除已建设的儿童图书馆和举办的儿童演说竞赛外，1932年底特别在文庙公园内划出草地一方，围以短篱，积极建设幼童乐园，内容设备除一切儿童玩具外，另敷设铁轨，并定置小火车、铁甲车、坦克车等多种，俾于娱乐之中，实施军事教育。1933年3月，为提倡儿童教育，启发儿童智识，民众教育馆又筹备儿童生活指导展览会，于4月4日儿童节开放，内容陈列关于儿童衣食住行之模型图表，以及合乎教育意味的儿童用具等。此外，还成立了上海市立民众教育馆儿童读书会，以鼓励儿童读书的兴趣，改善儿童读书的方法，促进儿童养成互相合作的习惯，民众教育馆则为儿童提供读书指导、读书竞赛、读书测验、读物的供给和介绍等。

文庙公园还举办了一系列具有社会教育意义的活动，如识字运动宣

---

① 《市民教馆革新通俗演讲》，《申报》1933年3月6日。

传大会、卫生运动大会、卫生展览大会、新生活晚会等,这些活动都在民众教育馆举行,民众教育就这样潜移默化地融入了公园的活动当中,发挥了陶冶市民、教育市民的功能。

1933年6月6日至7月2日,为唤起市民注意夏令卫生,增进市民健康教育,市立民众教育馆特举行夏令卫生运动,包括举行卫生展览、卫生巡回、通俗及化装演讲,设立临时施诊处组,召开馆邻联谊会,举行卫生说书及夏令卫生播音大会等多项活动。是年8月16日至18日,民众教育馆举行识字运动宣传大会,每天上午九时起至中午十二时止,有演讲、音乐、歌曲、化装表演等节目。16日为宣传大会第一天,馆长陈颂春报告开会宗旨,市教育局代表陈广陵及少年宣讲团汪龙超先后演说,当天600余人到场。第二天有1 000余人到场,由该馆教导股主任黄预才及干事黄建平演说后,即开始游艺,其节目为连环歌曲,由馆长陈颂春及职员担任,将不识字之病苦及识字之重要,以各种诙谐的改良小调尽情表演,听众均颇为满意。接着由该馆健康股沈植三、钱学铭等表演双簧,哭不识字人,演来丝丝入扣,颇觉有味。最后由该馆全体职员表演化装演讲,将不识字人受尽种种压迫表现得淋漓尽致,直至下午一时余观众始散。第三日,邀请滑稽大家韩兰根表演,并有钢琴独奏、大套琵琶弹奏等节目,到场者亦颇多。

诞生于一·二八抗战烽火之下的民众教育馆,将培养民族国家意识赋予到公民品格之中。1934年1月28日,为唤起民众爱国意识,激发民族精神,上海各界在民众教育馆举行一·二八事变两周年纪念活动。当天,有挂图演讲和化装演讲,一·二八战迹展览室也整日开放,参观者尤众,无不对陈列的日军六百磅飞机炸弹感到极其愤慨。据《申报》载:

> 上海市立民众教育馆于昨日下午二时,在该馆演讲厅举行沉痛之一·二八纪念,到界民众千余人,会前特鸣警钟一百二十响。开会如仪后,由该馆馆长陈颂春致开会词,报告一·二八暴日蹂躏淞沪之悲惨经过,及今后纪念一·二八之方针。继举行挂图演讲,题为日本侵略中国

史。最后由该馆国术团表演国术"自强不息",及化装演讲"为国牺牲",十余观众,无不动容。又该馆一·二八战迹展览室,昨日全日开放,观众尤为拥挤,而对于所陈列之六百磅飞机炸弹莫不愤慨异常也。①

1936年6月15日,经上海市卫生局、新生活运动促进会与其他各机关团体精心筹备,上海市第十五届卫生运动大会在文庙公园民众教育馆开幕。本届卫生运动大会较前规模更大,名誉会长吴铁城,名誉副会长杨虎、潘公展、吴醒亚、蔡劲军、俞鸿钧、童行白,及会长李廷安等为主席团,吴铁城为展览会剪彩。会场布置紧凑而有序:

> 此次大会假民教馆为会场,范围既大,且有林木之美,平日游人如织,参加者当必拥挤,现各处布置,经日夜赶工装设,轮奂一新。计大门搭盖简单彩牌,悬书"上海市第十五届卫生运动大会"字样,进内搭木板牌坊二,由吴市长题"保我康宁",李局长题"强国之基"各四字,大成殿右面之国术场搭盖席棚为卫生署、卫生局出品展览,图书馆旁之儿童足球场为工部局卫生处出品展览,再旁为牙医公会展览,演讲所为大会会场,开幕典礼及每日表演活动俱在此处。大会筹备会以恐会场较狭,已另装播音机一架,使音浪达于户外各处,又其余各走道空隙,俱设临时商店,展览卫生货品,布置极紧凑而有秩序。②

为促进市民注重卫生及增进卫生常识起见,同时举行卫生展览大会。会场展览卫生出品逾5 000件,分妇婴卫生、学校卫生、工厂卫生、疾病预防、齿牙卫生等五部分,所列图表模型、标本极为醒目,民众受益极大。

3月21日为国民革命军光复上海纪念日,为深刻纪念该节日,1937年经市参议会建议,市政会议通过,定是日为"上海节"。为唤起全市市

---

① 《市县两民教馆 沉痛纪念一·二八》,《申报》1934年1月29日。
② 《本市十五届卫运今晨在民教馆开幕》,《申报》1936年6月15日。

第十五届卫生运动大会全体宣传队出动之情形

第十五届卫生运动大会参加者合影

齿牙卫生展览

民的注意,市政府通令节日当天全市一律悬挂国旗志庆,所有市中心区各机关一律开放,中小学校劳务展览会亦开幕。

1937年3月21日,上海各界在市立民众教育馆举行首次上海节纪念大会,仪式异常隆重,该馆内外布置一新,参加纪念活动者有千余人。徐则骧任主席,汪春溪、刘瑞昌记录,并由章渊若演讲上海节之

1937年上海节民众教育馆举行演讲会

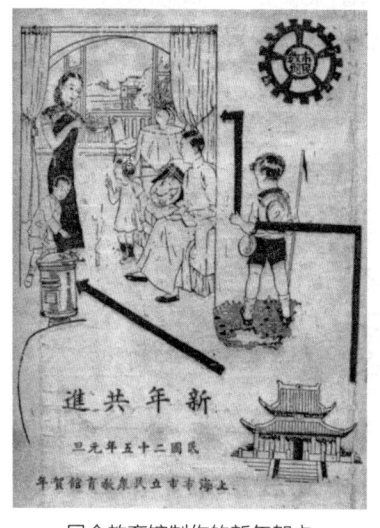

民众教育馆制作的新年贺卡

四大意义,谓上海节有一种革命的意义,有一种社会的意义,有一种教育的意义,有一种自力的意义等。市政当局想利用上海节来改良风俗、革除神权,以勤工、勤农、勤商、勤学为主旨,鼓励市民敬业、乐群、亲爱、团结、互助、合作、奋发、生产、活泼、乐观、进取,以这种种精神情绪,使上海社会中的每个人都有欣欣向荣的气象,使上海的士农工商都能发达起来,以新的风俗制度代替旧有神权时代迷信的迎神赛会风俗,意义非常深远。

文庙公园幽雅的园林景观和浓厚的文化气质,为公园增添了独特的观感。该园开放后不久,民众的喜爱之情即溢于言表,不禁发出了"这才是公园""这是大上海仅有的公园"的感慨,表达了对文庙公园很高的期待:

有人说：法国"花"园是个半老底徐娘，兆丰"花"园是个妩媚底小姑，外滩"花"园是个热情底少妇。我们底文庙"公"园呢，是个学者。

真的，在文庙公园，不仅使你感到空气的新鲜，他还会告诉你说，这是什么花或什么树，属于那一类那一科的。并且，在一·二八纪念室里，你可以见到六百磅的重量炸弹，你可以见到忠勇健儿用铁血换来的种种战利品，你可以见到那些畏死的兽类的护身符，在这里，你会听到卫国健儿悲壮底呼号，在你耳畔重复的喊叫。其他，他会告诉你祀孔的用具和一些普通的卫生常识。

在那儿，有一座富于东方美的官殿式的图书馆，内部的整洁，将使你感到无上的愉快：我想：在这优美的环境里，捧着书静静地读着，真是椿再好不过的一回事。①

文庙公园不仅有花草树木、亭石池沼，还有图书馆可供阅读书报，陈列室里也陈列着一·二八事变的种种战利品和各种模型古器等，美丽景色与文化教育自然地融入了民众的日常生活中。文庙公园及民众教育馆深受市民喜爱，时有资料反映该园与当地居民生活的互动："南市居民，在他们业余的时间想换换新鲜空气的话，唯一的恩地，就是文庙。里面有图书馆，运动场，花园，民众教育馆等，在这里可以怡心畅怀，更可在无形之中增加不少的智识。进去又没有什么限制，不像租界的各公园一定要长期券，或者出二毛钱，买了票才得进去，真是一个最好休憩地点。"②

全面抗战爆发前，有市民到文庙公园参观了图书馆、展览室、演讲厅、播音室等场所，对此留下极其深刻的印象，不惜笔墨写下了详细的游览体会。他回忆道：

图书馆就整天开放着，任何人可以进去浏览图书杂志，及当天的各

---

① 《关于文庙公园》，《申报》1932 年 10 月 2 日。
② 尼生：《文庙与文庙"公园"》，《上海生活》1937 年第 1 卷第 6 期。

种报（公园大门旁边，也还有两面的报架，放着各种报，也不断的挤满了一大堆人）。不过要领入览证和经过签名的手续。在里面坐上几个钟头，该怎样地舒适，琳琅满架的书报尽你自由翻阅。大寒天，他们有热水汀管，酷暑天，他们有电扇装置。还有一种借书证，这先得付下代价，凭这张证可以借阅各种门类的书籍，有"巧笑倩兮"的女职员为你司授纳。在这里，也可以看出接触纯粹的祖国风光是美丽的、幸福的。儿童有"儿童图书馆"，在傍进大门不多远的一个地方。大门向右转过去的极东角，大约是博物室（记不起确切名词了），里面陈列动植物的标本，有一条巨大的鳄鱼，这制成功该经过怎样劳苦的过程呢！这个展览是分开了男和女的，譬如今天是男子阅览期，那明天才是女子阅览期，这中间是一点也不能混杂的。出来向南转了一个弯，还有一小间普通常识标本的陈列室，一个清水池塘边涯，大字横额着"演讲厅"，长期开放着给听众听讲，关于社会政治经济以及说书和弹词都有。有一个时候，我顺便看见在教学歌唱，那激昂而雄壮的旋律，是一支前进的曲调。公园大门顶端装着一个扩大机，雄壮的歌声从扩大机里散播出来，会震荡着每一个游园的青年人的心的。①

1937年7月抗日战争全面爆发，图书馆被日军炸毁，民众教育馆也停止活动。1943年3月，汪伪上海市政府在民众教育馆原址内成立上海特别市实验民众教育学院，但有名无实，不久即处于半停顿状况。抗战胜利后，国民政府接收和恢复了市立民众教育馆并成立了大场、高桥和洋泾分馆。1949年上海解放，市军事管制委员会政教处接管市立民众教育馆，改名为上海市沪南群众文化馆，继续开展群众文化活动。

文庙公园既娱民众、又开民智，以"游学一体"为其重要的办园宗旨，不仅给民众提供一个游憩的场所，而且大力推进社会教育，宣扬家国理念。民众教育馆内举办的丰富多彩的活动，既丰富了市民的业余生活，也将社会常识、现代知识以及新的生活方式、生活态度、生活技能

---

① 华子：《劫火话城南（续）》，《上海生活》1938年第2卷第4期。

等融于娱乐休闲活动之中，潜移默化中提高了广大市民的素质，一定程度上达到了增进市民智识、改善市民生活的成效。

第二节 体 育 运 动

上海是中国近代体育的发源地，是体育传播的一个重要基地。上海开埠后，大量西方侨民来到上海，他们在租界成立体育组织，建设运动场地，开展体育活动，西方体育从而开始输入上海。

最初，体育运动是作为外侨的休闲娱乐方式出现的，其中最有影响的是每年春秋两季举行的赛马，还有跑狗、划船、回力球赛等，每次活动观者人山人海，甚至还有人专程从外地赶到上海来观看。随着在沪外侨人数的增多，各类体育运动竞相亮相，以后陆续开展网球、足球、棒

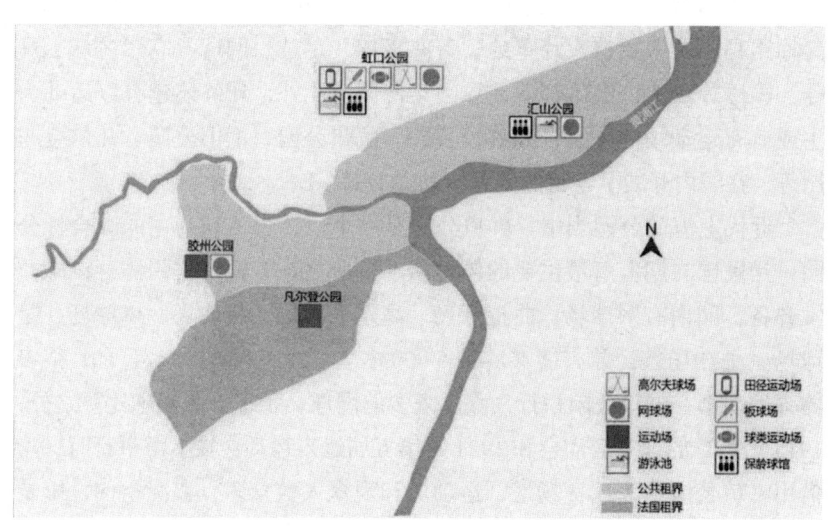

上海租界公园中的运动场地①

---

① 刘欣雅：《晚晴至民国时期上海租界园林与天津租界园林的异同》，北京林业大学 2016 年硕士学位论文。

球、板球、曲棍球、高尔夫球、草地滚球、田径、游泳等体育项目。

外侨在开埠之初,就着手建设运动场地。1850年,以英国人为主的一些侨民在今南京东路以北、河南中路以西、山西南路以东,购农田80余亩,开辟了第一个跑马场,作跑马和开展体育运动之用,场

国术练习班在外滩公园晨练

地中间设有草地滚球场,遂被称为抛球场或老公园,它是租界开辟的第一个公共运动场地,第一次赛马就在那里举行。1854年,又在今西藏中路、浙江中路、北海路一带,低价买进170余亩土地,辟建了第二个跑马场。1863年,在今人民公园、人民广场的范围辟建了第三个跑马场,又称跑马厅,中央有大片草地,备有板球、足球、网球、高尔夫球、马球、棒球等场地,供体育运动或阅兵使用。此外,外侨还建有以运动为主或兼有运动场的公园,如虹口公园、胶州公园、汇山公园、凡尔登花园等,在园内开展了丰富的体育活动。

近代上海的公园当中,虹口公园是一个以体育活动为主的综合性公园,是民国时期上海最主要的体育活动场所之一。虹口公园体育设施非常齐备,园内有网球场、曲棍球场、高尔夫球场、板球场、棒球场、足球场、垒球场等,并有能够容纳5000多名观众的移动式木看台,很多体育运动都在虹口公园举行。除了众多的网球、足球、曲棍球比赛之外,1915年第二届远东运动会和1921年第五届远东运动会在上海举行时,均借用虹口公园作为比赛场地,运动员和观众人数众多,盛况空前,影响很大。

1911年,中国、菲律宾、日本三国体育界人士发起成立"远东体育运动协会"。协会议决,每两年一次轮流在各大城市举办远东运动会。1913年,第一届远东运动会在菲律宾马尼拉举行。1915年5月15日至

22日,第二届远东运动会在上海虹口公园举行,中国、日本、菲律宾等国参加。在租界当局的协助下,这是我国第一次举办远东运动会,也是首次举办较为大型的国际运动会,当局颇为重视,政府官员、地方名流等纷纷捐款资助,袁世凯大总统、黎元洪副总统也分别捐助了2 500大洋和1 000大洋。

赛前,报界不时介绍远东运动会的筹备情况,诸如赛场之建设、运动员之选拔、评判员记分员之聘任、比赛项目之设置等。据4月15日的《申报》介绍:

> 中日菲律宾三国体育家将于本年五月十五日至二十二日,在上海新靶子场公园举行第二次运动大会。今方从事筹备,其小史曾志前报,兹悉此次开会其节目为:百码、二百二十码、四百四十码、八百八十码及英里赛跑,二百二十码低栏赛跑,一百二十码高栏赛跑,高跳、远跳、撑篙跳、掷铁跳、掷十六磅铅球、半英里、一英里替换赛跑,八英里长跑五种运动,四十码、二百二十码、四百四十码泅泳,十英里、二十英里脚踏车赛跑,网球、棒球、篮球、足球。远东运动会举行之后,继续举行一万国运动大会,不限定中日及菲律宾代表,凡中西各国体育家均得预赛,其节目与前大致相同。闻日本此次选定代表有一棒球队,并有著名网球家四人,赛跑家多人。菲律宾除各种运动均有代表外,另派一妇女棒球队,均十四五岁之少女。中国体育代表如檀香山华侨之棒球队,香港华人之泅泳家及各处童子斥候队之演技均属特色。①

《申报》还有报道说:"此次大运动会,开中国自古以来未有之奇观。"一时间,远东运动会成了民众茶余饭后的热门话题。5月15日下午,第二届远东运动会隆重开幕,中外来宾2 000余人出席。先由远东体育协会会长伍廷芳宣布开幕,继由沪海道尹兼外交部特派交涉员杨小川代表大总统袁世凯宣读祝词,再由副总统黎元洪的代表、第二届远东运

---

① 《再志远东运动大会之先》,《申报》1915年4月15日。

动会会长王正廷致辞。军乐声欢呼声中，各国运动员列队环行一周，日本运动员居前，中国运动员作为东道主殿后，环行毕即开始举行各种比赛，有田径、游泳、自行车、排球、网球、棒球、篮球、足球等8个大项目。中国派出的选手有200余名，参加了所有项目的角逐，菲律宾派出了90多名运动员参赛，而日本帝国主义在1915年初提出了妄图灭亡中国的秘密条款"二十一条"，导致中国与日本关系极度恶化，日本舆论要求本国运动员不要参赛，最终只派出了8名运动员象征性地参加了本届运动会。中国队是本次远东运动会的最大赢家，在田径、游泳、足球、排球等4个大项中获得第一，占了大项目总数的一半。此外，还最终以93分的绝对优势，荣获总分第一名；菲律宾得72分，排第二名；日本队只有32分，位列第三。本次运动会，中国观众热情高涨，每日往观者有六七千人，闭幕那一天观众有2万余人，运动场几无可容身之地。其间，上海各学校放假，圣约翰大学、沪江大学、复旦大学等高校放假一周，中小学校也放假三五天，便于学生前往观摩。

  1921年5月30日至6月4日，第五届远东运动会亦在虹口公园举行。1920年，国际奥林匹克委员会将远东体育协会纳入其统一管理之中，委派葛雷担任奥委会委员，并担任第五届远东运动会总干事，负责本次运动会的组织事宜。5月30日下午举行开幕式，适值天雨，来宾和参观者约有万余人。葛雷在开幕式上致辞。入场时，香港青年会军乐队为前导，其次为菲律宾运动员，接着为日本运动员，最后为中国运动员。童子军到者有2 500余人，其中外埠500余人，本埠各校有2 000余人，绕

第二届远东运动会二百二十码低栏赛跑

第五届远东运动会撑杆跳高决赛

第五届远东运动会三千人团体大运动

场一周后分队排列运动场中。在这当中,女童子军计有三队,平日均训练有素,精神面貌昂扬向上,真有与男童子军并驾齐驱之概。开幕式结束后,由上海公学、第二师范、中华职业、民立、澄衷等十余团体组成的3 000多名中小学生进行了体操表演,足见本次运动会气势之宏大。

本届运动会还增设了冲水前进、潜水游泳、奇态游泳、水底拾碟等娱乐性较强的游泳比赛项目。运动会期间,有女学生1 000余人在运动场表演游艺,有棒球操、游泳操等,流丽顿挫,极为美观。《申报》云:"从来女学界对于运动大会素未参与,此为第一次,诚足以表示女子运动之精神,而引起社会对于女子体育之注意。"此次运动会,不仅是女子运动之发轫,更提倡了一种新风气,将体格强健作为人格的基础,也将自立自强作为一种社会的风气予以宣传。最终,中国队位列总分第二,其中篮球首次夺得冠军,杜荣棠一人夺得五项运动第一和掷铁饼第一,袁庆祥获得跳高第一。菲律宾运动员在本次运动会上表现优异,以总分第一的成绩夺得冠军,日本队位列第三。

除了大型的运动会之外,也有很多小型的运动会和体育比赛活动在虹口公园举行。1920年,日本侨民在虹口公园举行运动会,有4 000多人参加,一名日本选手打破8公里长跑的远东记录。西人体育会多次举办四英里越野平方赛、六英里越野锦标赛、七英里越野锦标赛、江湾体育赛跑、中西混合越野跑等各种竞跑项目，都在虹口公园起步或以虹口公园为终点。1934年6月2日，西人体育会主办的上海女子公开运动会在虹口公园田径场举行，比赛项目有跳高、跳远、接力赛、跳栏、竞走、撑杆跳、标枪、铁饼等十余项，参加的西人女子当中以英美人最多，中国仅工部局学堂教员陈咏声、朱志勇、张谷石三人参加。最终英人汤姆逊获得个人第一，中国代表无一人获奖，但这对女子体育运动的推广和女子进一步进入社会有着良好的推动作用，对倡导妇女解放也起到促进作用。

参加江湾越野赛跑的中外选手由虹口公园出发

民间社团是一支重要的社会力量，在近代中国救亡图强的时代背景下，往往又肩负着巨大的社会责任。白虹田径队是近代上海非常著名的田径团体，成立于1930年8月，由原虹口田径队改组而成，"白虹"之名取自"白虹贯日"之意，正队长为陈虚舟，副队长为周余愚。成立的当年，周余愚又一次夺得上海万国竞走赛个人冠军，为国人争了光。至1931年，白虹田径队已拥有多位田径名将，包括百米全国纪录保持者程金冠、铅球名将陈宝球、撑杆跳名将符保卢等，白虹队名声大噪。白虹田径队成立后不久，第一次练习便是在虹口公园进行的。1931年3月，

白虹田径队在虹口公园举行第四届运动会

白虹田径队在虹口公园举行了第一届运动会，同年12月，又在虹口公园举行第二届运动会，以后常假虹口公园举行运动会，虹口公园几乎成了白虹田径队的运动基地。1933年11月，白虹田径队与俄侨、日侨在虹口公园举行三角运动会，观众有数千人，场内外满坑满谷，气氛异常热烈。精武体育会源于霍元甲在上海创办的精武体操学校，以强国强民强身为宗旨，是中国近代体育史上具有深远影响的民间团体。1936年4月19日，精武体育会举办三万公尺江湾长途接力赛，参加者计有十一个队，在虹口公园起步，终点亦设在虹口公园内。1936年12月20日，虹口越野队主办的两万公尺长途赛跑，在虹口公园起步，回进虹口公园西大门，终点设于花厅前。

1936年5月，在沪印度侨民假虹口公园举行运动会，这对上海民众来说，是一件新鲜事。印度人在上海是一个特殊的群体，上海租界存在时期，印度是英国的殖民地，上海印度人大都是作为英国殖民地人而来的，他们的职业大都是当巡捕、看门人或开店经商，在马路上、公园门口常常能够看到"红头阿三"的身影。据熊月之先生的统计，1851年上海有21名印度人，1900年为296人，1915年超过千人，为1 009人，1935年最多，为2 341人。1936年5月3日，在沪印度侨民假虹口公园举行运动会，参加的侨民有三四百人，节目有脚踏车比赛、婴孩比赛、音乐抢椅比赛、三足赛,以及短跑、跳远、铅球等。会场的中间陈列着一张摆满奖品的桌子,桌子上摆放了很多银盾和银花瓶,还有很多有趣且非常实用的奖品,如阳伞、钟表、热水瓶、书包、毛巾等。上海与其他城市的比赛也常常在虹口公园举行,1935年上海与汉口球队在此举行了埠际草地地球比赛两次,与天津球队举行了曲棍球埠际比赛一次。同年,日本法政大学球队与上海本埠球队在虹口公园举行比赛七次。

这些运动项目当中,以足球最为热烈。上海是近代中国最早开展足球运动的城市之一,曾有"中国足球摇篮""远东足球重镇"之称。1850年,外侨在南京东路辟建了抛球场,在球场内练习足球,这是上海最早出现的足球运动。1902年,租界侨民还成立了西人足球联合会,简称西联会,该会组织了很多足球比赛活动。20世纪二三十年代,足球风靡上海滩,虹口公园为沪上足球队的一个重要比赛场地,比赛日便成了球迷们的狂欢节。1926年12月11日,在争夺史高德杯比赛中,中国的乐华足球队与西人的SRC队展开激烈角逐,两队均为有很多球迷支持的强队,最终乐华队以4∶1的比分大胜SRC队,现场观众拥挤如潮,热闹非凡。报载:

> 乐华足球队昨在虹口公园一万五千余观众之前,以四与一之比战胜SRC队,此系西人足球会史高德杯比赛之一幕,裁判员Leslle君。
>
> 乐华威名早已传播申江,盖迭次与中西强队比赛,凡其旗帜所趋,则胜利随之,华人各球队隐然以领袖推之。而SRC者,亦西人足球队中群雄之首,其人才之完备与实力之充足,与乐华相伯仲。故昨日之战,可称中西球队中之巨擘互争霸主之幕也。
>
> 中西人士震于二队之威名,咸不愿失此机会,为其生平之遗憾,由是人数之多,为向所罕见。二时,场之四周已形挤满,后来者竟有向隅之叹,观众精神饱满,秩序井然,谓为虹口公园年来空前之盛举,信不诬焉。①

---

① 《乐华足球队四对一大胜SRC》,《申报》1926年12月12日。

每每到了运动的季节，体育爱好者便蜂拥来到虹口公园。虹口公园开放的次年，到公园打高尔夫球的有5 845人次，其他球类比赛达742场。1914年，共约有3.3万多人次到虹口公园参加各类运动，占年游人总数的18.5%。到了1922年，当年虹口公园游人总数为226 515万人次，其中网球运动人数有37 277人，高尔夫球运动人数有14 453人，足球运动人数有2 222人，草地木球运动人数有2 017人，棒球运动人数有1 636人，曲棍球运动人数有836人，参加各项运动的总人数为58 441人次，占游人总数的25.8%。可以说，公园中每4个游人当中，就有1个是来做体育运动的。当时虹口公园尚未对华人开放，因此参加运动的人主要是外侨。1928年6月公园对华人开放后，参加体育运动的人群更为踊跃，参与的体育项目也更为丰富，体育设施也更为完善。到1932年，公园已有足球场2个，草地滚木球场4个，草地网球场83个，硬地网球场5个，九穴高尔夫球场1个。1933年开展了运动节活动，全年共有5万多人次参加这项运动，虹口公园共举办20次小型运动会，仅足球、曲棍球的正式比赛就超过了400场。在江湾体育场建成之前，虹口公园一直是上海体育运动的主要场地。

1921年，工部局还在园北建造了上海最大的露天游泳池，次年落成启用，又称工部局游泳池。池长53.34米，宽22.86米，并设有男女更衣室、淋浴室、休息棚等，周围铺设草坪，植上花木，并圈竹篱。当时该池实际上只对外侨开放，禁止华人入内。1927年8月28日至9月3日，第八届远东运动会在上海举行，中华运动场承担了大部分的体育比赛，但游泳比赛是在虹口工部局游泳池举行的。1928年工部局游泳池对外开放，为上海最早的公用游泳池，中外人士皆可入内游泳，大受民众欢迎。1931年又增建跳水台、跳板和滑梯，设备趋于完善，并设妇女和儿童专场。

虹口公园游泳池

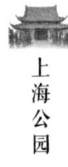

1931年5月,《时报》对虹口公园露天游泳池作了预告,并公布了开放时间和入池条件:

市民在虹口公园游泳池嬉水

虹口公园定五月二十日起,每日上午六时至下午八时开放,惟每逢星期三下午二时至五时,停止开放,专备妇孺之用,门票大洋二角,每本五张一元。小孩年不足十二岁者,非有人率领不得入内,患有传染病者不得入内,长发之妇孺须戴游泳帽,洗浴者,须先经雨霖浴,身服适当之浴衣方可入浴。①

露天游泳池的设备完善之后,华人之往游者异常踊跃,女子亦有不少,这里遂被称为沪上艳闻最多的场所之一。因此,沪上不少报社时常去虹口公园拍摄女明星们、女学生在游泳池旁的照片,并刊登在报纸上,民众关注度很高。

近现代很多研究资料在介绍虹口公园时认为,与其说虹口公园是一个公园,毋宁说它是一个运动场。虹口公园十分宽广空旷,在里面做体育运动的人很多。1919年,日本作家河东碧梧桐在上海游历期间,曾到虹口公园散步,在他眼中那里几乎成了网球练习场,网球是最受欢迎的运动。公园里满是运动的人,且大都是外国人,其中又以日本人最多:

傍晚,拉上友人一起去新公园散步。说是散步,却是坐着马车去的。新公园说是公园,看上去更像是一个铺满草坪的大广场。让人感到惊奇的是,像师团练兵用的大广场上几乎成了网球练习场,而且网球的网都

---

① 《虹口公园露天游泳池开放》,《时报》1931年5月22日。

没有人看管，说明一直都在被使用着。有纯粹在练习的，也有在比赛的，球拍拍打着网球的声音此起彼伏，看上去非常热闹。上海的体育运动似乎是以网球为主的。友人惊叹着说，日本人变得多起来了。因为一般西洋人自己的住宅都带有网球场。或许是我被正在西下的夕阳的耀眼的霞光迷了眼，根本没有想过眼前这几百对的打网球的人是哪国的人，听了他们的话，不由得自己都笑了起来。其实离我较近的这两组人是西洋人，而其他的几十组都是日本的年轻人。在公园内走了一圈，在打网球的人，其中约3成是西洋人，其余都是日本人。①

在夏天，每天早上5点园门就开放了，当太阳刚刚从地平线上升起，公园里已到处是运动的人们，运动氛围十分浓烈。据游人观察：

> 草地上，淡淡地浮着一层薄雾，仿佛披上了轻纱。草地上的晓露，在朝阳里发出耀眼的光芒。薄雾中，远远地隐约着几个赛跑的人们。
> 高尔夫球者，也在广大的草坪上出现。他们踱着的步子是多么地悠闲！就是跟在后面那个背着球杆的人，也觉得他高贵了。
> 拍！小圆的球在球竿上猛烈的弹出，从高空远远地落下，好远啊！
> "哈！让开。""慢慢教。"几个白衣短裤的女运动员正在一排地走，听到后面几个高尔夫球者的呼喊，发出娇声的回答。
> 这是要当心的啊！当心那球会打着你的头。我羡慕这高贵的娱乐者，——高贵的东洋人，西洋人，也有我们高贵的华人。
> 跑道上，那短短的竹篱围着的地方，散满着男女运动员。
> 他们正在练习起步呢！"各就各位，预备。"枪声没有响，几个已经冲出了。"拖（偷）跑，呒（不）算。"原来都是广东人。
> 她们穿着白上衣，蓝短裤；也有穿着白长裤的，裤管上缀着蓝色的线条。不知是那一校的学生，有教师领导着呢！

---

① 陈祖恩：《上海日侨社会生活史1868—1945》，上海辞书出版社2009年版，第391页。

倦了，靠竹栏休息一下吧！流行的歌曲——大路、新凤阳，又在她们甜喉中滑出，像背书一样地熟。同时，远远的一个口琴在跟着歌声抑扬。

男的，练习长跑的居多。齐齐的一排，脚步同着起落。朝阳照着他们壮强的躯体，姿势是多么地健美啊！

沙池的四周，都在练习跳远。大概又是一个女校的学生吧！一个个依次在步位上立定，手荡了几荡，于是向前跳去。拉着软尺的人，给她量距离。"三十八"，"四十"，小姑娘太不中用了，跳得这样没有劲！

两个女运动员背靠背在草地上坐着，一个男子在给她们摄影。大概是她们的教员吧？这是电星的姿势啊！

网球场上，也有几对男女在打球。有华人，也有日人。两个日妇在看着。也许打球的人是她们的 husband 吧？球打远了，她就给他拾来。日本的女子原是那么地柔顺的。

……

在树林里，疏疏落落散着一些个人运动家：有些在练习柔软操，有些在举行深呼吸，有些在打太极拳。——这是中国国粹派的技术，虽然觉得太文雅些，然而他们都是有志之士啊！①

如同虹口公园，胶州公园也是一个以体育为主的综合性公园。公园1935年全部建成开放，呈长方形，东西长，南北狭。中部和东部的体育活动区是一片宽广的草坪，四周环绕宽10英尺的煤屑人行道。东部草坪为足球场地，也可作为橄榄球或棒球场，足球场东边建有容纳千名观众的木看台，场地周围种有各种花草树木。东部和中部有小路分割，路旁植樱桃。中部草地是网球、曲棍球活动的场所。

胶州公园是上海西区最大的体育活动场所，也是租界体育活动的主要场所。特别是上海沦陷后，虹口公园为日本人所占据，胶州公园代替虹口公园，经常举行不同性质的比赛。胶州公园的足球场是上海最好的

---

① 无恙：《早晨的虹口公园》，《灿烂》1935年第1卷第2期。

足球场，使用人数很多，1938年来此参加足球活动的有3 080人。当年，曾有过四场足球比赛同时进行的情形，观众超过5 000人。1940年，工部局年报称："工部局所有游乐场中，此公园游客最多，参加足球的有4 422人，曲棍球1 936人，棒球689人，网球为9 370人。"1941年，已建有33个网球俱乐部，20个足球俱乐部，4个曲棍球俱乐部，12个棒球俱乐部。网球是胶州公园最受欢迎的体育运动之一，租用草地网球场需要严格的程序。工部局发布布告称，欲租用胶州公园草地网球场，须向工务处提交书面申请，要求申请人须为有正当组织之团体，申请书内须有下列内容：1. 团体俱乐部或会社名称；2. 主席或会长姓名；3. 书记之姓名及住址；4. 所有运动员之姓名；5. 所请拨用之场地；6. 上年所用球场数目。租场费用，第一球场至第七球场，每日使用者，每季每场二十五元，间日使用者十二元五角；第八球场至第二十一球场，每日使用者二十元，间日使用者十元。

胶州公园还曾多次举行自由车（自行车）赛，仅1939年就举行过两次。19世纪末，自由车传入中国。在上海最早传播此项有唐露园、颜福庆、颜惠庆、颜德庆等人，他们曾留学欧洲，学会车技，并将车带入国内。民国以后，上海多次举行自由车赛。1939年4月，由上海车会主办的第三届自由车竞赛在胶州公园举行，比赛项目有徐正智纪念盾男子一英里赛和女子一英里赛、初级男女半英里让程赛、老人半英里让程赛，以及警务处华捕一英里赛、警务处印捕一英里赛等，参加比赛的运动员有100余人，有公园派司者可直接入内观看。同年10月，上海车会再次在胶州公园举行自由车竞赛，最重要比赛项目为一英里徐氏纪念赛，还有一英里鱼贯式比赛、二英里接力赛、半英里越障赛，同时现场还有军乐队演奏音乐。

胶州公园也举行了一些田径比赛和运动会。1941年5月，虹口、国联、青青三个越野队在胶州公园举行二英里三角对抗赛，三队实力以虹口越野队最为强劲。同年7月，虹口、国联、青光、青青四个越野队在胶州公园举行接力对抗赛，参加者均为著名长跑能手。10月5日，精武体育会假胶州公园举行秋季运动会，据《申报》介绍：

下午一时起在胶州公园，精武体育会举行之会员秋季运动会。定今日下午一时起，假昌平路胶州公园举行，参加赛员达一百五十余人之多。项目分男女田径赛、国术球类及表演等。其中女子五十公尺及百公尺，男子百公尺及二百公尺等四项，因参加者过多，将举行预赛。女子垒球掷远，参加者计有李韫芝、容淑俭、喜动、王维珍、袁荣津、戴定月等二十人，球类仅网球一项，加入者吴本宏、邓瑞芝、邓瑞麟、邓瑞康、文彦垣、周朝刚、周朝坚，国术方面有少林拳研究团之潭腿，太极拳及八卦刀。个人则有工力拳、羣羊棍、伏虎拳、五虎枪、太标刀等，赛毕将由梁锦堂夫人姚宝莲女士给奖，门票不收，观众可凭公园派司入场。①

此外，汇山公园、凡尔登花园等也都开辟了体育场地，并开展了丰富的体育活动。汇山公园是一个体育活动和休闲游憩并重的综合性公园，呈长方形，运动区位于公园的中部，面积约占全园的一半，全区是一片宽阔的草坪，园内设有多处草地滚球场和草地网球场，是租界侨民进行草地滚球的主要基地。汇山公园夏季体育运动和比赛很多，据统计，仅在 1934 年夏季，入园打网球的有 6 725 人次，打草地滚球的有 2 762 人次。当年在上海举行的 19 次埠际球赛，有 13 次在该园举行。至 1940 年，园内有草地滚球场 5 处，草地网球场 7 处。凡尔登花园原为德国花园俱乐部，一战后期法租界公董局将其作为敌产接收。1917 年凡尔登花园对外侨开放后，不断有外侨申请在此开展体育运动，如打网球、排球等。最初，法租界公董局只允准将园内西部草坪用作体育运动，1919 年陆续在园内建网球场，数量最多时达 18 个，一度还有足球场。

以上这些以城市公园为空间载体的体育运动，最初只有外侨参加，华人大都充当看客的角色，后来华人也积极参与到体育运动中来，并推动近代体育运动在上海快速发展。外侨组织的这些体育运动，并不是为了在中国传播近代体育，而是为了消遣和娱乐，但客观上向国人展现了

---

① 《精武体育会秋运会今举行》，《申报》1941 年 10 月 5 日。

一种文明、健康的生活方式，对上海民众起到了示范和引领作用。这些体育运动体现了较强的娱乐性、竞技性和教育性，不仅可以使民众增强体质、调节身心，还有一些运动会和体育竞赛，赛场上呈现出的那种奋力拼搏、永不服输的精神，也在不断地感染着、鼓舞着民众，促使更多的人重视体育运动和体育教育，这赋予了体育运动某种社会教育的功能。

第二届远东运动会使国民精神大振、信心大增，为唤起更多国民对于体育的兴趣和更广泛的参与，政府当局计划于当年5月26日举行纪念提灯会：

> 吾国对于体育一端向不注意，惟民强则国强，民弱则国弱，故体育为今日所亟应提倡。此次中日菲律宾三国运动家在沪举行远东运动大会，吾国成绩最优，爰择星期三晚（即本月二十六日）举行提灯会，以志此次运动会之纪念，并以唤起大多数国民对于体育之热诚，届时在张园备有远东运动会活动影戏，每人只取资二角，预会各校均请直接与昆山花园四号王正廷君接洽，索取提灯会券为荷。远东运动会谨启。①

当局提倡开展体育运动的目的，主要是针对中国社会现实问题。虽然后来因时局关系，精心准备的提灯会并未顺利举行，但当局对于提倡体育运动以振奋国民精神、提高国民素质，进而促进国家富强、民族振兴的出发点，可见一斑。1933年，中华民国第五届全国运动会在南京举行。我国近代体育教育家郝更生，对以运动会为载体的体育教育非常重视，对本届全国运动会及其带来的积极影响充满了期待，在他看来："五年来，政府与人民深感民族意志之不坚强，辄思从体育方面谋根本之补救……全国运动会就历史言，今将为第五届，纵观历史之进步与收获，可知本届必有较伟大之成功，愿参加同人勿忘国难中举行此会之严重意义，及近代各国注意体育之深远背景，奋勉守法，精诚团结，自强自勉，

---

① 《提倡体育运动纪念提灯会》，《申报》1915年5月25日。

立己立人，则此会将不虚矣。"①

发展体育事业有什么意义，在促进社会教育方面有什么作用？在我国有识之士看来，在国民体格不健全、民族危机日益严重的时代背景下，研究提倡体育之真正意义为：

> 我国国风，南方以温柔著，北方以刚强著，要皆不背正义，不离人道，确有其诚实中正之态度。惜自缠足之风弱我国民之母，鸦片之毒贻我全国之害，今虽渐有觉悟，而体育成绩实远不如人，以致各种事业鲜有进步，于人类互助之义，能实行者殆居少数。吾人欲担负人生应有之责任，贯澈我辈进取之主义，以为群众谋乐利伟大之事业，必基于强固之精神，此则研究体育提倡体育之真意义。彼全世界之研究体育提倡体育者，亦莫不同此意义也。②

共青团中央第一任书记施存统认为，体育运动对于青年来说，具有独特的意义。他在《本团的问题》一文中指出：

> 体育运动，也有我们的独特意义。我们之注重体育，并非为竞赛虚荣起见，是为锻炼筋骨养成强口耐劳的体格而献身于革命的。身体的软弱，影响于精神及意志甚大；所以一个革命家，欲其精神奋发意志坚定起见，非注重体育不可。尤其可于体育运动中，养成勇敢的精神和团结的习惯，在革命事业上极有益处。我们从前对于这一层并不注意，以后非注重不可，若童子军、若各种运动团体，都须有我们同志进去活动才是。③

体育事业在国际上也有巨大的功用，它能够促进国与国之间、民族

---

① 郝更生：《对于全国运动会之我见》，《东方杂志》1933 年第 30 卷第 20 号。
② 蔡行素：《体育之真意义》，《申报》1921 年 6 月 2 日。
③ 存统：《本团的问题》，《先驱》1923 年第 19 号。

与民族之间互相了解和包容。正如第五届远东运动会总干事葛雷博士在演讲报告中所指出的那样：

> 世界对于体育事业，一天一天的注意起来了，这是一桩最有兴味和最有意思的事情。为什么有兴味呢，因为它的发展又是快，又是普遍，连以前不注意体育的国度和民族，也都吸引了过来。为什么有意思呢，因为注意体育，不但可以使一般体质不好的人享受健康，发展体力，而且还可补救一切受近代文明影响而发生的身体上阻害，既可以为提高个人智识和道德的始基，又可以为增进国际间和民族间友谊与善意，使国与国、民与民之间，得到充分了解的工具。①

近代上海公园中体育运动的展示作用和教化作用是巨大的，它借助城市公园这一空间载体，直接面向整个社会广泛传播。体育运动不仅能使一般人增强体质、发展体力，而且与青年意志的砥砺及人格的培养息息相通，能够振奋国民精神、提高国民素质，还能增进国际间和民族间的理解、友谊和善意，这就是体育运动的力量之所在，也是研究体育、提倡体育的意义之所在。

第三节　动　物　园

动物园，从一般意义上讲，是饲养和展出各种动物，普及动植物科学知识，引导人们热爱大自然、保护野生动物的公共活动场所，同时也发挥着动物迁地保护、研究动物、繁殖动物和为游人提供休闲娱乐场所的功能。科普教育是动物园的重要功能，动物园从诞生的那一刻起，就有向参观者传播动物知识的作用。近代上海很多公园里附设动物园或动

---

① ［美］葛雷著，钱江春译：《第五届远东运动会的报告和对于中国运动事业的建议》，《青年进步》1921 年第 48 期。

物展览部，动物园豢养的动物以及陈列的动物标本，面向社会不同年龄、不同阶层、不同领域人群传播，借以开通智识，对于社会教育有良好功用。

近代上海最早辟建的动物园，是附设在开放性私园中。1889年，沪上私人花园之巨擘——大花园正式开放，该园最吸引人的亮点是拥有一个当时规模最大的动物园，所养动物如象、狮、虎、豹、熊之类，都是从欧洲马戏班购的退役动物，还有犀牛、蟒蛇、猩猩、猴、梅花鹿、鹤、鹧鸪等；另设有大型鸟槛，所蓄鸟类多为毛羽斑斓、啼声婉转的珍稀品种；水族馆里，有珊瑚、海星和一些稀有的海洋鱼类。该园以旷朗清幽见长，风景秀美，动物园中又有巨兽可观，游人遂纷至沓来，除入园费用外，观赏动物需银洋一角。早年有静安寺西园，1887年建成开放，为中西合璧式小型园林，园内有孔雀、懒猴等小动物展出，后门庭冷落，1890年并入愚园。愚园为近代上海名园，东部为亭台池榭，西部为花圃，敦雅堂为愚园主建筑，该园专门辟有一个豢养锦鸡、白鹤、猕猴、鹿之类动物的小型动物园，以供游人观赏。每值春秋佳日，往观动物者摩肩接踵、层层叠叠，愚园顿呈爆满之势，几无暇时。20世纪初，颇受日本侨民欢迎的六三园，在园西南建有动物笼舍，豢养长尾猴、麋鹿、鹤、雉、鸳鸯、长尾鸡、大冠鸡、锦鸡等，日本侨民前往参观者甚多，为游人增添了不少乐趣。

上海第一个由租界设立的公立动物园，为1922年建成开放的兆丰公园动物园。兆丰公园是近代上海最大的公园，以阔大幽深见长，是一个富有乡村风味和野趣的自然风景园。1918年，租界在公园内设一个很小的动物展览部，展出猴、羊、兔、猫头鹰、天鹅、隼和鸳鸯等动物。1921年辟建动物园，1922年8月建成对外国人开放，门票是小洋一角。当时动物园有一片放养食草兽类的围场，一个展览鸟类的槛房，一个兔子场，一个熊槛，一个供鸭等之用的小河，中间是供猴子及热带鸟类居住的有热气设备的房子，展出的动物有熊、狼、狐狸、驴、羊、兔，还有几十只鸟禽，游人纷纷往观，争睹园内动物。

1928年租界公园向华人开放，兆丰公园动物园也随即对华人开放,并公布了包括开放时间、门票价格和入园标准在内的入园规则七条:(一)该园每日自上午十时开至下午六时;(二)凡不执年票入园者,每人须缴费铜元十枚,十二岁以下之孩童,由成人伴入者,则可免费入园;(三)小贩乞丐衣冠不整者及患传染病或新近患过传染病者,一概不准入园;(四)牲畜、脚踏车及其他车辆(玩具车辆与婴孩车除外)不准带入园内,婴孩车务须行在路上;(五)游客不准携带手杖、凉伞、雨伞、花及包裹入园,该项物件可存于公园管理人处,由其发给号数票据,而毋须缴费;(六)禁止惹弄或激怒牲畜及鸟类;(七)宜于喂饲禽兽之食物,可于看门人住所购买。[①]园内的动物来源是部分购买,部分靠外国侨民赠送。1930年,园方在原来基础上新购买新奇鹦鹉七头,还有一只苍鹰和一头野猪。到1936年末,全园动物有104只。1937年,又新增孔雀一对,为西人倪柏特君所捐赠,原产于云南缅甸边界。

动物园作为"西洋景",内有海内外珍奇动物和珍禽猛兽,最能引起游人特别是中国游人的兴趣。很多人走进动物园,近距离地观赏野生动物,感受野生动物带来的野趣。20世纪二三十年代,犹太少女瑞那·克拉斯诺曾在上海生活,其间常去兆丰公园游玩,据她回忆:

> 我小时候最了不起的历险就算去兆丰公园(今中山公园)玩了。公园位于老远的公共租界,要从法租界乘坐好久的公共汽车到豫园路(注:愚园路)。最让我激动的是公园里的小动物园,里面有我最爱的兔子、可笑的猴子、羽毛色彩斑斓的鸟儿,还有两只特别吓人的大熊。[②]

民国报人曹聚仁曾在兆丰公园的对面居住过,当他到大夏大学教书,或从暨南大学上课回来时,总是会经过兆丰公园,据他观察:

---

① 《公共租界公园六月一日开放》,《申报》1928年5月17日。
② [美]瑞那·克拉斯诺著,雷格译:《上海往事1923—1949:犹太少女的中国岁月》,五洲传播出版社2008年版,第15页。

园西本附动物园,品种很多。飞禽中有鹈鹕、秃鹰、孔雀和各种异禽。走兽中,除狐、猿、獐、獾之外,还有熊、虎、豹,都是很名贵的。此外还有一处水族馆,除了供玩赏用的各种金鱼和热带鱼外,池塘里还养着几条大鳄鱼。①

刘驾潮是浙江兴业银行的员工,1941 年一个春光明媚的日子里,他去兆丰公园动物园游玩,他回忆道:

饱餐后,精神倍增,就贾余兴,徒步往驰名全沪的梵黄渡动物园,经过了不少碧草丛林,与羊肠小道,我们是达到了目的地。此地有美丽的孔雀、雉鸡,也有丑恶的乌龟、鳄鱼;有凶猛的狮豹虎狼,也有和驯的鹿獐麝兔;奇禽异兽,确实是搜罗了不少,只可惜有一股难闻的腥臭,使吾们无法久留。②

到兆丰公园动物园游玩的小朋友很多,还偶有惨剧发生。1948 年儿童节刚过不久,兆丰公园就发生狗熊咬死小孩的悲剧,据 4 月 6 日的《益世报》报道:"有二小孩名张毛头和高根发者,爬进公园内之动物园围墙,逗引狗熊为乐,正在兴高采烈之时,高根发右脚忽被狗熊抓住,狂呼不已,经旁人用棍棒竭力抢救出险,终因狗熊力大,高孩右脚,已被咬下。车送同仁第二医院,医生检查后,为防止毒发,乃将右腿割下,卒以流血过多,不治身死。"

在法租界,法国公园也辟建了一个动物园。1909 年法国国庆节,法国公园建成开放,是上海开辟最早的公园之一,其景色在当时上海公园中独领风骚。法国公园饲养动物始于 1916 年,起初是法国侨民赠送的几只鹤和两只天鹅,以后又增加了一些小动物。八一三事变后,法国公园

---

① 曹聚仁:《上海春秋》(修订版),生活·读书·新知三联书店 2016 年版,第 279 页。

② 刘驾潮:《春游小纪》,《兴业邮乘》1941 年第 112 号。

接收了上海市立动物园无偿移交的一批动物，游人便更加多了起来。

上海市立动物园位于文庙公园对面，1933年8月1日建成开放，是上海市政当局建立的第一座公立动物园。园内分成三个展区，东部展区北面为鸟类，有鸟棚、鸟亭各两座；南部为备有热水汀的笼舍，内有爬虫类和灵长类动物。中部展区有一个池塘，池边有鱼类及水禽棚。西部展区北面有一排四间猛兽笼舍，南面是十余间小动物笼舍，西面为食草类动物场舍，大象在西南角。1934年秋，动物园兽类有虎、豹、狮、象、黑熊、骆驼、袋鼠、麋鹿等30余种；禽类有孔雀、白鹤、鹈鹕、鸳鸯、鹭、雁、雉、鹰等40余种；爬虫类有蟒、龟、鳖等。至1937年8月，展出的动物共有五个大类109种。为提倡民众业余正当娱乐，并谋改良鸣禽品种起见，1933年和1934年市立动物园先后举办了上海市第一、二届芙蓉鸟竞赛展览会，1934年底还举办了上海市金鱼展览会。另外，还展出动物标本80余件，其中最受游人欢迎的是一头巨鲸标本。1935年2月，崇明渔民捕获一头长约12.5米、重约20吨的鲸鱼，市立动物园克服了运输、制作等诸多困难，制成了上海市第一件巨鲸标本在园中展出，参观者更是踊跃，每日游客多则1万余人，少则数千人，票房收入也随之大增。1933年度参观人数超过了115万人，1934年度参观人数亦有105万余人，以后每年参观人数常在百万以上。1937年八一三事变爆发，该动物园若被炸，猛兽有出柙之虞，管理人员为避免动物伤及民众或死亡，便致函法租界公董局，表示将大部分动物赠送给法国公园，公董局随后同意接收市立动物园的这批动物，并决定扩建顾家宅动物园。

法租界公董局在法国公园东边的空地上，围筑竹篱，建铁门两扇，内设铅丝棚两座，一为安放野鹤、白鹭等动物，一为放置猿猴。另建铁棚房

市立动物园的雌雄二狮

市立动物园的虎

市立动物园的豹

屋五幢,安置狮虎豹等猛兽。1938年6月23日,扩建后的法国公园动物园正式对外开放,每日入园参观者,异常拥挤。同时,动物园还在不断增加动物。开园不久,上海鼎新泰鸟行向该园赠送一只奇异象鳖,该鳖背壳重达十三磅,产地为南美洲,以蔬菜、香蕉、鱼虾等为食,陈列园中供游人观赏。1939年,园方又购得巨蟒一尾,并在园内公开展览,报载:"前市立动物园所畜之动物如猛虎、雄狮、鹿、鹤等,移豢于华龙路顾家宅公园内动物园后,游人殊甚拥挤。该园近复向南洋动物商人购巨蟒一尾,身围如斗,眼若电炬,长近二丈,昨已运送到园,今日起开始陈列,公开展览。"[1]

动物园是孩子们的游乐胜地,法国公园动物园落成后,吸引了不少游客尤其是儿童。"带我们去看狮子吧!"这是上海做母亲的,在郊游季节常常听到的一种请求。在天晴气清的时候,法国公园动物园里,每天总有不同国籍的很多小朋友跟着他们的母亲,整日在那儿抛掷花生米给猴子吃,有时候还会引诱池塘中的鸭子到岸上来。1939年儿童节,一名小学生随家人到法国公园动物园游玩,不禁感叹道:"我们到了公园内,只见那些树木,很整齐地立着,还有那终日喷着水的喷泉,那是多么美丽的天然风景啊!动物园里,有英武的狮,虎,有趣的猴子,骄傲的孔雀等,真是难以形容。"[2]

---

[1] 《巨蟒公开展览》,《申报》1939年8月1日。
[2] 朱克敏:《儿童节游法国公园记》,《小主人》1939年第2卷第12期。

动物园里豢养着许多珍禽异兽，有游人最喜爱园中的狮虎：

> 我最爱那头雄狮，和母虎，狮虎的柙，有很粗的铁柱，防它们出柙伤人，柙分内外二层，内层为其宿处，外层为饲养人递食物处，当我们走近柙，那头母虎正做它的周公的好梦，它好像怕羞似的，不拿睡态向人，尽睡在壁角里，前年难遇虎瞌睡，吾们应该套一句，追韩信剧词，所谓三生有幸，那雄狮的英姿，确够得上威武二字，高视阔步，有旁若无人之概。当我们离开不久时，听见它沉雄的吼声，我感动得几乎流下泪来，睡着几千年的狮，现在怒吼了，奋起你爪牙，谋你自卫吧！①

当时正值抗战时期，中华民族正处于危难之际，中国人民正处于水深火热之中，游人不仅观赏了雄狮和母虎，还以雄狮喻中国，话语中流露出了忧国忧民的情怀。动物园中除了大动物以外，还有许多有趣的猴子，它们大都是由各方面捐助而来的，约可分为两种，一种是外国品种，一种是来自中国的华南和四川。到动物园看猴子的游人很多，有一位叫"敏儿"的小朋友，多次在家人的陪同下到动物园里观看猴子，时文记载：

> 又买了票子，走进动物园。这些禽兽原早就看厌了的，但敏儿每次来总要去看看十几只猴儿，而事实上看猴儿的人的确最多，且不像看狮虎飞鸟等一顾而去，常常许多人围着它们，捉弄它们，投食物给它们吃。这也许因为猴儿是人类的祖宗，多少带一些人性，正如人类多少还带一些猴性一样。譬如你投入一粒花生米等的食物，猴儿们追逐抢夺，但结果常常给那只最凶悍也最大的猴儿抢去，小猴儿经不得大猴的一声咆哮都急急逃窜，但人们为怜惜小猴起见，往往乘大猴不注意的时候，把食物投给小猴们吃，孩儿们看了都拍手称快，乐而忘返。但猴类毕竟是天生野蛮的同类相残者，整个人类的世界，还不是和猴类一样！②

---

① 雄白：《夏在法国公园》，《上海生活》1939 年第 6 期。
② 霜君：《法国公园素描》，《申报》1939 年 12 月 11 日。

有时，会有很多人在动物园中围着看一头母猴在喂它的小猴，并发出感叹：种种爱护的情形，和人又有什么不同，我们感受到了母性的伟大！

教育并非全靠学校，如动物园、博物馆等，皆为增进普通常识、补助专门研究的空间，都有教育的作用。以观察猫头鹰为例，猫头鹰为什么有阴谋家的称号？它为什么喜爱昼伏夜出？它的大眼睛和猫的眼睛有什么异同？近代小说家、画家张亦庵对此进行了详细的分析，并配有图解：

因为它的相貌和性格的关系，猫头鹰是给人家憎厌的，并且把它当作凶险的象征；在西洋，则猫头鹰有哲学家和阴谋家之号。的确，它的尊容果然不同凡鸟：头大，眼大，面颊小，嘴尖钩，头上两缀毛，彷佛一双耳朵，（其实那不是耳朵）。它的头的上半，由毛角到双眼的那一部分，确是有点像猫头，我们叫它作猫头鹰，倒是一个象形的叫法。在字典里，它的本名叫作枭。（图A）

它的唯一的特殊品性就是昼伏夜出，并且乘黑夜捕食弱小的鸟类和其他动物。有时夜深人静，我们听见半空中有"居哩居哩"飞鸣而过的，许多胆小的人误认作鬼叫的，其实就是它老先生出巡。它趁着弱小的动物好梦方酣的时候，突然地来袭击，来搜捕，以果它的腹。

你或者会问：在黑夜里，它怎看得见呢？这就是它所以有一双大眼睛的原因。它不但看得见，并且能从高处远处看见我们所看不到的东西。它的眼睛虽然有与猫眼相同之处，但是亦有相异之点。相同的就是彼此都能在很暗的地方看见东西，瞳孔都能够很灵活地放大或收小；相异之处就是猫的瞳孔收小的时候是由一个纵的橄榄形而收至像一条很细的纵线（图C1），猫头鹰的瞳孔收小时仍然是圆形的（图C）。当它看暗处时，瞳孔就放得很大，大得同整个眼球差不多（图B）；但是遇到光线强烈的时候便收小得比一粒火柴头更小。它的瞳孔的构造和作用是同摄影机镜头的光圈一样的道理的：摄影机镜头的光圈遇到要在较暗的地方摄影时便要放大，遇到摄影光线强烈的景物时，光圈便要收小，这样所以调节收得光线的分量。猫和猫头鹰的瞳孔作用完全同这一样的道理。人的瞳孔也有同样的作用,不过能率和灵活远不及它们。

猫头鹰所捕吃的,除小鸟之外,像老鼠,甚至蜗牛也吃的。它的羽毛和别的鸟的不同,是轻而柔软的,所以飞起来没有拍扑的声音,而且构造特殊,不会因风吹而发生声响,否则它所要捕的小动物一听见便会躲避了。

猫头鹰的眼睛与猫的眼睛的区别

本埠的兆丰公园的动物园近日有一只活的猫头鹰,在养鸟的屋子内的一个角落里,小朋友们如果有便的话,大可以去观察一下,与这篇文章所述的互相参证。①

游人要验证张亦庵所讲的是否正确,可以走进兆丰公园动物园实地考证。兆丰公园动物园中有一只活的猫头鹰,在养鸟的屋子内的一个角落里,游人参观时,可以近距离地好好观察,与张亦庵所讲的互相参证。由此可见,动物园亦是一个生动的社会大课堂。

因鉴于动物园对于市民教育很有意义,特别是对于儿童教育很有裨益,抗战胜利后,包括参议员吴正矱在内的很多市民建议兴建动物园。当时,受民众欢迎的兆丰公园动物园亦遭破坏,且未加整顿,一个拥有300余万人口的大上海,迫切需要一个标准的动物园,因此有市民呼吁:

> 动物园对于儿童教育很有裨益,世界各国的市政当局,多半举办动物园,以供市民观览。英,美,日,法等国国内所有的动物园,皆在三四十所以上。以东京上野公园的动物园和伦敦动物园而言,平均每年有三百数十万人参观。情况热烈,可以想见。

---

① 张亦庵:《猫头鹰》,《申报》1936年3月22日。

上海是中国第一都市，人口三百四十余万，目前仅有动物园一所，是接收洋人的遗产得来的，而且满目荒凉、破败不堪、园址狭小，"动物"有限，每逢节庆例假，拥挤喧哗，变成了人看人，游览观赏根本谈不上。在市政渐入轨道的今日，我们要向市政诸公呼喊：

我们需要一个标准的动物园。①

民众对于动物园，兴趣非常浓厚。1935年市立动物园有一只猛虎患肺病死亡，因其肺部已完全溃烂，医生推断，"其病肺原因，由于不胜都市恶浊空气侵袭之所致"；1936年园中又有一头巨象触电暴毙。消息传出，报章登载，整个社会，竟为轰动，成为街头巷尾茶余饭后的谈资。1942年，法国公园动物园又有一只引人注目的黄老虎病毙，民众在表达惋惜之情的同时，纷纷推测依然是沉重的肺病所致，并举证说："肺病患者最需要的是清静之地，大都市有如一个大烟囱，充塞着煤屑煤气，肺病患者的死亡率以大都市最多，就是一个明证。况且最近的煤球更坏，娘姨们生风炉的时候，眼睛常常被熏得流眼泪，日积月累，烂掉两个肺楚很轻松的。"

因此，有民众对在都市中建立动物园提出了不同的看法。狮虎豹等野生动物被关进了都市的樊笼，它们便失去了在深山峻岭中的自由自在，也失去了独立生存的精神，"既然被捕了，在锁到铁笼子里去的时候，是早已判决了它的死刑了！"凡是天地间有生命的东西，它必定都有一种"知觉"，无论是飞禽，是走兽，都逃不出这个公理。这种"知觉"，"饥思食，渴思饮"，是第一步的表现。另外，就是能分得出"苦乐"与"忧愤"。以野生的虎豹和豢养的犬豕为例：

在深山峻岭中的那些虎豹，乎日自自由由的，有时得意的长啸，有时欢乐的跳跃，充分表现出它心中愉快的情形。及至入了陷井，被我们人类把它关在动物园的时候，失却自由了，入了樊笼了。它总是闷恹恹

---

① 《上海的动物园》，《市政评论》1946年第8卷第9期。

的，连走路的精神都没有。每到动物园去看它们，它们总是睡着懒得起来，连动也不一动，可知它们心中是多么的难过，我们既剥夺了它们的自由，总不能使它们再像在深山峻岭时那样的高兴。被我们豢养的犬豕，它们只要平日吃得饱，也是高高兴兴的，跳跳跃跃的表示它们的快乐。若是我们打了它一棍，踢了它一脚，它们总是愤愤的，咬不到你一棍，踢了它一脚，它们总是愤愤的，咬不到你一口，也要猙猙的叫几声，来出一出心中这口不平之气。无力抵抗，忍辱挨打，它们心中又是多么的难过，我们既打了它总不能不准它们叫骂！这两个例子，就证明动物遇到了受气挨打的时候，它们虽不能抵抗，但它们心中也有同样的"苦"，同样的"愤"。①

动物园不仅开通民众智识，还启发人们热爱大自然、保护野生动物，这更加赋予了动物园某种社会教育的功能。对于野生动物来说，大自然才是它们真正的家，伴随着越来越多的民众意识到了这一点，野生动物园和自然保护区的出现也属必然。

第四节 纪 念 碑

纪念碑，《辞海》解释为：为纪念某重大事件或有特殊贡献的人物而立的石碑。纪念碑的设立，往往是以表彰历史人物和纪念重大历史事件为题材，一般安置在特定环境或特定空间，其背后具有一定的历史承载和精神象征。

上海开埠后，英美法等国陆续在上海设立租界，上海租界在近代中国众多的租界中，是殖民地色彩最强的一个，在军事、经济、政治入侵的同时，在文化方面也进行着渗透，他们在上海的公园里建造了不少具有其民族色彩或侵略象征的纪念碑，将民族符号、政治符号通过公园这

---

① 鹅孙：《挨了打还不准哭，既不准哭还不准哼》，《新生》第 2 卷第 7 期。

欧战纪念碑揭幕时的情形

一开放性空间向民众进行灌输。

  租界内名气最大的纪念碑,为坐落于爱多亚路(今延安东路)外滩的欧战纪念碑,因其规模宏大,被称为"上海第一碑"。该碑1924年落成,是租界工部局及西人社会各界为纪念在一战中从上海出发的阵亡将士而立,故称"欧战纪念碑",又因为其顶部的和平女神雕像而被称为"和平女神像"。

  第一次世界大战爆发后,有大批英国青年侨民从上海出发,投身到战争中去。1918年11月11日,德国宣布战败投降,一战结束。消息传到上海,上海各界莫不欢欣鼓舞,并于21日至23日举行了盛大的庆祝活动。许多从上海出发应征的侨民也回到上海,他们中有不少人在战争中致残,也有一些侨民在战争中阵亡,英商上海总会决定出资在外滩建造一座缅怀阵亡将士的纪念碑。欧战纪念碑以巨大的花岗石为基座,碑基上为双翅高展的和平女神铜像,两边各有一代表和平的小天使,栩栩如生,愈增美观。铜像的四周则是同盟国宣战各国的国旗,在碑基上镌刻了所有从上海出发而在欧战中阵亡者的名字。1924年2月16日,租界在外滩举行欧战纪念碑揭幕礼,参加者有各国驻沪领事、纪念碑委员会委员以及工部局、公董局、陆军、海军、万国商团、巡捕等代表,重要人士纷纷发表演讲,军乐队奏乐,军舰礼炮齐鸣,牧师为阵亡者祷告,场面堂皇典裔,盛极一时。当日到场观礼者约近万人,上海的华人代表也参加了仪式,外滩自广东路至法大马路口一段,途为之塞,诚空前未有之盛况。有华人观看了欧战纪念碑揭幕仪式,感触颇深:

> 溯自欧战开始,数年之间,金钱物质之损失,不知凡几,人类生命之丧亡,又不知凡几,而协约各国不屈不挠、再接再厉,终能危而复安、败而复胜,令强权屈服、公理重申,则今日睹此和平之神像,有不欢喜鼓舞、喜形于色者乎。
>
> 虽然,吾观欧战和平纪念碑之开幕,对于国内大局和平无期,不禁而重有感焉。欧战虽烈,为时不过数年,即已底定,吾国南北之争,亘十余年迄无宁岁,且欧洲之战,乃为对抗强权,实逼处此,而五国之战,则为自相残杀,是亦不可以已乎。吾不知彼怀武力统一之妄念,致陷大局于不能和平之境者,对此欧战和平纪念碑开幕之盛况,能无稍稍感动否也。①

此后,每年的 11 月 11 日一战停战日,租界当局都会举行纪念活动,有演说、默哀及敬送花圈等仪式。在一战胜利之后召开的巴黎和会上,帝国主义将德国在中国山东的权益转给日本,从而引发了声势浩大的五四爱国运动,因此有人称欧战和平纪念碑不过是帝国主义的假面具而已。

公园作为城市的重要设施,是市民休闲游憩的物理空间,也是文化传播的公共空间,还是城市传播的重要载体。上海的公园是在不同政治与文化背景下,由不同机构、面向不同居民建立起来的,各个公园都具有鲜明的民族色彩。公共租界内的外滩公园带有明显的英美文化认同标

---

① 《纪念碑开幕感言》,《时报》1924 年 2 月 17 日。

常胜军纪念碑　　　　　　　　马嘉理纪念碑

志,英美人在外滩公园竖立了两座纪念碑,一是常胜军纪念碑,一是马嘉理纪念碑。

常胜军纪念碑,又称华尔纪念碑,由李鸿章和租界当局共同倡议,为纪念1862—1864年协助清政府镇压太平军过程中去世的常胜军将士而立。该碑由李鸿章划银1 500两建造,1864年设立,初坐落于外白渡桥南堍,后移至外滩公园内。

1860年,太平天国忠王李秀成率领太平军进攻上海,聚集在上海的地主、买办和官僚极为惊慌。1860年6月,由苏松太道吴煦出面,上海富商杨坊出资,美国人华尔组织了洋枪队,协助清军在江浙一带作战。洋枪队作为一支完全近代化的雇佣军,镇压太平军有功,清政府就把洋枪队改名为"常胜军"。1862年6月,太平军攻宁波,华尔前往增援,于9月20日在浙江慈溪受重伤,次日死亡。华尔死后,常胜军指挥由美国人白齐文接替,后又由英国人戈登接任指挥。1863年12月,戈登引诱太平天国纳王郜永宽投降,并攻占苏州,而李鸿章违背了事前誓约强行处死郜永宽,引起戈登对李鸿章的强烈不满。1864年5月,清军在苏南的胜利已成定局,戈登主动要求遣散"常胜军",早就想裁撤"常胜军"的李鸿章欣然同意。1864年5月31日,常胜军在昆山解散,戈登离开上海回国,在英国皇家工程兵队任职。1884年任苏丹殖民总督,次年被当地起义军击毙。

纪念碑原在外滩公园北门外，重建公园围墙时划入园内。该碑为一般的纪念碑样式，以正方形大理石为基座，基座上为三角锥形碑。碑上镌刻中文"得胜"二字，四面各镌西字，共刻有48名阵亡的外籍常胜军官兵姓名，其中华尔列居首位，因而又被称作"华尔纪念碑"。碑的题跋云："盖咸同之役，西人助平内乱有功。李文忠为苏抚，建此碑以表扬之。"清政府勾结外国在华势力，依靠殖民者处理本国内政，最后仍以一副谄媚奉承的姿态修建了这座纪念碑，使中国民众蒙受屈辱。

外滩公园内另一纪念碑为马嘉理纪念碑，系在沪英侨为纪念1875年马嘉理案中被杀的英国人马嘉理而集资修建，1880年5月6日奠基，6月10日建成揭幕，初设于苏州路与黄浦滩的交叉点上，后被移进外滩公园。

马嘉理，英国驻华公使翻译，1874年奉命到中国西南区域开辟商路。他带领6名使馆的华人工作人员从上海出发，沿长江而上，取道湖南、贵州、云南到缅甸境内，迎接英印政府派遣的一支探险队。1875年2月，马嘉理未经中国地方政府同意，擅自带领武装探险队越过中国边境，由缅甸闯入中国云南地区，不但不听从中国官方的劝阻和警告，反而扬言要进攻云南腾越。探险队在云南芒允与当地人民发生冲突，包括马嘉理在内的5人被杀死，探险队遇阻返回缅甸，这就是轰动一时的"马嘉理案"。英国政府乘机要挟清政府，企图把此事件说成是清廷幕后指使，肆无忌惮地进行讹诈。1876年，直隶总督李鸿章奉旨与英国驻华公使威妥玛会商于烟台，被迫签订了《烟台条约》，英国攫取了更大的在华特权，势力渗透到了中国甘肃、青海、四川、西藏、云南等地。清政府还决定派遣兵部侍郎郭嵩焘为钦差大臣，赴英国就马嘉理事件进行正式道歉，郭嵩焘由此成为清政府第一位驻外公使。

上海的英国侨民为纪念马嘉理，便集资为其建立了这块纪念碑，1880年5月6日奠基的这一天，也是中英《烟台条约》在英国伦敦互换正式文本的日子。1909年，因扩建道路，马嘉理纪念碑被移进外滩公园。1943年，汪伪政府将外滩公园里的马嘉理纪念碑和常胜军纪念碑拆除。

马嘉礼纪念碑作为位于外滩的第一座个人纪念碑,其建立有着特殊的用意。一方面是歌颂马嘉理对于殖民侵略所做出的丰功伟绩,加强侨民的身份认同;另一方面是以此把某种政治讯息与价值观念宣扬传达给公众,这无疑会鼓励其他殖民者进一步对华做出更多的殖民行动,表现了早期来华英国侨民的殖民主义者本质。

外滩公园旁还有红石纪念碑和伊尔底斯纪念碑。红石纪念碑是最早出现在外滩的纪念碑,建于1861年至1862年间,原名"英领署地上十字纪念碑",因花岗石表面略呈红石,遂称红石纪念碑。第二次鸦片战争期间,英国额尔金爵士派巴夏礼带一小队士兵到通州,与清廷所派遣的钦差大臣会晤,后被僧格林沁囚禁,并被监送北京。后来清廷将巴夏礼释放,但被中国官兵所擒的英人中有数人遇难。为纪念遇难诸人,旅华英侨特地从英国定制花岗石十字架运往中国,本想立于北京,后因种种原因运至上海,立于外滩公园对面、英国领事公署前的草坪上,十字架的基石上刻有五个西人的名字和他们的生卒年月,他们的名字为:威廉瑚门、罗勃脱安德生、约翰斐浦司、洛克勃来白来查、汤姆斯鲍而信。

鸦片战争是英法等国对中国发起的侵略战争,红石纪念碑作为纪念侵略者的一块纪念碑,附带强烈的殖民色彩。

伊尔底斯纪念碑,位于外滩公园旁边。甲午战争爆发后,德国为避免日本侵害其在山东青岛等地的既得利益,调遣海军进入胶州湾。1896年,德国炮舰伊尔底斯号在黄海遇暴风雨沉没,舰上人员无一生还。在沪德侨举行了隆重的悼念仪式,并出资在外滩建立了纪念碑。德国建筑设计师赖因霍尔德·贝加斯和雕塑家格奥尔木·米勒,利用打捞上来的沉船桅杆、旗杆、锚链等为主题,以雕塑的德国

伊尔底斯纪念碑

军旗及花环为装饰，经组合塑成纪念碑，碑的基座上镌：纪念1896年7月23日在中国黄海风暴中遇难的伊尔底斯号炮舰全体船员。该碑于1898年11月21日落成，普鲁士亨利王子专程来上海参加揭幕仪式。在他国的土地上建造这么显眼的纪念碑，可视为一种权利的彰显，散发着强烈的殖民色彩。一战结束后的1918年12月2日，伊尔底斯纪念碑被一些仇视德国的英国侨民推倒。

在法租界，公园内建有环龙纪念碑和兰维纳纪念碑，具有法兰西民族认同标志。环龙纪念碑坐落于法国公园内，法租界公董局为纪念在上海飞行表演不幸遇难的法国人环龙而建，1912年建成。

环龙是巴黎人，为当时法国比较有名的飞行员。1911年初，环龙携山麻式单翼飞机和双翼飞机各一架，远渡重洋，来到上海，他被称为"上海飞空之第一人"。他驾驶山麻式飞机数次在江湾跑马厅上空作飞行表演，参观的人非常多，法商保乎洋行包办卖票，头等是5元，二等是2元，三等是6角，飞行时间则是每日下午3时至5时。5月6日，环龙又进行飞行表演，从江湾跑马厅飞到上海跑马厅，消息传出，跑马厅挤满了人。环龙驾机在跑马厅上空盘旋一周，既平稳又迅速，观者莫不鼓掌，喝彩声如雷贯耳。由于飞机在环绕飞行中突然发生故障，刹那间飞机坠地而毁，环龙当即身亡。1912年，为纪念环龙的献身精神，法租界

环龙

环龙纪念碑

公董局把法国公园临近的一条路命名为环龙路,并在公园内为其修建了一座纪念碑,设立于园北靠近环龙路的草地上。纪念碑顶有一飞机模型,碑身镌有中国字写道:"纪念环龙君!君生于一八八〇年三月十二日,籍隶法京巴黎,于一九一一年五月六日殁于上海。""君为中国第一飞行家,君之奋勇及死义,实增法国之光荣。"碑的正面,还镌有这样的一首诗:"有了死亡,才有产生;有了跌,才有了飞;法国是身受了这种痛苦,使得他认得命运是在那儿!荣福呵,跌烂在平地的人!或没入怒涛的人!荣福呵,火蛾似的烧死的人!荣福呵,一切亡过的人!"① 为纪念在抵抗德国法西斯的战争中阵亡的法国驻上海总领事馆原外交官兰维纳,法租界当局不仅将杜美路上的公园命名为兰维纳公园,还在园内建立一座大理石的兰维纳纪念碑,以表彰这一位为与法西斯主义作斗争而牺牲的战士。园内花圃的设计,满呈法国作风,植成"拉维纳"法文名前缀字母,与纪念碑互为呼应。

　　纪念碑的设立,是对生命的缅怀,对贡献者的纪念,也有对重大历史事件的记载和反思。既然是纪念,便希望后人能从相关的历史人物或历史事件中得到启发或警示。以上这些纪念碑,一种是为纪念某一个有着丰功伟绩的人物,一种是为纪念整个历史事件,虽有纪念人物和事件的区别,但都远远超出了艺术的范畴,其背后的历史承载和精神象征,都具有一定的政治意识形态色彩或殖民文化色彩,发挥着殖民政治的公共纪念象征功能或侨民共同体精神纽带的作用。

　　红石纪念碑是为了纪念第二次鸦片战争中英军的死难者,常胜纪念碑是为了纪念协助清政府镇压太平军过程中去世的华尔等常胜军将士,马嘉礼纪念碑是为了纪念马嘉理案中被杀的英国人马嘉理,伊尔底斯纪念碑是为了纪念德国伊尔底斯号沉船事件中的死难官兵,以上这些纪念碑多以纪念某个或某些外侨为主题,都附带一定的殖民色彩。对于侨民而言,这些纪念碑能够加强他们的身份认同,构建侨民情感共同体,发挥社会教育和激励功能,促使许多背井离乡来到异国开辟殖民地的侨民

---

① 董枢:《环龙路和环龙碑》,《大声周刊》第1卷第11期。

在社群内形成一种广泛的凝聚力，在社群成员之间促成某种情感的沟通与交流，强化其共同体意识和共同的价值信念。同时，也可借此炫耀其民族的优越性，包括武力、文化等，以巩固其统治。欧战纪念碑是为了纪念在第一次世界大战中从上海出发的阵亡将士，兰维纳纪念碑是为了纪念第二次世界大战中阵亡的法国驻上海总领事馆原外交官兰维纳，纪念碑虽亦为外侨所建，但其内涵却要深刻得多，具有极强的纪念意义、象征意义和警示教育意义，一方面是慰藉亡者、增强认同，另一方面是对于战争的反思，对于和平的祈求与热爱。

对于华人游客来说，纪念碑是在不平等的殖民屈辱中设立的，精神空间一定会受到强力挤压，造成视觉冲击和心理压力，甚至感到极其痛心和气愤。华人游客对公园的纪念碑有着比较复杂的情感，从游人对常胜军纪念碑的态度中可见一斑：

> 外滩公园大门首，有一纪念碑，为纪念对华牺牲之外兵所建，故定名得胜军。当公园开放之时，一般华人见之，莫不认为奇耻大辱，于是有主张请当局拆去者。乃此碑忽于二星期前拆去，见者以为外人渐次觉悟，而已认吾华人为不可欺者，讵知此碑并非拆去，实因在大门首颇不明显，故迁至园内之大草地上。今日已在大草地上搭架重建矣。①

> 刚走到园门口，我的视线忽然和戈登的纪念碑接触了，碑形顶尖下方，中间嵌着光闪闪的铜片，好像银行商店的招牌一般，这时戈登碑的历史却无端涌上了我的心头。当洪杨革命的时候，李鸿章借了英国兵队，在上海占了胜利，直冲到苏州，名目叫做常胜军，那时英国兵队的首领，就是这铜牌上的戈登！我想李鸿章帮了异族，自杀同种，恐怕不够，还要借助白种的武力来压迫黄种，好算全无心肝了！我想到这里，不禁望着那铜牌发怔唉！英国人见了那铜牌不知作何感想呵。②

---

① 《外滩公园一只碑》，《大晶报》1929 年 7 月 12 日。
② 窦去病：《记戈登纪念碑的黄浦公园》，《竞志校友会汇报》1929 年第 6—7 期合刊。

从另一角度来看，也能够促进华人民族意识和独立意识的觉醒，对民众当中的有识之士来说，亦不失为一种教育和鞭策。民众对环龙纪念碑的态度又有所不同，环龙不仅让上海民众第一次见到了载人的飞机，而且在他去世后，它带来的这两架飞机也辗转到了武昌都督府手中，并以此为基础成立了航空队。在之后"航空救国"的呼声之中，民众往往会想起环龙驾驶飞机在上海天空飞翔的情景。游人到法国公园游玩，遇见此碑，读罢碑文，不免会怀有几分敬仰之情：

> 入我眼帘，趋而视之，则一纪念碑也。碑似新立，以白石筑之，顶上铜制一苍鹰，向东兀立，下有纤草美卉环之，碑阳金刻法文，余若未能全认。意者其为大豪杰乎，大英雄乎，博学士乎，发明家乎，美人乎，烈士乎，纪念其生乎，抑是纪念其死乎，忖度意射，颇生疑窦。既而察其碑阴，则有国文在焉，题曰纪念环龙君，并注其生后月日里居国属行为功绩，且附极短之断语曰，君冒险勇敢，力学克己，非微世界之利，亦增法国之荣。余读之至再，虽寥寥数语，而动人之深，不啻我乘虚凌宇，踏雾御风之发行家环龙君现身在眼前，俯而作，揖而起，曰呜呼，人生在世，果当如是也。时则斜阳一角，子规三声，群姿被惕，众卉含吊，草芊芊而自断，烟霏霏以魂销，凭吊英雄之不幸，虽长沙之哀屈，周举之祭介，曾不足拟兹慷慨，喻此哀情也。①

为发挥纪念碑的纪念和社会教育功能，国人也努力在公园里建立自己的纪念碑。八一三淞沪会战，打破了日军三个月灭亡中国的企图，国民革命军第八十八师是最先参与抵抗日军侵略的部队之一，其中八百壮士参加的"四行仓库"保卫战，极大地鼓舞了中国军民的士气，写下淞沪会战中最为激动人心的篇章。1946年，为纪念八十八师等抗日阵亡将士，当时上海市政府工务局局长赵祖康提请批准，将虹口公园里日军纪念塔改为抗战阵亡将士纪念碑。在著名报人严独鹤看来，建立该纪念碑

---

① 君武：《谒环龙纪念碑记》，《教育界》1913年第4期。

意义重大:

> 八十八师将在虹口公园建立阵亡将士纪念碑,我们觉得这一座纪念碑,确是最有纪念的价值。
>
> 八一三战事起,依当时敌寇的估计,认为至多两星期,便可占据上海,然而淞沪地区,由于我方将士浴血苦战,在军事上认为极其不利的环境中,足足与强敌坚抗了一百多天,这光荣的战绩,是初期抗战史中,最足称道的一页;因此而打破了敌寇的夸大狂,因此而引起国际间对于中国民族的赞誉,因此而加强了各方军人同仇敌忾的意志,因此而坚定了全国人民抗战必胜的信念。
>
> 以上所述虽不能完全归功于八十八师,但八十八师确是当时参加战役的中坚分子。惟其如此,全中国人,尤其是上海人,对于八十八师的阵亡将士,不能不有一种深刻而隆重的纪念以血的纪念,永留着血的光辉。
>
> 外国有"无名英雄"碑,八十八师的阵亡将士,多数是无名英雄,万骨已枯,千秋不朽。愈是无名英雄,愈值得全民族的崇拜,所谓"中国的长城",不能不说是无名英雄奠定的基础。
>
> 望大家不要遗忘了这些无名英雄!①

中国人谋划建立阵亡将士纪念碑,也包含了自己的国家意识和民族意识,既是对抗战烈士的纪念,也希望人们能从抗战中得到启发或警示,警示人们牢记历史、勿忘国耻,激励后人以史为鉴、开创未来。

---

① 独鹤:《纪念碑》,《新闻报》1946年2月10日。

第五章 公园与文人雅集

第一节　南社雅集

文人与园林的关系，向来为人们所关注。中国传统士人，素有治园林以娱己的传统，也有假名园举文会的习惯，以游园修禊、诗酒酬唱为核心的雅集活动是中国传统士人结社交往的重要内容。从东晋王羲之的《兰亭集序》到北宋米芾作的《西园雅集图记》，再到清人方楷撰写的《吾园雅集记》，多有这方面的描述。老上海的经营性私园，风格或为传统式，或为中西合璧式，虽由人作，宛自天开，给清末民初寓居上海、深受传统美学浸润的文人墨客，提供了觞咏品题、适情怡性和进行交往集会的理想场所。

在中国近现代史上，流传着"文有南社，武有黄埔"的说法。南社是清末民初一个具有资产阶级革命文化性质的进步团体，取"操南音，不忘本"之意，由陈去病、高旭、柳亚子等3人发起组织，1907年酝酿于上海，1909年成立于苏州。

南社常以诗酒雅集的方式集会，借诗文以鼓吹革命，提倡民族气节，在辛亥革命前后具有广泛影响力。柳亚子曾言"我们发起的南社，是想和中国同盟会做犄角的"，因此也被誉为"同盟会的宣传部"。南社的社友经常鼓吹资产阶级民主革命，以反清为宗旨，反对满清王朝的统治，为辛亥革命作重要的舆论准备，社团的政治倾向十分鲜明，发起人高旭、陈去病、柳亚子皆是中国同盟会会员。

陈去病（1874—1933），字佩忍，号巢南，江苏吴江人。他的曾祖和祖父是以商业起家的，却有江湖任侠之风。陈去病是遗腹子，生得五短身材，脸庞下像染过淡墨水一般，被人称为陈矮子，可是他却以文才著称，意气不可一世。1902年加入中国教育会，发起同里支部。1903年东渡日本，加入拒俄义勇队，旋改为军国民教育会。1906年加入中国同盟会。后任孙中山北伐大本营宣传主任，广东护法军政府参议院秘书长，江苏革命博物馆馆长等。

高旭（1877—1925），字天梅，号剑公，别号钝剑，江苏金山（今属上海市）人。家里世代都是读书人，也富有田产，叔父吹万，老弟卓庵，都以诗文著名，人称一门三俊。1904年游学日本，在留学界中是一位活跃的份子。1906年归国，在上海创办健行公学，提倡革命。曾任中国同盟会江苏支部部长，积极从事反清革命，两江总督端方屡次想逮捕他，却苦于没有机会下手。辛亥革命后任国会众议院议员。

柳亚子（1887—1958），原名慰高，号安如，因信仰天赋人权学说，以亚洲卢梭自命，更名人权，号亚卢，再更名弃疾，江苏吴江人，生于一个书香门第家庭。1903年，经陈去病和同邑金鹤望的介绍，加入中国教育会，到上海进了爱国学社，醉心革命。1906年加入中国同盟会，同时复以蔡元培的介绍，加入了光复会，其自认为是"双料的革命党"。柳亚子患有口疾，不善言谈。后任南京临时大总统府秘书，中国国民党中央监察委员，上海市通志馆馆长等。

陈去病　　　　　　　高旭　　　　　　　　柳亚子

陈去病、高旭和柳亚子三人都有丰厚的旧学基础，也都在时代潮流的推动下，完成了由维新积极分子到反清革命派的转型，在文化思想战线上，共同参与到推翻清朝统治的斗争当中。南社与同盟会"驱除鞑虏，恢复中华"的政治目标一致，以文字播弄时代风潮，鼓吹反清革命。从南社成立到辛亥革命成功的3年间，南社的社团宗旨非常明确，包括这一时期陆续加入的新社员，都以"反清"为共同目标。南社社友多散居各地，雅集时不易会聚，于是北平、广州、长沙、杭州等处，社友多就近发起临时雅集。长沙、广州两处皆曾设有分社，而以上海为总社。

1909年11月13日，南社在苏州虎丘下的张公祠举行第一次文人雅集活动，17位南社社员和2位来宾在这里诗酒唱和，正式掀开了南社的历史。选择第一次雅集于虎丘是有用意的，原来南社比拟明代复社，复社是江南士大夫主张改良政治的文学结社之一，复社祭酒张溥举行复社大会的地点便是吴中虎丘。出席的社友有柳亚子、陈去病、庞树柏、朱梁任、陈陶遗、朱少屏、俞剑华、冯心侠、赵厚生、诸贞壮、胡栗长、黄宾虹、蔡哲夫、林秋叶、景秋陆、林立山、沈道非等17人，另有来宾张寀甄及其侄子张季龙等2人。

作为南社发起人之一的高旭，因当时有谣言说虎丘雅集有危险，就以孩子生病为借口，没有参加1909年南社的第一次雅集。后来，柳亚子常借此开高旭的玩笑。发起人中年纪最长者为陈去病，他有一个极为特别的习惯。南社早期社员包天笑，在其《钏影楼回忆录》中谈及陈去病，回忆道："佩忍自他夫人故世后，并未续娶。仅有一女，他携其女，住居上海。每晚必至福州路一妓馆花雪南家。花雪南年十六七，貌不甚佳，闻其为巫来由籍。但佩忍志不在花雪南，从未与染，乃借她的房间，作为会客之所。凡是熟朋友，要访佩忍，晚间至花雪南处，必可见到。上海妓家，有一规例，房门前挂一门帘，无客则悬起，有客则垂下，如果门帘垂下，生客无论何人，即不能擅入，名之曰'闯房间'，为所禁忌，则曲在闯入者了。"陈去病常去妓馆花雪南家，是醉翁之意不在酒也，他常常在此间写文章，通书札，会见客人，甚至还将其女儿带进此间。实际上，近代上海有一批仁人志士常借租界中的妓院门帘，高谈革命，开展革命。

参加虎丘雅集的17位社友中，有同盟会会籍的14人，足以证明这一次雅集革命氛围的浓厚。在张公祠喝酒的中间，宣布条例十三条，并进行了选举，选定柳亚子为书记，朱少屏为会计，陈去病、高旭、庞树柏为编辑员，这便是南社第一次的职员。当选会计的朱少屏，早年加入同盟会，辛亥革命后曾在上海任沪军都督府总务科长，后应孙中山之邀

南社在苏州虎丘举行第一次雅集

当过南京总统府秘书,人际交往广泛,办事甚为干练,又是上海人,每逢雅集聚餐等,总是由朱少屏处发出通知,社员的姓名、住址也常由他保管。

1909年冬,《南社丛刻》第一集出版。《南社丛刻》是南社的社刊,是社员发布作品的平台,前后出版二十二集,每集又分为文、诗、词三个主要部分,还辑录不少南社成员个人作品集等。傅尃、高旭、吴虞、姚锡钧、柳亚子、俞剑华、陈去病、庞树柏、林之夏等作品数量居多。《南社丛刻》第一、第二集分别由高旭、陈去病编辑,从第三集开始,主要由柳亚子负责编辑工作,姚石子为第二十一、第二十二集的编辑出资。

自第一次雅集后,规定每年春秋两季,各集一次,地点临时酌定。近代上海是一个多元文化共生的大都市,是南社活动的舞台,南社虽创立于苏州,而其主要活动地在上海。南社自1909年至1922年,共举行正式雅集18次,另外还有4次临时雅集,除了第一、二次雅集分别在苏州虎丘张公祠和杭州西湖唐庄举行外,其他正式和临时雅集均在上海举行。集会地点常常选定在风景秀丽的园林,除张园和半淞园各有一次雅集外,其他地点不是愚园便是徐园。

春秋佳日,必为文酒之会,举办地以上海愚园为多。南社雅集有12次正式雅集和2次临时雅集在愚园举行,因此柳亚子谓愚园几乎成了南

社的大本营。时人回忆起愚园,南社雅集是免不了要提起的:

> 海上有两园,并称一时者,曰张园愚园。张园大而无当,殊不若愚园。愚园在静安寺路支路,面积不甚广,小小结构,颇饶亭台花木之胜,啜茗手谈其中,亦足令人忘门外之甚嚣尘上也。园中有云起楼,时有文酒之会,南社诗人,年必雅集一次,率在斯楼,诗声酒痕,犹可回溯焉。①

南社雅集中,仅有一次在张园举行。1910年8月16日,南社第三次雅集在张园举行,到者19人。本次集会对条例进行第三次修改,并改推景耀月、宁调元、王钟麒为编辑员,包天笑、张宗雪为庶务,朱少屏为书记,柳亚子为会计。景耀月、宁调元、王钟麒三人均未就职,由柳亚子等代为编辑。

南社在愚园举行第四次雅集

---

① 《忆愚园》,《紫兰花片》1924年第20集。

南社在愚园举行第六次雅集

1911年2月13日，南社在愚园举行第四次雅集，到者34人。《申报》介绍了本次集会的情况：

> 昨日正午十二时，南社开会于愚园，到者三十余人。午膳后开会，由会计柳君亚庐报告新入社员及收支社金详数，继社友畅叙衷曲，合摄一影，晚复开宴大庆楼，彬彬儒雅，极一时之盛。①

1911年9月17日，南社第五次雅集在愚园举行，到者35人，其中有宋教仁、陈其美、陈布雷等人。宋教仁于1910年冬甫一回国，就担任了于右任主持的《民立报》的主笔，他以"渔父"等笔名发表了许多鼓吹革命的文章。本次集会照例修改条例，改推宋教仁、景耀月、王蕴章为编辑员，柳亚子为书记兼会计，高旭、朱少屏、黄滨虹为庶务。

---

① 《南社开会纪事》，《申报》1911年2月14日。

1912年3月13日，南社第六次雅集依然在愚园举行，到者40人。宋教仁、景耀月、王蕴章三人未就职，仍由柳亚子代为编辑。李叔同参加此次雅集，并题写了南社社员通讯录的封面文字，并成为《太平洋报》的画报主编。晚上，社友在愚园大庆楼开宴。南社频繁地举办雅集，固然有其既定的程序。柳亚子曾对第六次雅集的程序有简要介绍："照顺序单所规定的，午餐、收费、摄影、报告、补收入社书、入社金、谈话，一幕一幕做下去，压台戏自然是大庆楼的晚宴了。"晚宴是南社雅集的节目之一，且是压台大戏。10月27日，第七次雅集照例在愚园举行，到者35人。柳亚子提出的改编辑员三人制为一人制的方案遭到否决。集会改推高吹万、柳亚子、王蕴章为编辑员，姚石子为书记，胡怀琛为会计，胡朴安、汪文溥为庶务。在第七次雅集后，柳亚子在报纸上发表声明，宣布退出南社。其通告是这样的：

> 仆因多病，不能办事，自请出社。所有会计部存款及一切账目、文件，请在沪诸社友召集开会，举人前来西门外安澜路三十八号郑寓交代，仆即日归里，杜门养疴，恕不久候。此白。①

1913年3月16日，南社在愚园举行第八次雅集，到者12人，为南社成立后出席人数最少，整个雅集冷冷清清，了无生气。选出来的编辑员高吹万、王蕴章都不肯就职。经姚石子提议，尊重柳亚子的意见，改编辑员三人制为一人制。于是在雅集时第五次对条例进行修改，其要点是"社中公推编辑员一人，会计、书记各一人，干事三人"。10月16日，第九次雅集在愚园举行，到者16人。陈去病以南社创社元老的身份参加，并委派姚石子给柳亚子写信，邀请他回归社团，柳亚子也是一个文人的倔脾气，不愿回归。柳亚子还提出进一步的改革想法，把编辑员制改为主任制。

1914年3月29日，南社在愚园举行第十次雅集，到者18人。因高

---

① 《柳亚子脱离南社之通告》，《民立报》1912年10月28日。

吹万、柳亚子、王蕴章均未就职，由胡怀琛代为编辑。此次雅集的主题是修改条例，改编辑员制为主任制，主任总揽社务。这次修改是南社体制的一大改革和创新，对南社的发展具有十分重要的作用，修改后直接成为《南社条例》。抄录原文如下：

（1）本社以研究文学，提倡气节为宗旨。

（2）赞成本社之宗旨，得社友介绍者，即可入社。

（3）入社须纳入社金三元，岁纳常捐一元，交本社会计部核收，发给收据为凭。

（4）愿入社者，由本社书记部发给入社书，照式填送，能以著作及照片并寄，尤善。

（5）社友须不时寄稿本社，以待汇刊；所刊之稿，即名《南社丛刻》。

（6）《丛刻》岁刊两集，每集以百页为度，分诗、文、词录三种。诗、文录各四十页，词录二十页。

（7）《丛刻》出版后，分赠社友每人一册，其余作卖品。

（8）本社设主任一人，总揽社务，并主持选政，由社友全体投票公举；会计、书记一人；干事无定额；由主任委托，兼职者听。

（9）本社每岁春秋两季举行雅集一次；其地址、时期，由书记部于一月前告知。

（10）主任每岁一选举，秋季雅集前一月，由书记部分发选举票于全体社友，社友接票后，即照式填寄，俟雅集之日，检视票额，以多数者当选。连举者得连任，会计、书记、干事，随主任为进退。

（11）雅集费临时酌捐。

（12）条例有未完备处，社友得随时提议，由主任斟酌修改。

（附则）本社通信处：江苏苏州黎里柳亚子。收款处：上海静安寺路五十一号寰球中国学生会朱少屏。①

---

① 柳亚子：《南社纪略》，上海人民出版社1983年版，第62—63页。

这份《南社条例》与前几次南社修订的条例明显不同，首先规定主任总揽社务，并主持选政，且会计、书记、干事都由主任委任，并随主任为进退，主任在地位上具有绝对权威。其次在选举方式上，以前是出席雅集者投票选举，现在则改为全体社友都有投寄选票的权力，这又极大程度上避免了主任职位被少数社友操纵的可能。《南社条例》通过后，再函请柳亚子回归社团，柳亚子也就慨然应允。

1914年5月24日，在愚园举行第一次临时雅集，到者30人。以后，《南社丛刻》常由柳亚子代为编辑。10月10日，南社第十一次雅集在愚园举行。本次雅集始采用正式选举法，柳亚子当选为主任兼会计书记员，朱少屏、史文钦、汪文溥、胡朴安、胡怀琛、姚石子为干事。1915年5月9日，南社第十二次雅集在愚园举行，到者42人。10月17日，第十三次雅集继续在愚园举行，到者27人。

1916年袁世凯称帝，他的倒行逆施激起了南社社友激烈的反袁热情。1916年6月4日，南社第十四次雅集在愚园举行，到者56人，为南社成立以来出席人数最多的一次。8月20日，再次在愚园举行临时雅集，到者26人。9月24日，在愚园举行第十五次雅集，到者34人，李叔同还是负责题写通讯录封面的文字。

由上述可知，愚园是南社雅集最为重要和最为集中的场所，社团成员柳亚子、陈去病、高旭、胡怀琛、朱少屏、黄滨虹、姚石子等都是愚园的常客。辛亥革命以前，南社雅集的地点选择更偏重于自身政治诉求的需要，之后在地点选择上则更多地体现出传统士人的士大夫气质。

徐园是仅次于愚园的举办南社雅集的场所，2次正式雅集和2次临时雅集是在徐园举办的。1914年8月，南社在徐园举行临时雅集，与会者有16人。1916年4月19日，南社再次在徐园举行临时雅集，追思南社社员宋教仁，16人与会。会员们创作挽悼诗文和对联，表达对宋教仁的深切哀思，并专门创作编年诗《丙辰三月南社雅集为社盟宋桃源先生殉国之四年也怆然有作》。时任《民立报》时评主笔的徐血儿与宋教仁私交甚好，满怀悲愤之情为宋教仁撰写了挽联"为平民政治而死，惧独夫专制复生"。1917年4月15日,南社第十六次雅集在徐园举行,与会者有39人。柳亚子辞主任职,姚石子继任。社员张默君作《南社雅集徐园席间偶坐》:"雨后气清穆,花光正好时。晴云天外合,绿意满园滋。群彦飞豪兴,文情郁古悲。茫茫家国恨,拚作醉吟诗。"1919年4月6日,南社第十七次雅集在徐园举行,与会者有26人。在徐园中举办的雅集活动,投合了当时文人雅士的喜好,精巧古意的徐园洋溢着独特的人文气息,与同时代诸多私家园林相较,显得典雅且孤高。

南社在徐园举行第十七次雅集

1922年6月11日,南社在上海半淞园举行第十八次雅集,到者23人,柳亚子当选为社长,而他坚辞不就。南社的组织力和凝聚力日趋涣散,即将分化解体的迹象越发明显。

1912年后,国民党在上海新办了许多报纸,每份报纸后面都有文艺栏,文艺栏的发稿人大都是南社社员,重要的撰稿人也以南社社员为多。南京临时政府中要人,也有许多位是南社社友。南社在每次雅集前,都会利用社团成员在上海报刊界的便利条件在报纸上刊登活动消息,兹举两例。第十次雅集前,1914年3月11日,南社在《生活日报》的《生活艺府》副刊上发布预告:

> 南社书记会计两部来函云：本社定于三月廿九号（星期日），即阴历三月初三日上已下午一时，在沪上愚园举行第十次雅集。凡属同社，均希惠临。如有未缴入社书、入社金及各年常捐者，并望带交，是所至盼。招待处：白克路竞雄女校胡朴安。①

1922年第十八次雅集前，距雅集正式举办还有大约两周时间，南社就已在《申报》上作了预告：

> 南社久闻于国内，为吴江陈去病、柳亚子、叶楚伧、金山高天梅、松江姚石子等发起，所出社刊风行海内，推为中国文学渊薮。兹该社定于六月十一日（礼拜日）下午，召集在沪社友假半淞园举行雅集，暂设书记部于白克路竞雄女学，以资接洽。②

南社22次雅集的次数、时间、地点和出席人数，详见南社雅集一览表。

南社雅集一览表

雅集次数	雅集时间	雅集地点	出席人数
第一次	1909年11月13日	苏州虎丘张公祠	19人
第二次	1910年4月10日	杭州西湖	17人
第三次	1910年8月16日	上海张园	19人
第四次	1911年2月13日	上海愚园	34人
第五次	1911年9月17日	上海愚园	35人
第六次	1912年3月13日	上海愚园	40人

---

① 《南社雅集预告》，《生活日报》1914年3月11日。
② 《南社雅集预志》，《申报》1922年5月29日。

（续表）

雅集次数	雅集时间	雅集地点	出席人数
第七次	1912年10月27日	上海愚园	35人
第八次	1913年3月16日	上海愚园	12人
第九次	1913年10月16日	上海愚园	16人
第十次	1914年3月29日	上海愚园	18人
临时	1914年5月24日	上海愚园	30人
临时	1914年8月	上海徐园	16人
第十一次	1914年10月10日	上海愚园	不详
第十二次	1915年5月9日	上海愚园	42人
第十三次	1915年10月17日	上海愚园	27人
临时	1916年4月19日	上海徐园	16人
第十四次	1916年6月4日	上海愚园	56人
临时	1916年8月20日	上海愚园	26人
第十五次	1916年9月24日	上海愚园	34人
第十六次	1917年4月15日	上海徐园	39人
第十七次	1919年4月6日	上海徐园	26人
第十八次	1922年6月11日	上海半淞园	23人

从南社雅集一览表中我们可以发现，参加人数最多的一次雅集有56人，最少的一次只有12人，除第十一次雅集出席人数不详外，其他21次雅集参加的人数总共有580人，平均每次出席人数不足28人，雅集的规模确实不大，但对于南社成员的身份认同与社群交往网络的建构有着重要的意义。

虎丘集会时，南社社友只有17人，以后声势日大，社友最多时有将近1 200人。南社发表社友的通讯录或姓氏录共有五次，从通讯录和姓氏录上对社友数量统计来看,人数是不断增多的。1911年2月《南社社友通讯录》出版,著录社员193人。9月,《南社社友第二次通讯录》出版,著录社员228人。1912年5月《南社社友第三次通讯录》出版,著录社员321人。1913年4月《南社姓氏录》出版,著录社员403人。1916年11《重订南社姓氏录》出版,著录社员825人。到南社结束的1923年成员已达1 182人,分布全国二十多个省份。对绝大多数社员而言,南社雅集的举办可能更多地只具有一种象征意味。

辛亥革命后,失去"反清"的共同方向,南社群体陷入一种迷茫状态,尽管社团规模在不断膨胀,社员也在不断地增多,而社团精神却趋于涣散,其凝聚力也在不断下降。1917年,南社爆发了"唐宋诗之争",柳亚子为首的宗唐派与朱玺、成舍我等组成的宗宋派展开激烈争论,这场内讧直接导致了南社的分化,社团在对诗歌的激烈讨论中走向了分裂。1911年至1916年的5年间,南社举办16次雅集,而1917年至1922年的5年间,南社仅仅举办了3次雅集,其中1918年、1920年和1921年并无雅集举办,这在南社成立以来是极为罕见的,这也恰恰说明南社的运作出现了危机,是南社事业趋于停顿的表现。

1923年5月,柳亚子、叶楚伧、胡朴安、余十眉、邵力子、陈望道、曹聚仁、陈德徽等8人发起重组新南社。10月,新南社在福州路的一家菜馆成立,公举柳亚子为社长。此后,新南社多以在菜馆举行聚餐会的名义,取代了原来在花园举行的南社雅集。

第二节 书 画 会

上海开埠后,经济日益繁荣,文化日益多元,观念日益开放,吸引大量书画家集聚十里洋场。据1883年出版的黄式权的《淞南梦影录》记述:"各省书画家以技鸣沪上者,不下百余人。"包括书家沈共之、吴鞠潭、金吉石等,画家胡公寿、钱吉生、张子祥、任伯年等,总数有百余人。后据1919年出版的杨逸的《海上墨林》统计,宋代至清末民初在上海的书画家740余人,其中大部分是上海开埠后流寓上海的。

葛元煦在《沪游杂记》中对"书画家"的描述为:

> 上海为商贾之区,畸人墨客往往萃集于此。书画家来游求教者,每苦户限欲折,不得不收润笔。其最著者,书家如吴鞠潭淦、汤埙伯经常,画家如张子祥熊、胡公寿远,任伯年颐、杨伯润璐、朱梦庐偶诸君。润笔皆有仿帖,以视雍、乾时之津门、袁浦、建业、维扬,局面虽微有不同,风气所趋,莫能相挽,要不失风雅本色云。①

书画,即书法和绘画,中国历来有"书画同源"之说,两者相辅相成、彼此借鉴。伴随着商品经济的蓬勃发展,书画逐步由实用功能发展为审美功能,鉴赏、收藏书画成为一种潮流,向书画名家求取书画者踏破了门槛,书画家们不得不收取润例。润例,又名润格、润金等,是书画家按照市场规则对自己的作品所开出的价目,亦是劳烦艺术家写字作画的酬劳,又被称作"润笔费"。

据《海上墨林》载:"大江南北,书画士无量数。其居乡而高隐者,不可知。其橐笔而游,闻风而趋者,必于上海。"这些汇聚于沪上的书画家大都不是本地人,而以江浙人为多。日渐繁兴的上海书画市场促使数量庞大的书画家争先来到上海,这些寓沪书画家经受着上海经济、文化气息的洗礼,他们对传统中国画进行大胆改革和创新,融合外来艺术技法因素,为当时的画坛提供了新的审美观念与创作方法,逐渐形成了海派艺术包容和多样的艺术特点,开创了一股画坛新风,因在上海形成,故名为海上画派,又称"海派"或"沪派"。其主要成员有赵之谦、"三熊"(即任熊、朱熊、张熊)、虚谷、蒲作英、任伯年、吴昌硕、王一亭等,他们结盟集社,不仅鬻书鬻画,还承担社会事务,组织举办了很多书画会。

老上海公园在近代上海的城市社会活动中扮演着重要角色,为书画

---

① 葛元煦:《沪游杂记》,上海古籍出版社1989年版,第19页。

展览会提供了必要的活动场所，徐园在此方面表现得尤为突出。徐园主人徐鸿逵雅好书画，又善于交际，常在园内举办各种书画会、花会、曲会、琴会，再加上南社雅集的举办，徐园逐渐声名鹊起，沪上名士纷纷慕名而来，文人雅集成为徐园的一大特色与景观。徐园书画会，无论是规模还是书画家的水平、名气，在清末民初的书画展览会中，都盛极一时。

1889年，徐园园主徐鸿逵创立了徐园书画社，首批社员有30人。他经常邀请虚谷、任伯年、杨伯润、蒲作英等海上书画名家聚集徐园，切磋画技。书画社创立当年，徐园就曾举办过两次书画展览会，沪上书画名人济济一堂，日本画家盐川一堂也参与其中，后来成为徐园书画社的会员。在当年的雅集上，任伯年铺纸提笔，不慎将一滴墨落在了纸面上，略作思考后，落笔即成《狸猫竹石图》，款署："光绪己丑年正月廿五日徐园第一集作是，即希同人指疵，园主人棣山先生为之一笑，山阴任颐。"此后，此种书画雅集常常在徐园举行。

1892年4月13日，《申报》第一版载晚清报人"高昌寒食生"何桂笙的《徐园书画会记》：

> 徐园鸿印轩主人性眈风雅，每于新春之际，但遇星期大开雅会，或琴，或棋，或度曲，或集书画之会，以故园中所悬书画，无非名人之笔。夫以书画售艺于海上者，不知凡几，而欲得主人青睐，亦殊非易易。盖主人于会中事均属精明，赏鉴书画，尤为独具只眼，而又酷嗜此，亦其性之所近也。清明后六日，余与抱月山人偕游，主人见之，亟招呼曰：子来正好，请君一观。乃相将入读画楼下，辟其窗则见四壁所悬者，琳琅满目，行书则有壶天老人……余于此事为门外汉，惟觉其光怪陆离，目迷五色而已。主人曰：此皆今春书画会中之所得也。余忆是日，天气清丽，主人折柬招余至园中，相与鉴赏，余亦与抱月山人偕往。既至，见有对客挥毫者，有握管凝思者，有信笔直书者。抱月山人曰：此中无我辈插足处，盍出散步，乃至烟波画舫，抱月山人弄琵琶，余弹琴，更唱迭和，颇足自娱。既而主人以照相之具至，曰今日雅集不可不留影，

请诸君咸入图中可乎。①

参加上述书画展览会者包括虚谷、蒲作英、朱梦庐、吴鞠潭、杨伯润等沪上著名书画家，展出行书、篆书、隶书、楷书等书法作品，以及山水、人物和花鸟等题材画作，园主徐鸿逵也自作一幅《乳鸭紫藤》，可谓书画名家大聚会。徐园规模较大的一次书画会是在1925年，当时的名家顾若波、顾鹤逸、任伯年、任立凡、吴秋农、吴仲熊、陆廉夫、王一亭、冯超然等都有佳作参展，满壁琳琅，神情入妙，不愧为名人之笔。此次书画会展期为一个月，作品每星期更换一次，有书画爱好者每隔几天便去观赏一次。时人用丰富的笔墨记述了参观徐园书画展览会的感受：

> 世事弈棋，厌人视听，春光如许，何处怡情。闻徐园开书画展览会，搜掏风雅，结习未忘，乃命驾往观，至则燕景吴装，琳琅满目，如入山阴道上应接不暇。虽其间不无真赝杂出，然确可印入脑海中者，竟能十得六七焉，询知园主人征求朋侪收藏，不遗余力，拟每星期更换一次，期以一月，不惮搜求之劳，专供游人观赏，较他处之书画展览者别创一格。不安素有读画之癖，三数日辄一往游，意有所属，略事抄录，聊作一月中之徐园读画琐记。盖作画固难，而知画亦自不易。前人落笔，无不远宗古法，后之评骘者，不仅在辨别其真赝已也，先须于古大家各法平日多所涉猎，又须静体画者惨淡经营之意，不得稍存门户意见，持论自然公允，且就画论画，除敝暗不堪入目者外，而一切画外之推敲，幅式大小广狭，绢素金笺等陋见，亟须清除。不宁惟是，尚须具二种观念，寿世珍世是也。夫画为文人余事，必其人志趣高洁，神与古会，兴酣落笔，则造化在手，清气流露，是为士夫画。至如可以求精，迎合风尚，实力不足，引以外力，则渐入魔道，习气乘之，是为时世画。故士夫画类多寿世，时世话不过珍重于一时而已矣。然寿世珍世两途，本无古今人之界限，观今次展览会中，曩日所谓珍世话，间有机趣横生不能捉摸

---

① 《徐园书画会记》，《申报》1892年4月13日。

者，居然十幅中得遇二三，其佳处未始不可与寿世物同垂不朽。从知绘学无止境，倘能时时存孤标傲世之志，不为敷衍苟且，不屑眩世媚俗，美下笔辄作千秋思想，何难与古人斋轨方驾。画云小道，岂真小道哉。爰将谬见所取，不拘今古，逐一记录，得百余幅，世倘有见解相同者乎，幸勿嗤其谬妄为幸。①

1929年11月1日，中日现代绘画展览会在徐园隆重开幕，上海特别市市长张群、日本驻沪总领事重光葵分别代表中日双方致辞，前往参观者甚为踊跃。展会上，中国画陈列有序，分为人物、花木、鸟兽、虫鱼、山水等五部分；日本画共分两部分陈列，不以画类分，又不以个人为单位，且绢本占大多数。狄平子、张大千、谢公展、王国祥、王一亭、渡边晨亩等中日画家的精品佳作位列其中，五光十色，各极其妙。展期长达两周，来宾计有1万余人。每次书画会后，书画作品或赠送徐园主人，或挂于徐园任人观瞻，也有一部分作品定价出售，游客可以按照个人兴趣爱好、财力，当面向社员求购书画，徐园俨然变身为一个集书画创作、交流、鉴赏、买卖等多重功能于一体的松散书画社团的基地。

中日现代绘画展览会在徐园开会

---

① 敏求：《徐园读画琐记》，《新上海》1925年第1期。

由于参加徐园书画雅集的书画家越来越多,活动也越来越频繁,加之浓厚的商业气息的熏炙,徐园书画会的商业性渐次萌发,书画买卖逐渐产生。中国人颇为注重精神层面的追求,自古喜好书画等附庸风雅之物,社会上的一些豪商大贾喜欢购买一些名人字画装点住所,增加生活情趣;一些略有闲钱的工薪或白领阶层,也追逐市场潮流,买几张名人字画收藏。于是,徐鸿逵顺势而谋,把各个书画家的仿单,置于园中,游客可以按照个人兴趣爱好及财力自由选择,可当面求购,省却了传统书画购求中的请托。随着时间的推移,这种高效、便捷的书画购求模式逐渐得到了认可,其书画交易的规模也逐渐扩大。1893 年,徐园在园门口开设书画室。其主要业务为:

> 开设徐园门首,专选名人书画、贡笺、雅扇,择于月之廿二日先行交易,即日开张。徐园向有书画会,所有名人字画悬诸精舍,见者无不称赏。第既见之而难得者,因是开设书画室于门首,为人代售名笔,如有字画送来亦可代售,竟有超俗绝伦之墨妙,初至沪上而未得其名者,亦可代为表扬发售。盖徐园为书画会聚集之所,倘蒙远方笺扇店铺赐顾者,请至书画室看样预定,或正草隶篆,山水、人物、仕女、翎毛、花卉,大小纸幅,贡笺、雅扇,随人点品,限期交货,庶不致悮。上海徐园书画室主人告白。①

由徐园书画室主人告白可知,书画室既代售书画,又可代订徐园书画会名人书画,并为初至沪上、初出茅庐的书画家宣传,发挥了桥梁的作用。也可看出,徐园的书画会已带有浓厚的商业气息,在书画领域也已成为一个响亮的招牌。民国初年,一些前清遗老、社会名流还在徐园举行修禊会,以仿效王羲之兰亭修禊,活动内容有临流题咏、互赠己著、品尝美食等。徐园成为海上文人墨客的雅集之地,真可谓"洋场十里中有此一园,殊足扑去俗尘三斗也"。

---

① 《书画室》,《申报》1893 年 7 月 31 日。

六三园是日本名士白石六三郎经营的一座日本式花园,是日本政界、商界、军界、艺界等领域名人的相聚之地,也是沪北的一个重要的书画展示、鉴赏、交流的中心。六三园以举办书画展览驰誉艺林,时有中日书画家以六三园为展厅,推出各具特色的书画展览会。

园主白石六三郎非常推崇吴昌硕,经常请他来六三园赴宴,并将他的作品介绍给日本书画家,还在园内陈列展览,宣其声名。吴昌硕,名俊,又名俊卿,字昌硕或苍硕,70岁以后以字行,号缶庐,浙江安吉人。出身于文化之家,幼喜刻印,曾师从名儒俞樾,学文字辞章,后又结识了任伯年、蒲作英、高邕之等书画名家。1913年夏,吴昌硕正式迁居上海,从此开始了寓沪鬻书卖画的生涯。同年,以"保存金石,研究印学"为首要宗旨的西泠印社成立,公推吴昌硕为第一任社长。并与王一亭结为至交,王一亭在上海商界、金融界推介吴昌硕的书画金石艺术,使其名声大振。1914年,上海书画协会成

王一亭(左一)与吴昌硕(左二)合影

吴昌硕遗墨展览

立，续推吴昌硕为会长。书画团体具有一定的公共性，吴昌硕担任一些大型书画团体的会长，不仅代表着专业圈子对其地位和艺术水准的认可，使其在文化圈和艺术圈获得很高的声誉，也获得了较大的社会认同。

1914年9月，白石六三郎在六三园为吴昌硕举办个人书画展，吴昌硕亲往参加，这是上海乃至中国最早的个人展览之一。展出时轰动沪上，一时嘉宾云集，盛况喜人，很多日本的名人都订购了吴的画作，吴昌硕名声大噪。晚清遗老郑孝胥即为观者之一，他在日记中这样记载："遂至六三园，日人为吴仓硕开书画会，悬数十幅，恣人入览，遇拔可、贞长、徐仲可、哈少甫等。"郑孝胥在书画会上偶遇李拔可、诸贞长、徐仲可、哈少甫等老熟人，更印证了这是一次中日书画家都参加的具有国际性的展览盛会。吴昌硕很是喜悦，作《六三园宴集，而日后这些作品是日剪淞楼尽张予书画，游客甚盛》一文，介绍生平第一次书画展的盛况。

1914年12月，六三园举办了明代著名书画家董其昌书画展览会，供中日书画爱好者欣赏。1918年10月，日本收藏家富三郎在六三园发起中日收藏家书画展览会，将各收藏家收藏书画陈列一室，中国书画家吴昌硕、廉南湖、高野侯诸名士与会。1919年3月，中日收藏界在六三园举行沪上私家精华的金石、书画、文物收藏展。1926年3月，王一亭、钱瘦铁、刘海粟与日本画家桥本关雪、小杉未醒等人在六三园成立古画研

钱瘦铁

桥本关雪

究与鉴赏的解衣社。自称"关雪狂客"的日本著名书画家、关西画坛泰斗桥本关雪，是六三园的常客，他常说："恨不生长在中国为中国人。"金石书画家钱瘦铁与桥本关雪在六三花园相识相交，后来钱铁瘦在日本为掩护郭沫若归国参加抗日活动而遭日警逮捕。在法庭上，他正气凛然，坚不下跪，并抓起铜墨盒向法警掷去，为此获刑5年，桥本关雪等中日友人闻讯后为之奔走营救，始得提前释放。

解衣社第一次书画展览会举办之前，钱瘦铁借来任伯年所作吴昌硕五十岁时裸像一轴，与诸名家画品一同陈列，吴像解衣磅礴，极为美术家、鉴赏家等所欢迎，是社因有"解衣"之名。1926年4月25日，解衣社在六三园举行书画展览会，剪淞楼上下陈列名画甚多，所陈列画品皆经严格选择，其中以曾农髯收藏的元代书画大家方从义的"太白龙湫图"最为名贵。清代佳作有20余种，又以杜锡珪收藏的清代中期著名画家新罗山人的"百兽图"大卷最为亮眼，还有高欣木藏金冬心之梅花，哈少甫藏玉壶山人之梅隐图卷，丁辅之藏闵正斋之花卉，徐小圃藏高南阜之秋树图等名品佳作。当日，展览轰动一时，群贤毕集，士女如云，书画名家吴昌硕等，报界闻人周瘦鹃等到场观赏。之后，钱瘦铁等人带着展品前往日本东京、大阪次第展览。当时，园中樱花已谢，牡丹盛开，高供十余盆，尤为特色。白者为白鹤、青龙、玉泉山，紫者有紫袍、墨龙锦、绛霞，淡红色有雾森、常盘津、玉昭君，大红有旭光、古金锦、太平乐诸名品，花叶鲜美，令人心旷神怡。

吴昌硕是六三园的常客，常在园中雅集。在他的诗篇中多次提到六三园，如《白石招饮六三园遇大风雨》《六三园即席》《六三园宴集》《大谷是空招饮六三园》《六三园赠鹿叟》等，可以看出六三园已是他与日本各界人士交往的一个重要活动场所。吴昌硕寓沪期间交游广泛，几乎涵盖了当时上海社会各界的精英和名流。尤其是在六三园与日本书画、篆刻等各界人士的交往，推动了他的作品在日本的广泛传播，使其具有一个很庞大的海外粉丝群体，这其中固有吴昌硕个人的努力，也与当时上海经济迅猛发展、文化开放融合密不可分。吴昌硕不仅声名鹊起，并以其"诗、书、画、印"四绝归一而获得了巨大声誉，并最终成为海派艺坛旗帜性人物。

　　1927年11月29日，吴昌硕逝世，当年旅沪日本书画界人士与王一亭、钱瘦铁以及吴的儿子吴东迈等各倾所藏吴氏遗墨，在六三园举办吴昌硕遗作展，吴昌硕的绝笔——墨兰亦陈列其中。1929年11月，正值秋高气爽，园菊正开，由王一亭、哈少甫、朱古微、丁辅之及白石六三郎、友永传次郎、土井伊八、吉井民三郎、土屋计左右等中日人士共同发起，在六三园剪淞楼展出吴昌硕的作品，表达对吴昌硕的深深怀念。

　　张园、愚园、半淞园等著名的经营性私园，也都举办过一些书画展览会，且都有书画名家参与。1909年2月20日，由郑孝胥、陆廉夫、王子展、佐佐木苏江、高邕之、哈少甫、李平书等人发起的中国金石书会，假愚园洋楼及新厅举行第一次书画赛会，展出盛宣怀、张謇等沪上收藏家、鉴赏家的藏品，展品皆古今名人真迹，琳琅满目，令人叹为观止。因展品较多，观者热情高涨，展期初定7天，后延长至10天。参观者，除需付愚园门票一角外，入会场者另收入场券费每人三角。中国通、日本海军省间谍宗方小太郎亦参加了此次书画赛会，他在3月1日的日记中这样记载："午后井手三郎来访。偕家属乘电车至愚园，纵览书画金石赛会，总督端方出展之三代祭器、鼎等器物颇可观。四时归。"可见宗方小太郎对此次书画会的喜爱，亦可看出此次书画会影响之大。

　　同年11月，中国金石书画会在张园举行第二次赛会，郑孝胥、李平书、狄楚青、王一亭等30余人参加。赛会由上海中国品物陈列所主办，凡我国收藏家无论金石书画，或愿陈列，或愿出售，如系佳品，一概可以送会，送到随给收条，赛会结束时凭收条取回原物。11月5日至11日为非卖品展期，12日至16日为出售品展期，入场券费每人收小洋四角，满三人收大洋一元，观赏者络绎不绝。1912年6月，中国金石书画又在张园举办第四次赛会，展出作品数十件。因此，时有评论："西园之菊花会，徐园之琵琶会，张园愚园之金石书画赛珍会，此极雅之事也，而观者趋之若鹜。"

　　1924年7月13日，中国书画保存会假半淞园开三周年纪念大会，到会书画名家及会员有百余人。1936年6月23日至25日，揆文馆师生书画扇面展在半淞园江上草堂举行,并有古今名人书画参展,任人参观选购,可称无品不精。1937年1月22日,上海市立民众教育馆及揆文馆合办之"中国书画展览会"在文庙公园开幕,陈列古今书画名家杰作数百件。该会定于6月26日起,每日下午由画家现场对客挥毫,所售券资将提成拨充"援绥款"。

晚清以降,灾荒很多,有水灾、旱灾、虫灾、疫灾等,加之频繁的战争,给民众生活带来无尽的灾难,民众的贫困也时常和这些灾荒连在一起。由于近代政府的严重缺位,救灾费用短缺,加之吏治腐败,严重影响了灾荒救治的及时性和有效性,民间力量开展了大规模的慈善救灾活动。沪上书画家们以及慈善性的书画社团,具有很强的社会责任意识,面对天灾人祸,他们屡兴善举,经常参加各种慈善赈灾会、赛珍会,积极携书画助赈救灾。

1907年春季江淮大水灾,徐园书画社举行了规模甚大的书画赈灾活动,徐棣山长子徐贯云等邀请蒲作英、范云甓、徐梅庵、许青芝等在徐园开书画赈灾会,所得润资,全部用于救灾济民。除以润资助赈的形式外,徐园书画助赈会还举行售卖"书画助赈券",运用"开彩对号"等新型义卖形式,第一次"开彩"便集资金2 000余元,所集资金亦全部助赈灾区。

1909年,由姚鸿、黄俊、王琨等人发起,集书画销售与慈善事业于一身的书画社团——豫园书画善会成立,该会存在30余年,会员数百名,吴昌硕、钱慧安、蒲作英、潘雅声、王一亭等海上名家均与会。该会自成立以来,以艺扬善,赈灾助民,将会员出售书画所得的部分款子,平日"存庄生息,遇有善举,公议酌拨",数十年中,"遇有别处灾荒,视会款盈姗酌量补助",社会影响很大。

海上题襟馆金石书画会,其前身为创立于1910年的中国书画研究会,是一个规模大、活动多、集创作鉴赏与经营为一体的社团。首届会长为汪洵,副会长为吴昌硕。1915年汪洵去世后,吴昌硕继任会长,哈少甫、王一亭任副会长,其成员与豫园书画善会多有重叠。当张园等地开设赛珍会、慈善赈灾会,题襟馆金石书画会总会踊跃参与。1911年8

月，湘皖遭受水灾，华洋义振会在张园主办慈善助振会，题襟馆金石书画会同人汪洵、李平书、王一亭等人事先在《时报》刊出书画助赈启事，发动海内外画家共襄义举。

东南各省，水灾频仍，往者徐淮巨灾，流亡遍野。去岁江院凡溢，灾区尤广，今民困未苏，而湘皖水灾又见告矣。上下筹济，备极忧劳，外人募义，特复赍粮相救。昔人云：一命之士，皆当以泽物。为时势日艰，游灾未已，见闻所及，能隐恫于中乎？海上题襟馆书画会同人，前因淮徐灾赈，各分任书画数十件，合集彩券，名曰福引券，凡集资数千元，除经费外，悉皆助振，一时称为盛事。兹议踵行斯举，拟将书画千件，分配福引券千张，每张售洋二元，期无虚券，以餍售者。其中名人之件，润格有须十元数十元者，庶早日集数速寄灾区。……发起人：汪渊若、何诗孙、黄山寿、黄克明、李平书、陆廉夫、倪墨耕、何熙伯、王一亭、毛子坚、狄楚青、哈少夫等公启。①

1912年江皖灾荒，题襟馆金石书画会应华洋义赈会的邀请，参加张园慈善助赈会游艺大会，在张园设馆助赈，取得了积极成效。书画家们还创作了若干幅描绘水灾场景的作品，1917年京直奉等地区出现大水灾，数百万人流离失所，吴昌硕同王一亭创作一幅《洪水横流图》，将灾情绘成此图，呼吁世人救济；还创作《流民图》，描绘洪水滔天、百姓流离的场面，并配以感人肺腑的题文。这些书画家和书画团体通过慈善赈灾会，不仅将书画资源转化为社会资源，而且拉近了书画家与公众的距离，扩大了书画团体在社会上的影响力，也塑造了书画家在近代社会中的新形象。

总而言之，清末民初，一批海派书画家活跃在上海，他们常假徐园、六三园、张园等经营性私园举办书画雅集，切磋技艺，互通信息。随着上海城市商品经济的繁荣发展，多元文化在这里碰撞、交流、融合，书

---

① 《题襟馆书画助赈》，《时报》1911年8月9日。

画会的文化内涵更为丰富,逐渐变为一个集书画创作、交流、鉴赏、买卖、助赈为一体的公共空间,超出了书画雅集时的自娱性和封闭性,面向大众和市场延伸,促进了书画艺术在大众之间的普及,也推动了传统文化艺术的保存、发扬和创新。

第三节 花 会

开埠前,沪上已有赛花会的传统。历史悠久的豫园花会,约起于清朝嘉庆年间,以后相沿成习。豫园花会以菊花会为主,其次有兰花会、梅花会等。由晚清旅沪文人葛元煦撰著、出版于1887年的《沪游杂记》,对豫园兰花会和菊花会有简要介绍:

> 兰花会
>
> 沪俗尚兰蕙,有梅瓣、水仙瓣、荷瓣等名。爱者以重值购之,甚至一花值数十金。会设邑庙园中。二月在船舫厅者为兰;三月在内院者为蕙。届期各莳植家以佳种入会,棐几湘帘、瓷盆竹格,陈设优雅,游赏者甚众。

> 菊花会
>
> 会设邑庙内园之萃秀堂。地饶林园之胜,内则万卉千花,高低罗列。其种之最新者,有若碧桃、紫牡丹、洋蝴蝶、雪青带、金丝桃诸名色。其种之最贵者,有若御袍黄、黄金带、玉带、蟹爪、雪狮、松针诸名色。其种之最异者,有若黑牡丹、紫燕、飞霜、葡萄紫、杨梅红、紫台、捧桂、金银台诸名色。目眩神摇,令人心醉。微风过处,又有清香沁人心脾,不减陶彭泽东篱风味也。[①]

[①] 葛元煦:《沪游杂记》,上海古籍出版社1989年版,第8页。

豫园菊花会每年农历九月至十月间举行，会址常设萃秀堂一带，届时各室内廊间、径边石上菊影婆娑，尽呈眼底。每盆菊花均标明艺菊者姓名，请行家品评，凡被评为"新巧""高贵""珍异"的都属上品。兰花会一般每年举行一次，地址常设在东园（今内园），时间多在三四月份，会期三天，由观众及会主评出"状元""榜眼""探花"等名次。梅花会多在农历正月初二举行，并非年年举办。

梅、兰、竹、菊，并称"花中四君子"，都有美好的象征意义。梅花，迎寒而开，美丽绝俗，是坚韧不拔的象征。兰花，形态优美，花朵素雅，是高洁典雅的象征。竹子，亭亭玉立，节节拔高，是正直谦虚的象征。菊花，清丽淡雅，芳香袭人，是傲然不屈的象征，古人尤爱以菊明志，比拟高洁的情操。在源远流长的中国传统文化中，花文化是最富有瑰丽色彩的一笔，古代很多文人骚客，种花、赏花、评花、咏花、画花，人们对"花中四君子"等佳卉的喜爱、推崇可见一斑。

花会由当时社会上有一定声望的人发起，并发动行业公会斥资赞助，参展的盆花由花艺爱好者或生产者提供。花会一般不收取门票，游人可随意观赏。展品都参加评奖，出售与否由花主自行决定，价格由双方议定，有的名花常常要花费不菲。

清末民初的经营性私园，为吸引游客都适时举办一些小型的花卉展览，其中最有影响的就是徐园花会。徐园花会，以其种类多、规模大、延续年代久而闻名于沪上。徐园每年都举办各种花会，有菊花会、蕙兰花会、牡丹花会、梅花会、杜鹃花会等，芬敷掩冉，蔚为大观，既是雅事又是盛事。

其中，最为突出的当属菊花会。菊花会始办于开园的当年，展品来自沪上各园圃，种类之盛，令人目眩神摇。常见的菊花佳品有朱砂蝴蝶、紫霞觞、火爪金龙、泥金洛阳、绿荷塔等。除了对菊花作欣赏评比外，在花会期间还结合主题举办诗会、画会、宴会等。1886年，《申报》主笔何桂笙，又称"高昌寒食生"，他的一篇《徐园赏菊记》更加促使徐园名声外扬，使很多人对徐园一直心向往之。1888年，徐园举办了一次为期一个月的盛大菊花会，当时推出名品30多种，展品按花期分4"集"展出,每"集"7天,上至官宦富商,下至普通百姓,都可以参加花展。何桂笙参观后,写下《东篱采菊图记》。

1888年11月22日,《申报》第一版发表了《东篱采菊图记》,其对于徐园菊花会的描述为:"徐园今年菊花之盛,甲于他处。园主人为菊花之会者,四次罗列各家所执之佳种名葩,悉心位置,以供众人之赏玩,破费心神,计七日为一集,自九月二十四日为第一集起,至十月望日第四集止,恰恰列宿一周。此二十八日之中,无日不游人如织,而主人之招客宴会亦几无虚日。余亦无日不为徐园之游,每于公务既毕,辄与介玉同往,往则流连至晚,或饮酒,或不饮酒,或啜茗,或并不啜茗,其去也或车或步,随意所适。"对于徐园照相的感受是:"其于照相一法,尤为专门名家,凡所照诸片,莫不丝毫毕肖,虽以余之短视,去镜则失神,带镜则夺光,他家所不能肖者,亦复形似神似,则其技之精可知矣。"

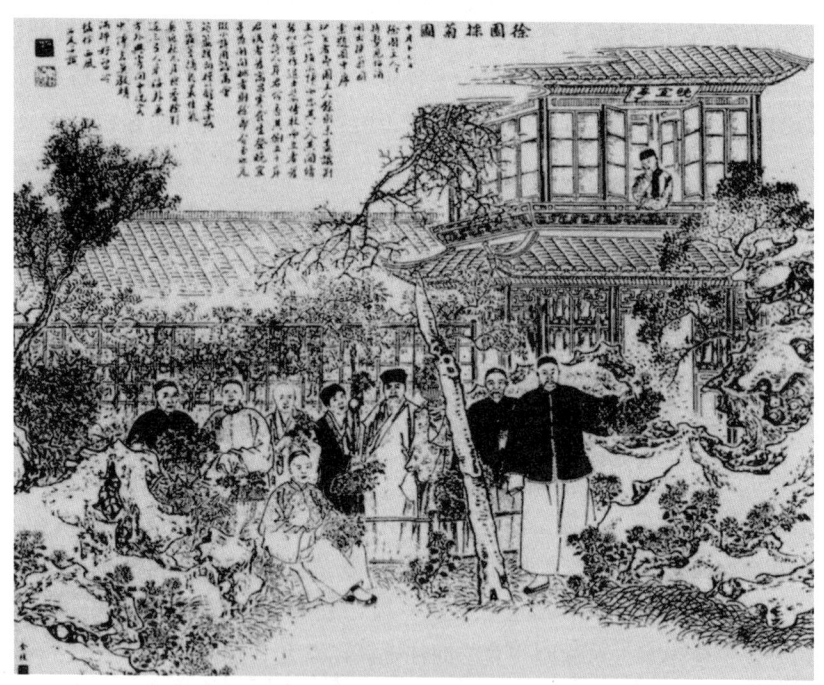

徐园采菊图

加以园中景物，到处入画拍照，兼可以拍园景，其点缀更自天成。"①何桂笙的《东篱采菊图记》以旁观者的笔触，描绘了徐园集赏菊、游园、摄影等于一身的特点。

徐园兰花会在每年的三四月间举办，遍邀沪上各园圃以佳卉参展，盛况迭现。展览时陈设幽雅，门内甬道上悉张彩色篷帐，直达鸿印轩，厅内兰花"堆垒有致，间以杂花多种，玉素嫣红，益增妩媚"。1890年，徐园照例举办了蕙兰花会，佳品甚多，据时人回忆：

> 雨丝风片，搁住春阴，九十韶华，几不知已过大半矣。星期多暇，喜见晴曦，客有约赴徐园品兰者，遂于午后乘薄笨而往，时则游人如蚁，络绎于回廊花榭间、碧柳阴中，微露杏黄衫子，如披赵大年山水，秾丽中别具清华，登其堂，棐几湘帘纤尘不染，黄磁绮石位置咸宜。予以俗中人，从未识国香声价，惟闻客指点曰，此朱荷也，此新蝶也，此新梅也，此素心新荷也，此湖州梅也，此大金钱也，此素心文团也，此集圆也，此龙字也，此汪字也。此外，尚有数十种子听之不甚了了，即偶记忆亦旋遗忘，戏问客曰，此皆群芳谱所载，曾经古名人品题者乎，曰是不然，惟各随人意标一新名耳，必欲按谱以求之，其能免刻舟之诮欤，既而暝色催归，游人渐散，乃邀客偕返，方过鉴亭后，长廊园丁谓予曰，十一二日尚须再赛二日，请破工夫明日早些来，于笑应之曰，诺。归至尊闻阁，为之拈管以记之。②

兰花会举办时春意正浓，游人品香茗、赏兰花，顿感"芬香馥郁，直沁心脾间，顿觉脑海中尘世烦嚣，洗涤一净"，沉醉在这淡淡的幽香与脱俗的氛围之中。因此，每次兰花会游赏者甚众，偶有"三数西妇，亦杂立人丛中，品评兰种高下，似深为艳慕者，西人之爱花热情较华人更甚"。这些西人妇女能像中国人一样品评兰花的优劣，也可看出她们旅

---

① 《东篱采菊图记》，《申报》1888年11月22日。
② 《徐园品兰记》，《申报》1890年3月31日。

沪久矣。每年花会，徐园园门左右，汽车马车充斥，园内游人摩肩接踵。1919年3月21日，徐园兰花会开幕当日，前往观者达数千人。

徐园牡丹花会、梅花会、杜鹃花会分别于1911年、1913年和1914年开始举办，隔数年办一次。有游人参观杜鹃花会后，作诗以咏杜鹃花，云："樱花错过巢园会，却向徐园看杜鹃，异种东邻归船舻，故山今岁负婵娟。老来烟视犹知美，月下风光定可怜，苦意旧游朱沈尽，试茶话十多年。"① 至20世纪20年代末，牡丹花会、梅花会、杜鹃花会逐渐停办。

徐园花会的参与者大体为书画社、琴会、曲会等社团的社员或会员，主要活动内容为书画创作、诗文唱和、抚琴拍曲、花丛留影、佳景品评等。赏花不仅是一项娱乐活动，而且含有一定的社交功能，园主不仅组织花会，而且于花会期间宴请当时的社会名流，宴席的佳肴均冠以花名，相当风雅别致。

花卉展览亦是半淞园的传统活动，展出的佳种虽然不如徐园丰富，但数量较多，加之展地宽广、远绝尘嚣，又有湖光山色映衬，因此每逢花展，全城轰动，门前车马充塞。半淞园与徐园，可谓当时一南一北两处有名的赏花场所。

半淞园兰花会每年农历二三月间举办，每届展览遍邀沪上及江浙诸艺兰名家选送珍藏的上品数十盆至数百盆，种类不同，极佳尽奇，在江上草堂、湖心亭、水榭等处展出，供游人品赏。1919年4月25日至27日，半淞园举办兰花会，观赏的游人很多。据记者观察：

> 半淞园林石幽胜，远绝尘嚣，洵为沪上人士游览之所，该园自昨日（二十五日）起，开兰花会三日。记者于昨日下午三时许，即驱车前往，购票入园，庭中所罗列各种蕙兰，无虑数十百盆，种类不同，极佳尽奇，盆上皆书有艺兰家之姓氏。其中最奇者，为一枝花，插于瓶内者，外罩玻璃罩，枝上约十一朵花，名曰如举解佩梅，下书兰痴

---

① 冒广生：《徐园赏杜鹃》，《艺文》1936年第1卷第1期。

某某，并有一片摄出，内具说明，述此花之来历，亦可谓不多见者矣。是日并有某某社之昆曲，以助雅兴，来游者甚多，门前车马充塞，颇极一时之盛。①

兰花不仅色、香、姿、韵俱佳，又被称为"绿色古董"，具有很高的经济价值，甚至一花值数十金，以致有人惊呼："一寸兰花一寸金，寸金难买寸名兰。"半淞园历届兰花会均有珍品，1922年展出的名兰，报载"有数种竟至一花而价值千金者"。该年的花会因太受欢迎，延长会期三天，《新闻报》还特意作了说明："半淞园兰会，内多佳品，连日往观者甚众，现定延长会期三天，以助余兴，有兰癖者勿失之交臂也。"时人曾诗咏半淞园兰花会，云："半淞园里小湖山，九畹春藏九曲湾。箭前迎风香结队，丛丛倚槛绿回环。素心人合金兰契，南面王联玉筍班。偏是多情罗谢辈，频邀蜂蝶闹花开。"②

半淞园开幕正值秋季，园内"自平地以达山顶，遍栽异种菊花，身入其境，茱萸夹道，令人目迷五色，逸兴遄飞"，予以游客深刻鲜明的第一印象。半淞园菊花会常常每年十一月举办，在江上草堂陈列菊花百余种，展品亦以该园佳菊为主，会期长达数周，杏花村、剪淞楼等酒家、餐馆同时推出菊蟹宴，以飨部分醉心于持螯赏菊的游人。1911年的菊花会，游人如织，轰动一时，陈列之品以江上草堂一种绿菊花最有特色。此外，梅花会每年农历正月举办，展品主要为该园自育盆梅，也有沪上诸艺梅名家选送的异种梅花，一时花色烂漫，沁人心扉。

张园是赏花看景的最好处所之一，因其绿化之好、草坪之佳、风景之幽，也是举办花会的理想之所。1888年，张园举办花卉展览，展品以西洋花卉为主，多为上海公众所罕见。当时园内专门雇佣花匠，栽培了许多名花佳草，春兰秋菊，夏荷腊梅，名种甚多。张叔和是有心人，为扩大张园的影响力，他欢迎西人在园中举行花会。1891年5月，西人在

---

① 《半淞园开兰花会志盛》，《时报》1919年4月27日。
② 徐穉子：《半淞园兰花会》，《嘤声月刊》1921年第2期。

张园举行赛花会,为扩大宣传,《申报》于当月数次刊登"请看花会"的广告:

> 寓沪各西商,每届春末夏初例有赛花会之举,操月旦于芳丛,亦风流之佳话。今岁定于西历五月十二、十三,礼拜二、礼拜三两日,即华历四月初五、初六等日,假张氏味莼园陈设赛花雅会,凡中西士商,苟有佳卉,均可与赛,一经品评,尚有花红相馈。届期到园览胜者,第一日每位收取游资洋一元,第二日每位收洋二角五分,入园游券,字林洋行亦有发售,特此预布。①

《申报》主笔何桂笙应园主和西人邀请往观,并撰文《味莼园观西人赛花会》,介绍此次花会的情况。园中高挂各国彩旗,并另竖一杆悬挂一面大旗,两旁斜下如人字式,与园内彩旗交相辉映。参赛之花的种类,数以百计,满园芬芳,到处一派姹紫嫣红,使得花镜层次分明、色彩丰富、搭配多样。参观之人则人头攒动,摩肩接踵。

张园也常常举办一些小型花会。张叔和从世界各地引进上品奇异菊花数十种,在园内辟地种植,栽培点缀,光怪陆离,绚烂夺目,获得不小的成功。1897年秋,他以园内佳品为基础,举办菊花会,并邀请李伯元前往评阅。1897年11月9日,李伯元在《游戏报》上撰文《奇卉呈芳》,描述了自己的观感:

> 礼拜六阅赛马既毕。礼拜日天气清和,爰乘马车而往。抵园后,倩园中友人为之先导,得以纵观。其中品类不一,最奇者有黄色一种,瓣后有芒刺。更有白色一种,瓣阔约二指许,洵为不可多见之品。其余粉白金黄,姹红嫣紫,皆有名目可纪。每棵开花自四五十朵至七八十朵不等,花大于碗,根肥壮,约有酒杯口粗,其最高者与人相等,各用篾竹扎就方圆三角,以及脚踏车、外国桌椅一切器具式样,使花朵朵向上。

---

① 《请看花会》,《申报》1891年5月6日。

又有一棵扎作两人相对形,另加头颅手足。更有一人手执折扇,尤堪发噱。间有一棵开有黄白红紫四色,细阅枝干,颇似预为接就,又无相接痕,是诚极秋圃之奇观矣。园中更杂以雁来红、芙蓉等卉,斗丽呈妍,与春花无异。当时欣赏者,久之徘徊不忍去。①

张园菊花会的展品姹紫嫣红,品类不一,更有罕见品种,这一切都吸引广大游客纷至沓来。愚园园西有大型玻璃花房,房内佳卉甚多,周围有露地花卉、树木、流水等。1893年,该园将所莳佳菊集中陈列于敦雅堂、如舫一带展览,仕女云集,盛况空前。此后,愚园也断断续续地举办过一些小型花会。虹口六三园亭台曲折,花木繁盛,风景清幽,春日樱花繁艳,有红绿白三色,约有百余枝,颇受游人特别是日侨的喜爱。1918年8月,园主白石六三郎在园中开莳花大会,邀请中西人士参观,极一时之盛。1923年,闵行新筑敏园,该园竹篱茅舍,幽雅宜人,敏园主人李英石自种名菊百余盆,花色新奇,特于开放的当年在园中绿野草堂开菊花大会,吸引不少游客玩赏。

关于上海究竟有多少种花,民国时期曾有人做过一个有趣的统计。据1784年《上海县志》所载,只收35种,有牡丹、芍药、桂花、山茶、海棠、桃花、金丝花、腊梅花、梅花、石榴、紫薇、紫荆、玉兰、玫瑰、绣球、紫藤、大香、蔷薇、月季、佛见笑、棣棠、辛夷、菊、荼蘼、百合、萱花、葵、木槿、芙蓉、凤仙、罂粟、水仙、荷花栀子花、虞美人等。1871年《上海县志》载有78种,是1784年收罗的两倍还多。1918年《上海县续志》又增添84种,共收162种,计有瑞香、迎春、杜鹃、玉簪、铁线莲、锦葵、鸡冠、雁来红、万年青、樱桃、茉莉、爵梅、秋海棠、剪秋罗、夜来香、晚香玉、秋牡丹剑兰、潮来花、喇叭花等,并有好几种外国花如洋月季、外国马兰、洋蝴蝶花、洋百合、洋水仙等。②

---

① 《奇卉呈芳》,《游戏报》1897年11月9日。
② 《上海的花与鸟》,《旅行杂志》1949年第23卷第7号。

不只是华人,西人对于赛花会也情有独钟。上海开埠后,西人也常于春秋两季举行花会,各家以所培植的盆花参赛,评定等第,给予奖励。租界内花卉展览始于 1874 年,英国驻沪总领事麦华陀曾以公共租界董事的名义,在主要中英文报刊上刊登了征集花卉展品的广告。1875 年 5 月 29 日,在英国领事馆花园举行莳花展览会,展览各种当令的"洋花",赶来观赏的多为西洋女子,或依栏小憩,或携手纵观,花会历时两天,参观的外侨共约 700 人。

1891 年,改由公共租界妇女委员会组织花会,上海中西莳花会成立后由该会组织。上海中西莳花会,是一个由英国侨民发起的非官方组织,致力于切磋交流园艺技艺,会员中绝大多数是外国人,每年五月和十一月各举办花会一次,展期花草植物缤纷多彩,既评选奖项,也供游人参观。花会期间,还穿插各类文艺演出助兴,常有工部局乐队、军舰上的乐队及其他西洋乐队在场演出。起初,花会活动地点不定,多在英国领事馆、外滩公园或外滩滩地等地举行,后来工部局市政厅、跑马厅先后成为花会的常设地。1891 年,西人曾借张园举办春季花会,"各种奇花异卉罗列亭中,而西人之知花者评定甲乙"。

外滩公园附属的花圃,位于外白渡桥南堍西面,在其投产后,公园每季都在花圃内或温室中举办小型花展,春秋两季甚至月月有展。在此后建成的租界大中型公园,也大致采取了和外滩公园相同的展览办法。

兆丰公园养花房

兆丰公园也曾多次举办小型花展,其中以菊花和大丽花最受游人称道。1914 年 5 月,上海中西莳花会在法国公园举办春季花会,园中百花争艳,公共租界各花园的名花亦携至该园陈列,并有饰满各色花卉的彩车环行于花会周围,展出颇为轰动。1918 年 5 月,上海中西莳花会假法国公园开春季莳花会,《新闻报》作了宣传预告:

上海莳花会社订于下星期二，假座法国公园开春季莳花会。数星期来，本地各园丁，皆刻意栽培各花，今年天气既适于花草，赛会之时必有一番盛况。况法总领事及工部局，曾许以开游览会时所建场所作开会之用，则地段亦极佳妙深，望有意与赛诸君，于星期二日晨九点前，将与赛花草送至会场，预料场之中央必为玫瑰及堇花所占也。①

从预告中，游人便可事先大致了解花会的基本情况。每年春秋两季的莳花会上，一花一草，尽态极妍。外国花卉名目繁多，颜色鲜艳，但香气较淡，以"草本最多，藤本花皆千叶。惟玫瑰一种，花蕊倍大于中国，香气亦终不及耳"。随着租界华人与西人的交流日益密切，入会的中国园艺家越来越多，在莳花会中也表现不俗。上海巨富周湘云学圃莳花，多次荣膺冠军，鸳鸯蝴蝶派主将周瘦鹃紫罗兰庵的盆栽，亦数次夺得锦标。周瘦鹃称自己为种花人，其种花生涯由来已久，晚年更是醉心花木和园艺，撰写了大量关于花木的散文和杂文。

莳花会之盛况

① 《法公园将开莳花会》，《新闻报》1918 年 5 月 20 日。

周瘦鹃在中西莳花会中的获奖作品

女伶在花会中饰花神

上海市立园林场菊花会

  1927年7月7日,上海设立"特别市",之后才开始举行全市性菊展。1928年上海市立园林场成立后,场里栽种的花约有50种,较特异的有牡丹、日本杜鹃花、重瓣芙蓉、日腊红、锦带花、寒宵、象牙红、六月雪、紫阳花、西古柱杆、红粉海棠等。市立园林场,虽然名义上不是公园,却具备着公园的特征和规模。1929年11月,上海市第一届菊花展览会在市立园林场举行,展品有400多个品种5 500多盆,其中品种菊200多种共400多盆分别由20家公私园圃提供,参观展览不收门票,参观人数最多时一天有1万多人次。此后几年,市社会局又组织了上海市第二、三、四届菊花展览会,参观人数均过万人。

  抗战胜利后,市工务局于1945年11月在泰山公园举办了菊花展览会,展出的5 000多盆菊花绝大部分由工务局所属园圃提供,少数来自私有园艺农场。此后的三年中,每年都在复兴公园举办一次全市性的菊展,规模最大的是1947年举办的菊花展览会,参展的有400多个品种约4万余盆菊花,展览门票售出22余万张。同时,也有社会团体在公园举办过几次中小型花展。1947年5月,上海园艺事业改进协会在复兴公园举办了莳花展览会,次年2月该会又于复兴公园举办梅花展览会。

花卉是美的象征,美的符号,对于花的欣赏,对于美的追求,是人类社会永不过时的主题。随着上海城市近代化进程的推进,近代上海公园举办的花会也由最初的文人雅集,转变为社会大众的休闲娱乐活动。每次花会,中西士女往观者,上至社会名流,下至平民百姓,骈肩累踵,络绎不绝,盛极一时。这种群体性的赏花活动,是民众精神享受的一种体现,通过想象将园中的梅、兰、竹、菊、荷等物寄托自身的高尚品质,力求使自己超"俗"趋"雅",观者正是在这种热闹的形式中找到独特的赏花乐趣。

第四节 曲　　会

近代上海公园摩登性与传统性并存,一头连着摩登,一头连着传统。园中既有时尚洋气的露天音乐会,也有传统的文人雅集,与租界公园露天音乐会的悠扬旋律形成鲜明对比的,是经营性私园里昆曲、滩簧、京剧等中国传统戏曲的抑扬顿挫和铿锵有力。

沪人喜梨园戏曲,早已是共识。1851年,上海最早的营业性戏园三雅园开园,主要演出江南地区流行的昆曲。1867年,新建的戏园满庭芳从天津约来京班在上海献演,这是京剧首次在上海演出,受到观众欢迎,"沪人初见,趋之若狂"。同年,丹桂茶园通过北京的三庆班,又约来大批著名京剧演员来沪演出。一时间出现了京徽同台、京昆同台以及京梆同台的局面,上海渐成为与北京并立的一个京剧中心。

开埠初期,上海营业性戏园较少,曲会主要在私家厅堂和花园中进行。张园是近代上海最著名的花园和公共娱乐场所,园西南有"海天胜处"楼,常常演出髦儿戏、滩簧、昆曲等,是举行曲会的重要场所。正如王韬在《瀛壖杂志》中所说:"张家花园不知建自何人,今屡易主矣。清旷幽邃,花木萧疏。惜为伶人所居,半就毁圮。沪上虽称繁华,然其时未有戏园,间于其中演剧。"

清末,上海等大城市出现了清一色由女艺人演出的戏曲,俗称"髦儿戏",一时大为流行。"髦儿戏"之名,一说是和上海京戏女班的创始人李毛儿有关,另一说是寓有时髦之意。此前京班角色皆为男性,故女伶一出,竟成风尚。所演戏曲,主要为京剧、昆曲或各地的地方剧种。当时,海上名园俱延邀名班进园演出,"名园宴客,绮席飞觞,非得女伶点缀其间,几不足以尽兴",张园"海天胜处"楼是演"髦儿戏"最负盛名的一个场所,常请髦儿戏班演出。

此外,园内还经常演出滩簧,1909年的《上海指南》介绍张园各项收费标准时,专门提及"海天胜处滩簧,每人约二三角",更可说明其为张园常规项目。何为滩簧,据《沪稗类钞》介绍:

> 滩簧者,以弹唱为营业之一种也。集同业者五六人或六七人,分生旦净丑脚色,惟不加化装,素衣,围坐一席,用弦子、琵琶、胡琴、鼓板。所唱亦戏文,惟另编七字句,每本五六出,歌白并作,间以谐谑犹京师之乐子,天津之大鼓,扬州、镇江之六书也。特所唱之词有不同,所奏之乐有雅俗耳,其以手口营业也则一。妇女多嗜之。江、浙间最多,有苏滩、沪滩、杭滩、宁波滩之别。①

关于滩簧的起源,时人认为:"在清朝全盛时代,不知那一个皇帝死了,于是各处戏园,必须在三年国丧期内,一律停锣。……于是昆曲的故乡苏州,有一位姓钱的,将昆曲减去锣鼓与笛,全用弦乐器来和他的

---

① 徐珂编撰:《沪稗类钞》,载熊月之主编:《稀见上海史志资料丛书》第1册,上海书店出版社2012年版,第502—503页。

唱，改头换面，单单坐着清唱，这便叫做滩簧。"①可见滩簧与昆曲的渊源很深，滩簧的曲文，大都从昆曲改编，引子、说白仍昆曲之旧。

晚近以来，上海流行苏滩，其中以林步青最为有名。林善滑稽，能作新式说白，尤受妇女欢迎，所至之处，坐客常满，要价亦比他人要高。名气较大者还有张筱棣、范少山、周珊山、郑少赓、金清如等人。林步青、张筱棣等滩簧名家，时常在此演出。1908 年，广东发生严重水灾，为数十年来所未有，张园受慈善家之请求，延请林步青在园内唱滩簧，票资半充广东义振，半归张园。1909 年 10 月，张园邀请张筱棣等人弹唱改良滩簧，并连续发布《张园告白》："本园自本月十一日起，特请张筱棣等五位先生弹唱改良摊簧，下午三点钟开唱，至六点钟止入，园者每位取洋二角，茶资在内，此布。"②张筱棣等人不仅在张园开演，还在愚园演出改良滩簧。据愚园夜游一览表，演出的有"张筱棣改良滩簧""何处女开唱小书""也是娥演讲金台传"等，门票连茶每位小洋四角。

除了髦儿戏、滩簧外，张园还时有昆曲演出。1895 年 8 月，张园聘苏州昆班演出，对外仍沿用三雅园的名义，标曰"味莼园内三雅园文班"，日戏下午两点钟开，夜戏晚 7 点钟开，日戏有《议剑》《献剑》《小宴》《大宴》等剧目，夜戏有《赏荷》《吃糠》《关粮》《抢粮》等剧目。徐凌云曾谈及 1898 年前后全福班在张园的演出情况：

> 张园正厅西南，有一处所，叫做"海天胜处"，俗称"老洋房"。它的楼下设菜馆、照相馆，旁边还有专卖化妆品的药房，宛然一个小型商场。楼上是剧场，文全福就那里演出。全场不过百余只座位，规模极小。座价四角，只演日场，夏季改演夜场。
>
> 当时艺人，有旦脚丁兰荪、钱宝庆、施桂林等；小生尤凤皋、陈凤鸣；老生李少美、沈锡卿、徐兰生；老外兼老旦吴义生；净角尤润卿、长脚金福；白面沈海山；丑陈水泉（凤鸣之弟）等。已搭京班的王小三、

---

① 泽夫：《谈滩簧》，《申报月刊》复刊第 3 卷第 5 期。
② 《张园告白》，《申报》1908 年 10 月 6 日。

金阿庆,有时也抽空来扮个脚色。①

1908年11月,张园安垲第连演昆曲,每日下午二点钟开演,进园连茶每位二角。1910年8月,商学界同人在张园雅集,会串昆曲助赈,所得售资用以补助须才学堂。1916年8月,在昆曲日渐式微的背景下,倚声社发起在张园举行昆曲雅集,言之谆谆,情之切切:

> 昆曲于各戏中最为风雅,只以知音难得,演者日鲜,而此曲遂成广陵散矣。今适旧存之全福班,在张园开演未辍,今由倚声社发起,转约各社同志,定于旧历八月初三起,至初五止,加以会串三夜,各尽所长,其陪串者即全福班艺员,均属旧日老伶工,丝竹迭奏,盛会难逢,想顾曲诸君,必联袂携往,以助清兴也。②

在经营性私园当中,徐园剧坛素享盛名。旧园以演出彩戏、中西戏法为主,新园是交流、演出昆曲的一个重要场所。自1889年3月起,徐园开始举办以昆曲为主的曲会,同人常在园内雅集,且常邀请熟习声律的名妓与会。当时有不少曲社,如赓春曲社、粟社、同声社等,常聚于徐园切磋。1909年徐园迁至康脑脱路后,在园内兴建有大戏台,曾演出京剧、髦儿戏、评弹、琵琶会等,但演出次数最多又最精彩的是昆曲。徐鸿逵次子徐凌云是昆曲名家,自幼受家庭及亲友的熏陶,毕生从事昆曲研究和教习,曾向沈月泉、沈斌泉、周凤林、邱凤翔等学戏,生旦净末丑,无一不精,还曾指点和传授技艺给著名昆曲艺术家俞振飞,昆曲界有"俞家唱、徐家做"之说,俞家即俞粟庐、俞振飞父子。当时谈到昆曲,又有"南徐北溥"之称,北溥指有"票界大王"之称的红豆馆主溥侗,亦工生旦净丑,而南徐就是指上海的徐凌云。园林与昆曲在一定程度上有着不可分割的联系,园林中的花厅、水阁都是听曲的绝佳

---

① 陆萼庭:《昆剧演出史稿》,上海教育出版社2006年版,第306页。
② 《张园之昆曲雅集》,《新闻报》1916年8月30日。

之处，声音的魅力充实了静态的园林内容，更显典雅之气。徐园有厅堂、戏台，花竹幽深，布置精雅，经徐凌云倡导揄扬，徐园遂成当时上海昆曲传授、交流、演出的一个重要场所，常有曲社曲友举行"同期"和"会串"。

"南徐北溥"：徐凌云（左）与溥侗（右）

徐凌云剧照

小生大家俞振飞剧照

"同期"和"会串"，均为曲社专有名词。"同期"者，指社友定期聚集，坐在八仙桌旁，对曲谱清唱。非职业演员演戏，叫作"串戏"，业余的曲友聚在一起，联合彩串演出，称为"会戏客串"，简称"会串"。赓春曲社，1902年由李翥冈等创建，该社每月"同期"一次。首批社员有李翥冈、费伯瑚、秦履云、杨康祥、王麟卿等9人，公推李翥冈为社长。1919年4月，赓春曲社曲友王欣甫、杨诚宓、陈少岩、张余荪、程藕卿等54人假徐园举办苏、浙、沪曲界大会串，咏唱曲目20余首，为上海曲坛盛举。同年11月，赓春曲社邀请苏、浙曲界人士及沪上嘤求、润鸿、倚声、钧天诸曲社再次举行会串，吟唱《南浦》《见娘》《藏舟》等20余出戏，当时北昆韩世昌亦应邀出席客串。辛亥革命后，"震环社""振声社""久记社""鸣和社"等京剧社团也常在徐园彩排，徐园一时成为沪上京昆界的活动中心。

1921年，昆曲全福班解散，穆藕初、俞粟庐、徐凌云等人在苏州设立昆剧传习所，"聘请教员，招罗吴中聪秀子弟，使之专心学习，以作一线之延，三年余而艺成，由名士王雪公为诸人命名，一贯皆以传字为行，而下一字则暗分生旦净丑，如生净取其金声玉振，故皆用金字旁，旦则取其花叶交辉，故概用草字头。小生取温其如玉，故悉用玉字旁。丑则取其流利活泼，故俱用三点水旁。"①这便是我们所熟知的昆剧传习所"传字辈"。徐凌云给予昆剧传习所很大支持，1924年，当时尚未出师的昆曲传习所"传字辈"成员，在所长孙咏雩的带领下，受邀到徐园作实习演出。

1925年，昆剧传习所的主要资助人穆藕初离开上海，传习所因此断了经济来源，无法继续维持，就此解散。光绪初年，京剧已成为上海影响最大、观众最多的戏曲剧种，观赏京剧成为上海市民竞相趋附的风尚，演出场地多集中在戏园，一时间"京剧风行，戏园斯盛"。当时京戏发展势头迅猛，而昆曲日渐式微，传习所中"传字辈"的成员刚刚能唱戏演出，一般的戏馆剧场不愿接受他们。这时候，徐凌云向他们伸出援手，"传字辈"成员就住在徐园，让他们在园内戏台上唱戏，并借给戏衣行头，甚至专门帮他们卖戏票，所得券资悉充该所经费。1925年10月14日（农历八月廿七日）的《时报》上有这样一则消息：

> 昆剧传习所，系旅沪江浙两省昆曲家穆藕初、徐凌云等捐资发起，设在苏州五亩园地方，成立数载，教师即由从前苏州全福班中艺员充任之，所收学生，均系贫寒子弟，嗣因经费支绌，该传习所全所教师学生等，定于夏历本月廿八九两天，假沪西康脑脱路徐园演剧两天，入场券每位一元，经由各昆曲家担任销售，所得券资闻悉充该所经费。②

---

① 海上漱石生：《退醒庐余墨》，载熊月之主编：《稀见上海史志资料丛书》第2册，上海书店出版社2012年版，第380页。
② 《昆剧传习所将在徐园演剧》，《时报》1925年10月14日。

这一群年轻的昆曲学员,正是在徐凌云的扶持之下快速地成长。1925年10月18日,"传字辈"学员在徐园连续上演《后亲》《扫花》《小宴》《思凡》《跪池》等剧目。12月11日,又在徐园串演昆剧整本《连环记》,朱传茗、张传芳双饰貂蝉,顾传玠、周传瑛双饰吕布。1926年2月,农历春节期间,"传字辈"学员在徐园上演《赐福》《长生殿》《牡丹亭》《百顺记》等剧目。2月18日,又在徐园串演昆剧全本《铁冠图》。此后,传习所学员多次在徐园上演《连环记》《刀会》《牡丹亭》《贩马记》等剧目,爱好昆曲者无不毕集,共聚一堂。多数学员从那时起,逐渐积累起了名气,成了昆曲界的中坚分子。

昆旦张传芳之《思凡》剧照　　朱传茗、顾传玠表演《狮吼记》之一幕

据陈定山在《春申旧闻》中谈及昆剧传习所时所述:

假徐园戏台,以为昆剧传习所。梨园子弟皆以传字为其行辈,得人之盛,可称昆曲之回光返照。时顾传玠(官生)、周传瑛(巾生)、郑传鉴(老生)、朱传茗(旦)、张传芳(贴)、王传淞(净)、倪传钺(丑)、华传浩(武丑),无不有其独到之处,而传玠、传茗尤为生旦双绝。每逢

爨演,白头名士,好昆曲者无不毕集。人手木刻大字曲本,据藤椅,捧香茗冥目按拍,听"转过了芍药栏前,紧靠着湖山石边,我把你钮扣松,衣带宽……"无不摇头摆脑,心旷神怡,若忘其老之将至者。①

商务印书馆掌门人张元济酷爱昆曲,他是徐园的常客。在"传字辈"演员演出期间,他常来捧场。1927年12月10日,张元济致俞振飞、张昭醇的信中,有这么一段:"元济于昆剧素乏研究,惟极喜其词旨优美,音韵和平,以为可以怡情淑性,故常涉足徐园,籍聆雅奏。……昆剧之高尚,全在于'雅'之一字。"短短数语,道出了昆曲的精髓。与普通的观众不同,张元济总是先问清当晚夜戏的曲目,然后带着曲谱来看演出,边欣赏演出边精读曲谱,他深感昆曲文字之幽雅,进而欣赏昆曲唱腔之委婉优美。曾有一天晚上,天下着大雨,台下的看客渐渐离去,只剩张元济一个人,但他依然看得津津有味,毫无离席之意。按照昆曲的惯例,演员们就继续表演,直到表演完全部节目,方得散场。青木正儿是日本著名的戏剧家、汉学家,其生前和王国维、胡适、鲁迅等人有着广泛的交往,1925年至1926年在北京游学期间,也专程来到上海,在徐园观看了传习所"传字辈"的昆曲演出。

1928年8月的一天,有昆曲爱好者到徐园听曲会后,撰写了《徐园顾曲记》,记述了自己的感受:

> 半年不闻之昆曲,前又于徐园出演矣。余于其演唱之第一夕,即欲往观,忽为事阻,至星期二晚,乃得暇一往。入座后,即晤朱君天半,谓料余应至,并告以前夕张传芳演佳期至为完美,貌亦较前更佳,闻之殊为欣慰。已而传芳来,晤谈颇惬。时台上正演辞朝,施传镇饰黄门官,此剧道白多,而词句间又多叠字,颇不易说,传镇说来字字清楚,殊为难得。继即为六月雪,王传蕖饰窦娥,传蕖向不著名,而数月不见,居然唱功大有进步,亦属可嘉。此剧自说穷至天打共演四幕,为时颇久。

---

① 陈定山:《春申旧闻》,海豚出版社2015年版,第42—43页。

迨此剧毕后，而张传芳之跳著开幕矣。传芳衣白色衣裙，丰采殊为可观，唱功做功，无一不好，诚上选也。华传莘之莺莺，周传瑛之张生，亦俱相配。继复演拷红一阕，天半谓如此重头戏，连演两出，殊不易得，排戏者不谅人，未免太不谅人，余亦甗之。然在吾辈则眼福耳福诚不浅矣，是剧演毕，尚有二阕，余以已过十时，倦极欲眠，遂赋归去。归途凉风习习，仿佛传芳声韵，犹萦绕于耳膜中也。①

从顾曲记中可以看出，上文作者是徐园曲会的常客，并与张传芳等人相熟，常去徐园观看他们的演出。张传芳被海上漱石生称为"一艺精百艺精者也"，粉丝很多，颇受社会关注。只因此次曲会演出剧目太多，演出持续时间太长，作者倦极欲眠才不得不提前离去，但传芳声韵，依然萦绕于耳，令其回味无穷。

20世纪30年代初，徐凌云还花费巨资购得一台16毫米的摄影机，在徐园拍摄《游园》《惊梦》《梳妆》等昆曲电影，继续宣扬传承昆曲艺术。

---

① 月旦：《徐园顾曲记》，《金钢钻》1927年8月27日。

结 语

1934年，西方人撰写的《上海指南》，这么描述上海的形象：

  上海，世界第六大城市！上海，东方的巴黎！上海，西方的纽约！
  上海，全世界最为世界主义的城市，几乎并不夸张地说，是由一个泥滩渔村一夜之间变成了伟大都市。
  上海，世界旅游者必至之处，风习来自东西方48个不同的民族，夜生活富有魅力，城市生气勃勃，向世人提供了远东丰富、混杂的诱惑。[①]

1999年出版的《上海通史》，对近代上海这样评价：

  世界上没有两个完全相同的城市。每一个城市都有自己的特点，都有自己的历史，都有值得研究的地方。但是，像上海城市内蕴这么丰富，特点这么鲜明，发展道路这么奇特，环视宇内，实属少见。[②]

这就是上海！

公园，作为近代上海不可或缺的重要组成部分，承载了近代上海城市社会的诸多功能，折射出近代上海城市社会的很多面相，构成了近代上海独特的城市记忆。近代上海公园作为一种新型的城市公共空间，不

[①] *All About Shanghai*, University Press, Shanghai, 1935, P.1.
[②] 熊月之：《上海通史·总序》，上海人民出版社1999年版，第1页。

仅仅是一个亲近自然、休闲娱乐的好去处,更是一个政治、社会、文化、教育活动的大舞台,各种社会力量在此较量、争夺和妥协,它们的合力共同塑造了近代上海公园的复杂形象。

近代上海公园与公用私园的发展与演变,始终伴随着上海城市化进程的推进,与近代上海城市人口的增多、人口密度的增大以及照明工具的演变、交通工具的演进等因素,有着十分密切的关系。

公园被称为"都市的绿洲",对公园的迫切需求,是近代上海城市发展的必然要求和结果。开埠以前,上海的地位并不显赫。1843年,全国人口超过1万的城市排名前十位的依次是:"1. 北京,2. 苏州,3. 广州,4. 武汉,5. 杭州,6. 成都,7. 福州,8. 西安,9. 南京,10. 长沙。上海排名第12,第11名是天津。北京最大,有85万人,上海仅有20多万。"① 此时,在全国范围内,上海还只是一个普通的沿海城市。开埠以后,上海迅速膨胀、发展,在短短几十年时间里,由一个滨海县城变成了人口超过百万的大都市。在这个过程中,租界当局通过越界筑路大肆扩张,城市范围不断扩大,大批人口蜂拥而入上海,人口数量急剧增长,人口密度为当时世界其他城市所罕见。1900年上海人口超过100万,居全国第一位,此后一直是全国人口第一大城市。1915年超过200万,1930年突破300万大关,成为中国特大城市,与伦敦、纽约等相比肩的国际大都市。1949年初达546万,一百年中增加了20多倍。从人口密度上来看,1865年,上海华界人口密度是每平方公里980人,到1930年上升到每平方公里3 441人;公共租界在1865年是每平方公里37 758人,到1930年上升到每平方公里44 596人。公共租界人口密度是华界十倍以上。② 人口的增多和人口密度的增大,意味着对公用休闲空间需求的加大,这是近代上海公园迅速增多的主要原因。就本书涉及的公园而言,19世纪60年代至19世纪末建立的公园有9

---

① [美]施坚雅著,王旭等译:《中国封建社会晚期城市研究》,吉林教育出版社1991年版,第94页。

② 邹依仁:《旧上海人口变迁研究》,上海人民出版社1980年版,第97页。

个，20世纪初至20世纪40年代建立的公园有20个，其中民国时期建成开放的公园有16个，这段时期正是上海经济社会高速发展、人口急剧增长的时期。

照明工具、交通工具等基础设施的发展与进步，是近代上海公园受民众欢迎的外在动力。1865年12月，外侨在南京路正式点亮第一盏煤气灯，这是上海使用煤气路灯的开端。不久，英美租界主要街道陆续装上煤气灯。法租界也不甘落后，1867年3月，公馆马路、科尔贝尔路等处也点亮了煤气灯。华界居民最初不明煤气制造原理，多有疑惑，不敢使用，后来对煤气原理、优越性逐渐了解，遂竞相使用。煤气灯较火油灯光亮，上海有"不夜城"之名，自使用煤气灯始。至电灯推广后，上海又改以电灯代替煤气灯。1882年，卸任后的工部局总董立德禄创办了中国第一家电厂。同年，试装电灯（弧光灯）15盏，并第一次在外滩公园高台上装置电灯。电灯较煤气灯更亮更方便，且更为安全耐用，其优越性被越来越多的中外人士所认识，于是1883年在外滩、南京路以及百老汇路等主要干道上都安装了电灯，城市照明大为改观。从此，上海以"不夜城"闻名天下。科技推动了城市化，城市化又推动了城市休闲娱乐功能的发挥。电灯犹如一颗颗夜明珠熠熠生辉，不仅照亮了马路、公园、戏院等，也极大地增加了人们的活动时间，使人们的夜生活更加丰富和浪漫。夜晚灯火通明，人们不再受传统作息时间的限制，为夜花园的兴起与发展提供了助力。在电灯的照耀下，公园里的露天音乐会吸引了大量观众，丰富了民众的消夏生活。每年的法国国庆节，法国公园内扎有电灯数千盏，"入夜五色电灯，齐放光明，如同白昼，颇觉奇观"。这些都得益于照明工具的进步。

交通工具的演进，为民众出行提供了便利和保障。19世纪中后期，上海城市主要交通工具是轿子、独轮车和马车。轿子一般为中等收入以上的人士所用，独轮车则为工人等较低收入者所用。后来人力车从东洋流传来沪，具有轻便、迅速、价廉等特点，逐渐取代了轿子、小车和马车，同电车、汽车并驾齐驱，成为上海客运主要工具之一。以法租界为例，1912年登记的人力车每月平均6 000辆，私人包车每季度平均900

辆。到了1921年，两种车辆分别增加到9 000辆和2 650辆。随着城市化进程的加快，工商业迅猛发展，原有的交通工具已远远无法满足城市发展的内在需要，于是机动车输入进来。1901年，汽车开始输入上海，最初一些达官显贵特别是外国商人开始购置汽车，成为早期上海汽车的拥有者，此后汽车在上海逐年增多。1908年，公共租界和法租界的电车正式通车营运，电车的开通和线路网络的初步形成，标志着上海的公共交通进入了一个新时代。1908年3月，上海第一条有轨电车线路正式通车运营，这条线路自广东路外滩转南京路，西至静安寺，全长6.04公里。后来电车公司又开辟了几条线路，把公共租界内的闹市区、居民聚居区特别是外侨居住区连接起来，形成公共租界最初的线路网络。1908年5月，法租界第一条有轨电车正式通车，该线路东起十六铺，西至善钟路（今常熟路），不久向西南延伸到徐家汇，全长8.5公里。华界方面，1912年南市开辟第一条有轨电车线路，自小东门至高昌庙（今高雄路），线长4.97公里。1912年，上海电车公司共有电车107辆，年载客量4 073万人次，日均运客量为11万人次；1921年，车辆增至190辆，年载客增至11 955万人次，日均运客量近33万人次。此外，无轨电车线路也发展很快，1914年11月公共租界在福建路上首辟无轨电车线路，到1938年线路增至9条；法租界自1926年始有无轨电车，到1938年共有5条线路。作为一种现代的公共交通工具，电车为人们的出行提供了极大便利，在都市生活中发挥着越来越重要的作用。

兹以兆丰公园为例，该园为郊野公园，离市区较远，游人往返多有不便。公共租界特安排公共汽车和无轨电车，由静安寺直达公园，为游人提供了极大便利。1926年，公共租界安排公共汽车由静安寺经愚园路到兆丰公园，每逢星期六下午和周期日全天开驶，全程售铜元20枚。1928年，又有无轨电车直达兆丰公园，据《时报》载：

> 自租界公园开放后，因兆丰花园，僻处沪西愚园路底，园景虽优，多以往返不便为憾，近已由电车公司，布置电线路牌，行驶二十路无轨电车，由静安寺与一二两路接线，循愚园路直达兆丰花园为止，工程即

将告竣，闻于 8 月底以前，当可通车。①

此外，外滩公园、虹口公园、法国公园等，皆有电车直达，来往十分便捷。南市的半淞园位于沪杭甬南车站之东，华商电车可直达其门。夜花园一向营业至深夜，半淞园为方便游客特与华商电车公司协调，于夜间一时余加开西门小东门专车数班，往来载送，以解决游客夜间交通问题。电车、汽车等现代交通工具的使用，拓宽了人们的活动半径，缩小了人们与公园的心理距离，提高了人们与公园互动的速度和频率。

另一方面，公用私园在建立之时，皆位于地价不高的城市郊区，随着商业的繁荣、人口的增多、人口密度的增大，又会导致地价的上涨。经营性私园为私人所有，势必追求土地价值的最大化，废园建房成为私园园主的首要选择，这是公用私园走向衰落的最重要因素。徐园 1909 年从闸北西唐家弄迁到西面的康脑脱路，原因就是原址地价猛涨，将原址置换能获取更大的经济利润。出于类似原因，到了 20 世纪 20 年代，先前开放的公用私园一个个都关闭了，原址都用于开发房地产了。杨树浦大花园 20 世纪初终告废圮，县城西门外斜桥东西园 1914 年停业，愚园 1916 年关闭后改建房屋，1919 年张园园主将该园售卖改建住宅。与公用私园的衰落形成鲜明对比的，是租界公园的兴建与开放，且在时间上正好同步。1906 年、1909 年、1914 年，虹口公园、法国公园和兆丰公园先后建成开放，兆丰公园建立时，上海城市人口已经超过 200 万，公共租界总人口已近 70 万，中区人口密度每平方公里超过 75 000 人。这说明，城市越来越拥挤，越来越需要休闲娱乐空间。租界当局为了民众休闲娱乐生活的需要而兴建了公园，私园园主为了追求利润的最大化而关闭了私园，这一建一关启示我们，城市公园等公共设施只能由政府来统筹与规划。②

近代上海公园在发展和演变过程中呈现诸多特点：

---

① 《直达兆丰公园　无轨电车将通行》，《时报》1928 年 8 月 5 日。
② 熊月之：《近代上海公园与社会生活》，《社会科学》2013 年第 5 期。

一是起步最早。鸦片战争后,上海成为中国最早开放的五个通商口岸之一,大量外国人涌入上海,西方文化也随之输入上海。1868年,为满足外侨休闲娱乐生活的需要,租界工部局在苏州河汇入黄浦江的交汇处建成了外滩公园,这是近代上海最早的公园,也是近代中国第一个城市公园。上海公园建设不但远比内地城市早,比其他通商口岸也早得多。以上海与较早规划建设公园的天津相比,1880年法国人建造的海大道花园是天津最早的公园,1887年英国人建造的维多利亚公园则是天津英租界最早的公园,建成时间均比外滩公园晚了十余年。近代上海公园不仅起步早,而且数量多,辛亥革命前上海已建成公园14个,其中租界公园6个,公用私园8个。

二是风格多元。近代上海建有许多公园,由于公园的拥有者、设计者、管理者的文化背景不同,使用者也各有侧重,这些公园彰显的文化色泽也各有不同,呈现中西并存、风格多元的特点。如租界的四大公园,外滩公园、兆丰公园富有英美特色,分布在英美租界;法国公园富有法国情调,分布在法租界;虹口公园则凸显了日本文化的特点,分布在具有"小东京"之称的虹口,共同拼接成上海城市异质文化交织的奇异色彩。入法国公园,如游巴黎;入虹口公园,疑身在东京;入兆丰公园,仿佛身处欧美郊野的大庄园;如若置身外滩公园,则会让人感到这里弥漫的欧美情调,又与任何一个欧美城市都不一样。张园、徐园、愚园、半淞园等一批公用私园,或为传统的中式园林风格,典雅幽静;或为中西合璧风格,又呈现出了时尚和优雅。可以说,近代上海公园是上海作为一个多元文化熔炉的真实表现。

三是功能多样。特殊背景下的近代上海公园,承载了满足租界侨民和华人休闲游憩的功能,也体现了殖民地色彩的政治、军事功能,既为殖民者进行节日庆典和军事操演提供了理想场所,也为华人政治集会提供了一个大舞台;承载了社会教育的功能,有振奋国民精神、提高国民素质的体育教育功能,有普及动植物科学知识、引导人们热爱大自然的科普教育功能,有既娱民众、又开民智的民众教育功能;承载了深受传统美学浸润的文人墨客进行交往集会的文人雅集功能,有借诗文以鼓吹革命、提倡民族气节的南社雅集,有觞咏品题、适情怡性的书画会、花会和曲会等。以上诸多功能以及公园内开展的各种活动,与近代上海政治、经济、社会和文化迅速发展紧密相关,深刻地植入这座城市的集体意识之中。

四是民族色彩鲜明。上海的公园是在不同政治与文化背景下,由不同机构、面向不同居民建立起来的,各个公园都具有鲜明的民族色彩。租界公园是按照西方园林风格设计的,与西方联系最为密切,园内的音乐亭、草坪、喷泉等,多为西方园林元素。此外,英美人在外滩公园竖立了民族色彩浓厚的常胜军纪念碑和马嘉理纪念碑,带有明显的民族认同标志;法国人也在顾家宅公园竖立了法兰西民族认同标志的环龙纪念碑,并每年在此庆祝法国国庆节;日本人则常在虹口公园庆祝日本的"天长节",六三园还建有日本民族文化印记的日本神社。1928年以前,租界公园禁止华人入内,这使得租界公园带有鲜明的殖民主义色彩,引起华人极大不满与持续抗议。正是在租界公园禁止华人入内的刺激下,张园在经营方面就有与租界公园一争高下的心理,园主张叔和特请在沪的英国园林设计师设计安垲第方案,1893年又对张园进行大规模改造,筑高楼、添新房,面貌焕然一新,将其建成集公园、餐馆、茶馆、戏馆、照相馆、展览馆、游乐场为一体的公共活动场所,成为上海人气最旺、名气最响的花园。近代以来,面对日益严重的民族危机,各种社会思潮和社会运动不断涌现。近代上海作为中国最大的工商业城市、经济中心、文化中心和工人阶级运动的中心,张园、愚园、徐园、半淞园等清末民初建立的公共空间,最突出的一点是作为上海各界集会、演说的场所,这里举行了众多的政治集会,有国民大会、市民大会、会党成立大会,有政治色彩很浓的追悼会、纪念会、庆祝会,有国货运动开幕、宣誓大会,也有各种形式的抗日救国集会等。由此,公园又成了上海民众表达民主自由思想的大舞台,记录着上海民众追求民族解放和独立的光辉历史,这些都体现了鲜明的民族色彩。

近代上海公园不仅在当时发挥了相当重要的作用,也产生了至为深远的影响。公园绿地对城市有着重要的意义,城市绿化率是体现城市宜居程度的重要指标，也是城市竞争力的重要指标。如果城市从一开始就建有公园绿地，那么成本是小的，随着城市化进程的推进，再重新规划开辟新的公园，成本无疑会很大。如著名的美国纽约中央公园、英国伦敦海德公园，犹如一颗奢侈的天然绿宝石镶嵌于寸土寸金的城市中心，虽占地面积广阔，但规划建设较早，因此成本较低。上海是全国乃至世界人口密度最高的城市之一，土地资源尤为紧缺，近代上海的外滩公园（今黄浦公园）、虹口公园（今鲁迅公园）、法国公园（今复兴公园）、兆丰公园（今中山公园）等租界公园大多得以保存至今，且都位于城市中心位置，不仅成为都市人们快节奏生活里一味重要的调剂，也为增强城市核心竞争力和提升城市软实力，奠定了重要基础。

对于一座城市而言，公园是城市文明的窗口和历史变迁的记录者。近代上海公园作为城市重要的历史文化遗产，是城市历史的无声见证，积淀了十里洋场的历史情怀，彰显了上海城市的历史文脉和城市品格。如今，逛公园已成为人们休闲生活的重要组成部分，公园城市也成为许多城市的发展目标。在此背景下，既要加快推进公园城市建设，规划建设一批新的公园绿地，也要把上海丰富的园林资源挖掘好、保护好、利用好、传承好，特别是像外滩公园、虹口公园、法国公园、兆丰公园等一批在中国近代史上具有重要意义的公园，科学保护和合理利用显得尤为重要。

附录1 大事记

1843年11月17日,上海开埠。

1868年8月8日,外滩公园对外开放,又称公家花园、外摆渡公园等,是上海也是全国最早的城市公园。

1870年,外滩公园草坪建有木结构音乐亭,并安装煤气灯,夏季每周在此举行露天音乐会。

1879年,上海工部局乐队的前身——上海公共乐队成立。

1881年,租界召开纳税人会议,决定上海公共乐队由工部局接管,成为有正式拨款、有专门乐队委员会管理的正规、专业乐队。

1882年,外滩公园安装电灯,电灯的使用为夜花园的兴起提供了至为关键的便利。

1882年,申园对外开放,建园初期在沪上名噪一时。

1885年,租界工部局在公园门口竖立一告牌,公布园规六条,其中第一条"脚踏车及犬不准入内"、第五条"除西人佣仆外,华人不准入内",竟将犬与华人相提并论,民间将其概括为"华人与狗不得入内"。

1885年4月,张园对外开放,数年后园内新建一高大洋房安垲第,被称为"海上第一名园"。

1886年5月1日,张园大放焰火,盛况空前。

1887年,静安寺西园对外开放。

1887年1月,徐园对外开放,为清末沪北十大景致之一,1909年园主将旧园迁筑于康脑脱路。

1888年,悦来容照相馆在徐园开业,是上海最早出现的商业摄影社。

1888年11月,徐园举办盛大菊花会,当时推出名品30多种,展品

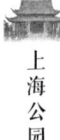

按花期分4"集"展出,每"集"7天。

1889年,大花园对外开放,以旷朗清幽见长,园内设有动物园,为沪上私人花园之巨擘。

1889年,徐园园主徐鸿逵创立徐园书画社,虚谷、任伯年、杨伯润、蒲作英等海上书画名家常常聚集徐园,切磋画技。

1890年,愚园对外开放,与张园、徐园被称为沪上三大经营性私家园林。

1890年12月,华人公园对外开放,初名新公园,上海道台聂缉椝主持公园的开幕仪式,并赐手书"寰海联欢"匾。

1892年,外滩公园新建一只六角形钢结构的音乐亭,屋顶形似英式礼帽,颇有维多利亚风韵。

1893年11月17日,公共租界隆重庆祝开埠50周年,外滩悬挂的一幅标语"世界何处不知上海"异常醒目。

1896年8月11日,上海徐园内的"又一村"放映了"西洋影戏",这是中国第一次电影放映。

1897年12月6日,中外妇女120余人在安垲第集会,讨论创办上海女学问题,是张园第一次百人以上的大型集会。

1898年7月,昆山公园对外开放,又称昆山儿童游戏场。

1900年,上海人口超过100万,居全国第一位,此后一直是全国人口第一大城市。

1900年,李叔同、张小楼、袁希濂、蔡小香、许幻园等5人在徐园小聚,宴后到照相馆合影留念,仿照王韬"海天五友图",将合照命名为"天涯五友图"。

1900年7月26日,唐才常等人在愚园成立中国国会,会上选举容闳、严复为正副会长,唐才常为总干事。

1901年3月,张园两次举行拒俄集会,反对清政府与沙俄签订卖国条约,两次大会为全国拒俄运动之先声。

1903年,轰动全国的"苏报案"发生,邹容入狱,他在囹圄中与章太炎吟诗唱和,继续撰写鼓吹革命文章。

1905年4月5日，中国教育会在愚园为邹容举行追悼会。

1905年8月至10月，公忠演说会数次在徐园召开抵制美约大会。

1906年，虹口公园对外开放，又称虹口娱乐场，后改名中正公园。

1906年12月16日，预备立宪公会在愚园召开成立大会，郑孝胥被选为会长，张謇、汤寿潜为副会长，李平书、张元济等人为会董。

1907年，徐园书画社举行规模甚大的书画赈灾活动，徐棣山长子徐贯云等邀请蒲作英、范云尊、徐梅庵、许青芝等在徐园开书画赈灾会，所得润资全部用于救灾济民。

1908年，上海县城西门外西园对外开放。

1908年，六三园对外开放，系日本人白石六三郎经营的一座日本式花园。

1908年3月，上海第一条有轨电车线路正式通车运营，该线路自广东路外滩转南京路，西至静安寺，全长6.04公里。

1908年5月，法租界第一条有轨电车正式通车，该线路东起十六铺，西至善钟路，不久向西南延伸到徐家汇，全长8.5公里。

1909年2月20日，由郑孝胥、高邕之、哈少甫、李平书等人发起的中国金石书会，假愚园洋楼及新厅举行第一次书画赛会。

1909年7月14日，法国公园在法国国庆日当天开放，又称顾家宅公园，后改名复兴公园。

1909年11月13日，南社在苏州虎丘下的张公祠举行第一次文人雅集，17位南社社员和2位来宾在这里诗酒唱和，正式掀开了南社的历史。

1910年8月16日，南社第三次雅集在张园举行。

1911年2月13日，南社第四次雅集在愚园举行。南社常在愚园举行雅集，包括12次正式雅集和2次临时雅集，柳亚子称愚园几乎成了南社的大本营。

1911年6月，汇山公园对外开放，后改名通北公园。

1911年12月15日，慎食卫生会假座张园发起组织第一次剪辫大会，到会者有4 000余人，来围观的外国人有100余人，引起巨大震动。

1912年，坐落于法国公园内的环龙纪念碑落成。

1912年，南市开辟第一条有轨电车线路，自小东门至高昌庙，线长4.97公里。

1912年4月17日，中华实业联合会假张园安垲第集会，欢迎孙中山到沪。

1913年4月13日，国民党上海交通部假张园为宋教仁召开追悼大会，各界代表2万余人参加。

1914年5月，上海中西莳花会假法国公园举办春季花会，园中百花争艳，公共租界各花园的名花亦携至该园陈列，展出颇为轰动。

1914年7月1日，兆丰公园对外开放，又称极司非而公园、梵皇渡公园，后改名中山公园，为近代上海面积最大的公园。

1914年8月，南社在徐园举行临时雅集。徐园是仅次于愚园的举办南社雅集的场所，举办2次正式雅集和2次临时雅集。

1914年9月，白石六三郎在六三园为吴昌硕举办个人书画展，吴昌硕亲往参加，这是上海乃至中国最早的个人展览之一。

1915年3月18日，上海国民对日同志会及各界人士在张园召开国民大会，参加集会者达3万人。

1915年5月15日至22日，第二届远东运动会在虹口公园举行。

1915年8月10日，公忠演说会假徐园召开抵制美约特别大会，到会者1 000余人。

1916年7月17日，孙中山在张园就有关地方自治召开会议。

1916年9月28日，孙中山在徐园慰问并宴请全体华侨讨袁敢死先锋队，并与大家合影。

1917年7月14日，凡尔登花园在法国国庆节当天对外开放。

1917年8月，霍山公园对外开放，初名斯塔德利公园，后改名霍山公园。

1918年，半淞园对外开放，取杜甫《戏题王宰画山水图歌》诗中的"剪取吴淞半江水"句意，命名为半淞园。

1918年10月，日本收藏家富三郎在六三园发起中日收藏家书画展览会，中国书画家吴昌硕、廉南湖、高野侯诸名士与会。

1918年11月23日，为庆祝第一次世界大战结束，法租界当局于法国公园举行阅兵典礼，著名出版家张元济携儿子张树年观礼。

1919年，意大利钢琴家、指挥家梅百器出任工部局乐队指挥，在他任职期间，该队被公认为整个远东最优秀的交响乐队。

1919年3月21日，徐园兰花会开幕，当日参观者达数千人。

1920年5月8日，毛泽东邀集新民学会会员萧三、熊光楚、李思安等人在半淞园开会，送别赴法会友，并合影留念，同时讨论新民学会会务。

1921年，昆曲全福班解散，穆藕初、俞粟庐、徐凌云等人在苏州设立昆剧传习所。

1921年5月30日至6月4日，第五届远东运动会在虹口公园举行。

1922年，南阳公园对外开放，初名南阳路儿童游戏场，后改名南阳公园。

1922年，工部局在虹口公园建造的露天游泳池落成启用，池长53.34米，宽22.86米。

1922年3月10日，法国霞飞将军在法国公园手植一棵"自由树"，中外各界人士1万余人来观此盛况。

1922年6月11日，南社在半淞园举行第十八次雅集，柳亚子当选为社长，而他坚辞不就，南社事业趋于停顿。

1922年8月，兆丰公园里的动物园对外开放，系上海境内的第一个公立动物园。

1923年，敏园对外开放。

1923年，叶家花园对外开放。

1924年2月，坐落于外滩的欧战纪念碑落成，因其规模宏大，被称为"上海第一碑"。

1924年4月，宝昌公园对外开放，后改名迪化公园。

1925年12月11日，"传字辈"学员在徐园串演昆剧整本《连环记》，朱传茗、张传芳双饰貂婵，顾传玠、周传瑛双饰吕布。

1926年，贝当公园对外开放，后改名衡山公园。

1926年2月,"传字辈"学员在徐园上演《赐福》《长生殿》《牡丹亭》《百顺记》等剧目,以后多次在徐园上演《连环记》《刀会》《贩马记》等剧目,逐渐积累了名气,成为昆曲界的中坚分子。

1926年3月,王一亭、钱瘦铁、刘海粟与日本画家桥本关雪、小衫未醒等在六三园成立古画研究与鉴赏的解衣社。

1926年12月11日,在争夺史高德杯比赛中,中国的乐华足球队与西人的SRC队在虹口公园展开激烈角逐,最终乐华队以4:1的比分大胜SRC队。

1927年5月29日,谭抒真以实习生身份首次加盟工部局乐队,为加入工部局乐队第一位中国人。

1927年6月,端午龙舟赛在半淞园上演,有名为"浦东青龙"和"嘉定乌龙"的两条龙舟参加,半淞园人山人海,热闹非凡。

1927年8月5日,国货运动大会在半淞园开幕,参加代表有2 000余人。

1928年3月12日,上海各界假半淞园集会,在孙中山逝世日举办首届植树节。

1928年6月1日,外滩公园、兆丰公园、虹口公园、昆山公园等公共租界公园向华人开放。

1928年7月1日,法国公园向华人开放。

1929年7月14日,为庆祝法国国庆节,法租界在法国公园举行庆祝活动,风光盛大,为上海滩的一大景观。

1929年8月,徐园举行七夕花灯烟火赠品大会,为上海一大奇观。

1929年11月,中日现代绘画展览会在徐园开幕。

1929年11月,上海市第一届菊花展览会在市立园林场举行,展品有400多个品种5 500多盆。

1931年,丽娃栗姐村对外开放,是很受欢迎的"夏夜娱乐处"。

1931年3月,白虹田径队在虹口公园举行第一届运动会,以后常假该公园举行运动会。

1931年4月,新加坡公园对外开放。

1932年1月28日，日军侵略上海，发动一·二八事变。

1932年4月29日，日本占领军和侨民在虹口公园庆祝天长节，韩国抗日义士尹奉吉在现场投弹，制造了震动东亚、影响世界的"虹口公园爆炸案"。

1932年6月，文庙公园正式对外开放。

1933年8月1日，上海市立动物园建成开放，系上海市政当局建立的第一座公立动物园。

1934年11月，胶州公园对外开放，后改名晋元公园。

1935年，由田汉作词、聂耳作曲的《义勇军进行曲》在上海诞生。

1935年3月8日，为纪念国际妇女节，上海市妇女会在文庙公园民众教育馆召开纪念大会。

1935年10月，市立第一公园对外开放，是近代上海华界市政当局建造的第一个颇具规模和水平的市政公园。

1936年6月7日，民众歌咏运动积极倡导者、音乐指挥家刘良模，在上海南市公共体育场站在高凳上指挥数千群众咏唱《义勇军进行曲》等抗战歌曲，声势浩大。

1936年6月15日，上海市第十五届卫生运动大会在文庙公园民众教育馆开幕。

1937年3月21日，上海各界在文庙公园民众教育馆举行首届上海节纪念大会。

1937年7月7日，日军发动卢沟桥事变，全面抗战爆发。

1937年8月8日，国民救亡歌咏协会在文庙公园民众教育馆举行成立大会暨救亡歌咏大会。

1937年8月13日，日军发动八一三事变，华界和苏州河北的公共租界被日军占领。

1938年6月23日，法国公园里的动物园对外开放。

1939年4月，由上海车会主办的第三届自由车竞赛在胶州公园举行。

1941年10月5日，精武体育会假胶州公园举行秋季运动会。

1941年12月7日，日军发动珍珠港事变，随即占领公共租界。

1942年1月，兰维纳公园对外开放，后改名泰山公园。

1945年11月，市工务局假泰山公园举办菊花展览会，展出5 000多盆菊花。

1946年5月1日，沪西15万工人在中国共产党的发动和组织下，在胶州公园集会庆祝抗战胜利后第一个五一国际劳动节。

1946年6月4日，抗战胜利后的首个端午节，黄浦滩头隆重举行赛龙舟活动，外滩公园一带挤满了观众。

1947年，复兴公园举办全市性菊展，参展的有400多个品种约4万余盆菊花，展览门票售出22余万张。

附录2　公园里的众生相

一、"破坏者"

公园是城市的重要组成部分，是不可或缺的公共空间，也是城市文明的窗口。在远东第一大都市上海，当人们精神上苦恼时，或身体上劳碌时，到公园去散步，或是做点运动，呼吸一下大自然赐予的新鲜空气，顿时心情开豁，精神奋发，也能够增加做事的效能。公园本是文明的场所，是公共的行乐场，但有些人扮演了公园"破坏者"的角色，往往不顾公德，折花践草、任意坐卧、任意涕唾、到处便溺等不文明的行为时有发生，让公园很是"受伤"。

外滩公园限制华人入内，其中很重要一条理由，就是华人不守公德，摘花践草。在19世纪80年代后期，外滩公园允许华人持券入园时，公园里就出现一些不文明现象："公家花园自去年听华人领照入内之后，夏令往彼纳凉者颇不乏人。然有挟妓以入者，此已犯西人之所忌，而妓又爱花成癖，往往一见鲜花，必欲折取，此非爱花实妒花也。"① 还有一些外侨对部分华人不顾公德十分不满，说每次想在公园里找个座位，可都有中国人躺在那里，于是专门买了很大的铁椅子要求放到公园去，要在园中设置一个自己专属的椅子。后来工部局决定，限制华人入园。为缓和华人的愤激情绪，工部局又在苏州河南岸、四川路桥与乍浦路桥之间，专门建造了供华人休憩的华人公园，该公园也有类似情况：

---

① 《中西异好说》，《申报》1890年7月8日。

华人之游于此者，时有滋闹。前日有一人欲独坐一凳，不肯与人共坐。是地之凳，皆可坐数人者，此人既欲独坐，即有不得坐者。且彼既拒人以共坐，必不肯心服，巡捕遂斥此人之非是，彼即骂詈不绝。又有游园诸华人见此人与捕忿争，亦不问事之是非，咸助此人，大有与捕为难之势。嗣经诸捕咸集，始将其拘去判罚。①

为维持华人公园的良好环境与正常秩序，工部局在华人公园的游览规则，特别加上"拆毁鸟巢，损伤花木，一概严禁""花园之内，凡衣服整洁之人，如循规蹈矩，任其入内游玩憩息"等内容。

这种现象不仅在外滩公园、华人公园存在，其他花园亦时有发生。张园作为晚清上海最受欢迎的公用私园，也遇到了此种事情。张园园主张叔和叹息：本园花草，皆属中外佳种，为前主人格龙所手植莳花，匠役按时灌溉，加意栽培，终岁辛劳，不遗余力，以故每年赛花胜会，尝邀品题，间列上品，即匠役亦列邀奖赏。自开园以来，张园纵人游览，赏花客无论贵贱男女，莫不流连爱玩，珍惜同深。"惟间有一种无知女妪，往往任情攀折，随意摘取。花既缘辞树而不鲜，果亦因离枝而莫顾。譬彼保姆哺养婴孩，忽被他人无端攫去，其情殊觉难堪，其心亦何太忍。"匠役因此既叹前功尽弃，又得奖无门，于是提出辞职。园主不得以，特发《为花请命》之告白："所愿来游之客，各戒其随同，抱惜花之心，勿动折枝之手，不戕生物，亦证慈仁，留得余馨，同臻寿考。此则私心之所切祷者耳。"②

1888年，徐园举办了盛大的花会。当年，园内开得牡丹十二朵，含苞乍吐，纵人游赏，可"守花者一不顾及，已被折去十一朵"。牡丹花朵较大，不能插鬓边，一离枝头又不能久放，游人拿在手上驰行风日中，未及到家早已干槁，主人一番培植之苦心，尽付之一声浩叹。因此，时人认为"爱花者，种之、培之、浇之、护之，当其未开也，盘桓于花下，

---

① 《中西异好说》，《申报》1890年7月8日。
② 《为花请命》，《申报》1885年9月30日。

以俟之。及其既开,摩挲花前以赏之,其既也,则又怜之、惜之、扫之、葬之。"①哪里有人以折花为乐呢。虽然古人云:好花堪折直须折,莫待无花空折枝。这也只是诗人借喻于物,寓意人生应当爱惜光阴,劝人及时进取,非真言花之堪折也。

法国公园作为法租界最受欢迎的公园,也曾出现过华人随地吐痰,或攀折花木,或损坏园中设施的现象,这一切都给法租界当局限制华人入园提供了借口。还有不少"破坏者"在公园随意攀折花枝、践踏花草,被巡捕扭送至公堂。《申报》皆有报道:

> 又一日,见一谒选南旋者,携仆入公家花园,折蔷薇一枝,捕上前欲拘之仆,曰官也捕,乃一并拘送至公堂,竟如例罚银。盖公家花园向不准人折花,此官不明工部局章程,致罹此罚,此又一事也。②

> 华捕解王朱喜到案,禀称此人潜至公家花园,任意攀折花枝,有违工部局定章,是以拘请究办。王供小的爱花成癖,误折一朵,尚乞恩宽,裹谳委员张柄枢司马商之梅翻译官,判责手心一百下,以为不知惜花者儆。③

> 昨有二西孩至乍浦路小花园内践踏花草,被管园捕拘入捕房,嗣由孩父求请宽释,捕头准之。④

1931年的《少年》杂志还载有一则故事,把华人"破坏者"随地吐痰的窘状展现得淋漓尽致,兹摘录如下:

> 星期六下午,有个初次到上海来的乡下人,去到一个公园里去玩耍,他嘴里突然咳出一口痰,因为乡下人不知卫生,就吐在公园的草

---

① 《中西异好说》,《申报》1890年7月8日。
② 《论探捕》,《申报》1896年6月12日。
③ 《英美租界公堂琐案》,《申报》1900年6月28日。
④ 《西孩践踏花草》,《时报》1909年8月18日。

地上。恰巧这时,有两个英国人在他的旁边谈话,一个正说:"Today is saterday",而且又对他望了望,因为见他很不卫生吐痰在地上。乡下人以为对他说:"吐痰是要杀头的。"吓得连忙往外逃,嘴里还说道:"这里规矩这样大,吐痰是要杀头的。"①

公园中的"破坏者"不仅有华人,还有西人。西人小孩因年幼不懂事,常常会发生折花践草之类的事情,但成年西人的破坏行为也时有发生。1930年10月27日,有华人游客到外滩公园散步,看见了不和谐的一幕,据他回忆:"在卖冰淇淋点心房屋西边,旁有椅子一张,一个英国水兵乘人不注意的时候,靠在那边,就任意小便,待后来水兵跑开我去仔细一看,果然是椅子上和地上湿塌糊涂,臭气不堪,原来真是小便。"②华人游客感到骇异,直言:公园里本有男厕所,并有用英文字标明,所谓文明国的人民而竟有如此不道德的行为,不亦怪哉!

租界当局为避免公园中的不文明行为,在公园规则中明确列出公园内禁止的行为,又采取一些拘罚措施,分别责令赔偿或送警署惩办,对"破坏者"起到了一定的警示作用。租界公园在开放之初,都有自己的规则,游客入园后都要遵守,否则就要受到处罚。规则的有关内容,主要包括以下几个方面:一是规定公园的开放时间,二是规定不得进入公园的人员,三是规定公园禁止的活动,四是规定违反者的法律责任。

1885年,租界工部局在外滩公园门口竖立一告牌,公布园规六条,其中一条为:禁止采花捉鸟巢以及伤害花草树木,凡小孩之父母及佣妇等理应格外小心,以免发生此等情事。1928年6月1日,公共租界公园对华人开放,工部局公布外滩公园入园规则十二条:

(一)该园每日之开放时间如下:自四月一日至九月三十日上午五时至日入,自十月一日至三月三十一日上午六时至日入,每逢晚上举行音

---

① 沈学文:《乡下人游公园》,《少年》1931年第21卷第3号。
② 云锦:《外滩公园怪剧一幕》,《民国日报》1930年10月30日。

乐会时,该园将开放至半夜;

（二）除设备之门外,不得由他处入园;

（三）凡不执年票入园者,每人须缴费铜元十枚,十二岁以下之孩童由成人伴入者,则可免费入园;

（四）牲畜脚踏车及其他车辆（玩具车辆婴孩车除外）不准带入园内,婴孩车务须行在路上;

（五）小贩乞丐衣冠不整者,及患传染病或新近患过传染病者一概不准入园;

（六）禁止捣毁鸟巢·折花·损坏树木草地·射鸟·捕鱼·摇船·沐浴·及燃烧等行动;

（七）无论何人,不准入奏乐台之范围内;

（八）各项字纸及其他费物,均须置于设备之器具内;

（九）禁止演讲及公共会议;

（十）禁止吐痰;

（十一）禁止随地便溺;

（十二）入园者如遇损失或伤害等情,本局不负责任,上项规则,务必从严施行,各色人等,务希注意。[①]

兆丰公园、虹口公园等其他公共租界公园规则与外滩公园大致相同。1928年外滩公园对华人开放后,当局为避免践踏草地的行为发生,在园内四周树立数个小木牌,木牌上标有中西文字,中文字为"草地上不可行走",但华人行走在草地上者仍为数不少,于是便将文字改为"草地上不准行走",把"不可"改为了"不准",语气更为强硬。管理者还发现园地上增多了不少痰迹,又增加一告白曰:"请游园诸君,幸勿随地吐痰,注意园中章程第十条。"

1909年,法国公园建成开放,法租界当局规定:园中花木鸟巢禁止攀折,严禁破坏公用椅凳,以及不得破坏草地内游戏用设备等。1928年

[①]《公共租界公园六月一日开放》,《申报》1928年5月17日。

7月1日，法国公园对华人开放，法租界公董局公布了规则十四条：

第一条：凡无本园常年游券者一概不准入园，该常年游券可向法公董局捐务处请领，随纳券资一元；

第二条：年券只限本人可用，不准转借或转卖，入围时须将该券出示与公董局专司鉴察出入之职员查看；

第三条：十二岁以下之幼童，皆得免资，但必须有成人伴入；

第四条：除设备之门外，不得由他处入园，公董局职员亦即在该门首查验游券；

第五条：本园开放时刻如左：自四月一号至九月三十号早五时开晚十一时半闭，自十月一号至三月三十一号早六时开晚九时闭；

第六条：小贩、乞丐及衣冠不整洁者，并患有传染病者，一概不准入内，狗虽有口络索带者亦不得择入，各项车辆（除小孩卧车、残废挟车、小儿游玩之足踏车外）一概不得驶入，惟捕房穿制服人员，以自由车入园供职乃属例外；

第七条：小孩游嬉及公众行走，只准在三大草场及池沼周围，其余草地则在禁例；

第八条：一切妨碍毁损本园之行为，皆在禁止之例；

第九条：不准行走草坪，穿越树丛，攀木折花，缘树掏巢，捕鱼射鸟，以及损坏公用凉亭憩所及椅凳，非得公董局特准，不得举行好盖球、网球、棒球、足球及一切同类游嬉；

第十条：各项字纸及其他废物，应抛弃于园中特备之器具内；

第十一条：不论何种性质之演讲、游行、示威，皆不得在园中举行；

第十一条：入园游客苟遇失窃、跌伤及他项遭遇，公董局概不负责；

第十三条：如有违犯上列规则者，处以五角至五十元之罚金；

第十四条：管理花园人与捕房人员有纠察违犯本规则之职，本规则得由公董局议会之决案随时更改之。①

----

① 《上海法公董局通告》，《新闻报》1928年6月30日。

与之前的几次修订不同，1928年6月颁布的法国公园规则，修改幅度较大。该规则经公董局董事会讨论形成决议后，由法国驻沪总领事签署对外公布，以后成为法租界内的"公园管理通则"。规则详细公布了公园中的禁止行为，并明确规定：如有违犯上列规则者，处以五角至五十元之罚金。以上入园规则对游客起到了一定的约束作用，据《字林西报》统计，公园对华人开放后的前两个月，上海各公园游客共有72万余人，华人游客品行甚好，即使偶有误违园规者，一经指告皆虚心接受，并无喧争现象发生，两月内游客绝无乱折花木或破坏园中产业者。

像租界公园一样，文庙公园开放之初也发布了经上海市政府核准备案的暂行开放规则，规则内容有十八条：

一、市民们进园里游览一定要遵照这种规则

二、本园开放的时间暂定每天上午七点钟起到下午六点钟止

三、车辆牲畜等等不准进园里去

四、园里的花草树木不准任意攀折

五、园里所备的公座不许搬动或横卧在上面

六、园里的钟鼓不许敲动

七、不准随地吐痰或到处便溺

八、不准随笔抛掷字纸和其他杂物

九、不许跨过护路的矮树

十、不许攀登树木或走到池边去游戏

十一、不许捕捉池里的水族动物

十二、不许高声叫喊或横冲直撞的跑跳

十三、不准涂墙画壁

十四、没有开放的地方不准进去

十五、凡有患神经病的或酒醉的或赤身裸体的或行为不正当的人都不许进去

十六、游览的人要是有询问的事情可以向市立民众教育馆的职员去询问

十七、园里的一切公共物件要是有人弄坏了就要照价赔偿

十八、本规则要是不完全的地方可以随时修正①

1932年5月31日发布的《上海市文庙园景部分暂行开放规则》，列出了公园中"不准"和"不许"的行为，也明确写道：园里的一切公共物件要是有人弄坏了就要照价赔偿。这一定程度上也起到了约束、规范甚至是教育游人的目的。

公园里发生攀折花木、践踏草地之类，以华人为多，的确是不能讳言的事实。西人歧视华人也是不争的事实，但有些自我审视的有识之士，在外争权利与尊严的同时，反躬自问，从自省的角度，检讨华人在公德方面的问题，进而强调加强公德教育。

1919年，报人陈伯熙在《老上海》一书中记述：在二十年前，中西人士均可自由入外白渡桥公园游玩，无分畛域，后西人以华人多不顾公德，恒有践踏花草之事，乃另建一公园，专供华人驻足。他又在介绍"公家花园"时写道：

公家花园，巡捕房订有管理之法，其待中国人非常严酷。沿黄浦之公园，且有不准华人及狗入内游玩之厉禁，以华人与狗并书，凌辱亦至矣。然我国人亦有不知自爱者，如吐痰于地，随意采摘花木是也。②

1924年，上海《时事新报》载有的一篇文章指出：

听说上面几个公园，从前是公开过的，因为我们同胞的公共道德心太缺乏了，所以遭西洋人的厌恶，曾经有"华人与狗不准入内"的牌示。……听说外国人所持为唯一的拒绝我们华人享受公园的娱乐的理由，因为欧战和平纪念开庆祝会的那天，花园的花都被人家摘尽了。……我

---

① 《上海市文庙园景部分暂行开放规则》，《上海市政府公报》1932年第121期。
② 陈伯熙：《老上海》第1册，泰东图书局1924年版，第155页。

不敢担保不再发生我们华人的弱点，所以也不敢完全要求自由地开放公园……我愿上海的华人，快教你们子女们去培养些公德心，不要叫他们贪了一些花草，便被自利和自私战胜，连累全体的居民都得不到应享有的权利。①

之所以出现这种现象，有不少人认为是当时公民教育犹未普及造成的。因此，一些有识之士在报纸上发表文章，列出进公园应遵守之公德、应知晓之常识和应注意之事项。1925年3月16日，《申报》发表了《公园中应守之道德》：

> 公园之设，供各界人士于业务之暇，游散其间，舒精神娱耳目者也。今届春令，百物萌长，春风和拂，景象清明，各界士女又将游兴勃发，涉足公园矣。但公园既为公共娱乐之场，非一人所有，则凡游公园者，不可不守应守之道德。
>
> （一）勿随地吐痰。公园既为万人娱乐之地，宜人人爱护清洁，随地吐痰为中国人之恶习，设为病人尤为危险，如不能忍，可纳之巾中，归后消灭之。
>
> （一）勿高声呼唱。公园为风雅之地，清静之境，非茶寮酒馆游戏场可比，若高声呼唱，不雅极矣，恐非游园者所宜也。
>
> （一）勿吸卷烟。吸烟本无益有害，公园之中尤不可恣意吸烟，盖公园中之佳花美木，正制造其清鲜空气，以供游人之呼吸，俾益卫生，若烟雾氤氲自气触鼻，转令人脑涨矣。
>
> （一）勿折花木。公园中之一花一木点缀园景，以供游人之玩赏，故皆宜爱护周至，若逞私欲任意折取，不但自丧道德，花而有知，亦将痛绝于后矣。
>
> （一）勿弃废物。于地游园之时，不宜大嚼闲食，如以果皮果壳随意弃地，以清洁之公园等于垃圾堆，游园者恐相率裹足矣。②

---

① 韩祖德：《上海租界公园开放问题》，《时事新报》1924年4月14日。
② 顾卧佛：《公园中应守之道德》，《申报》1925年3月16日。

公园是各界人士在工作之暇,开拓胸襟、恢复精神的理想之地,不是一人之园,乃千万人之园。公园既为公共休闲娱乐场所,游人势必要遵守公园的规定,遵守社会公德。1930年,《大常识》载有一篇《公园中应知之常识》,认为公园中游人应遵守以下六种行为规范:勿唱戏,勿赤膊,勿吸香烟,勿折花木,勿弃果壳于地,勿许妓女出入。相较于1925年的《公园中应守之道德》,此次多了勿赤膊和勿许妓女出入。为什么会有勿赤膊的要求?其原因为:赤膊之风,惟我国有之,非特不利身体,抑且有伤国体,况公园为中外国人出入之处,设游者袒裼裸裎,不顾观瞻,且为外人窃笑。勿许妓女出入的原因为:公园既为公共之游息场,则其价值之高尚可知,岂容一般不洁之女子,招蜂惹蝶,淫荡其间,伤风败俗,弱种亡国,莫此为甚。①文章再次强调,以上虽为老生常谈,切勿忽视。

在著名画家、散文家、教育家丰子恺看来,公园的游客中,总有人要攀花折柳,有人要殃及池鱼,有人要践踏草地,还有人要无心或有心地毁坏公园中的设备。公园中倘不挂这些煞风景的"禁止",恐怕早已不成为公园,而变成废墟了。而且,"禁止"的警告能够发生效力,还只限于稍稍文明的地方,有许多公共的地方,不声不响的"禁止"两个字全然无效。他在《艺术漫谈"禁止攀折"》一文中说道:"前会亲眼看见穿着体面的长衫而在'禁止攀折'的标札旁边,攀折重瓣桃花的人,又会亲眼看见安闲地坐在'禁止洗涤'的牌子下面洗涤裤子的人,又会屡屡看见悠然地站在'禁止小便'的大字下面放小便的人。对于这种人,即使一连挂了十张'禁止'的标札,也无效用;即使把'禁止'两字写得同'酱园'或'当'一样大,也不相干。"对于这种人,他认为只有每处派个警察,一天到晚站岗,时时肆行叱骂,必要时还得飞送耳光,方始有效。

他还认为,和平美丽的公园中处处悬挂"禁止"的标札,总归是一件使人不快的事。他以艺术眼光看人生,认为艺术教育是人生很重大很广泛的教育,相信艺术能美化人生、滋养心灵。他举了一个贴切的实例:

---

① 《公园中应知之常识》,《大常识》1930年第177期。

据某画家说，某处的公园中的标札，用漫书来代替文字，用要求同情来代替禁止，可谓调剂理想与事实的巧妙的办法。例如要警告游人勿攀花木，用不着模仿军政法政，板起脸孔来喊"禁止"。不妨描一张美丽的漫画，画中表示一双手正在攀折一朵花，而花心里伸出一个人头来，向着观者颦蹙哀号，痛哭流涕。这不但比"禁止"好看，据我想来实比禁止有效得多。花木虽然不能言语，但它们的具有生机，人类可以迁想而知。有一种花被折断了，创口中立刻流一种白色的滋水来，叶儿立刻软疲下来。看了这光景，谁也觉得凄惨。因为这种滋水可以使联想到血，这种叶儿可以使人联想到肢体。那幅漫尽所表出的，便是这种凄惨的光景。向人的内心里要求同情，自此强横的禁止有效得多。又如要警告游人勿伤害池鱼，也可用同样的方法，来要求同情画一个大鱼，头上包着纱布，身上贴着好几处十字形的绊创膏，张着口，流着泪，好像在那里叫痛旁边不妨再画几条小鱼，偎傍在大鱼身旁，或者流着同情之泪，或在用嘴吻他的创口。这是一幅很可动人的漫画。把人类的事（绊创膏）借用在鱼类身上，一方面非常滑稽可笑，另一方而非常易以引起同情。又如要警告游人勿踏草地，也可画一只大皮鞋，沉重地踏在许多小草上。每枝小草身上者长着一个小头，形似一群幼儿园里的小孩。但这些头都被大皮鞋所踏匾，成荸荠形，大家匾着嘴在那里哭。人们对于脚底下的事，最不易注意。但倘把脸贴伏在地上，细细观察走路时脚底下所起的情形，实在是很可惊的。那皮鞋好像飞来峰，许多小虫被它突然压死，许多小草被它突然腰斩。腰斩的伤痕疗养到将要复原的时候，又一个飞来峰突然压溃了它。这是何等动人的现象！这幅画就把这种现象放大，促人注意。看了这画之后，把脚踏到青青的嫩草上去，脚底下似觉痒痒的非常不安。这便是那幅画的效果。①

丰子恺具有自己独特的人生美学旨趣与内涵，他以"艺术能美化人生"的宗旨，用生动有趣的漫画代替生硬的"禁止"文字，尽是童趣，

---

① 丰子恺：《艺术漫谈"禁止攀折"》，《申报》1936年6月29日。

尽是诗意，反而更容易引起游人的共鸣，出其不意地达到约束游人的效果。甚至还有人换位思考，试图站在花的立场上反问"破坏者"：我们折花时花受伤了吗？如果游人在折花之前都能有这样的疑问，都能站在"我们折花时花会受伤"的角度，那么公园中的"破坏者"就会越来越少，公园中的不文明行为也将不复发生。

二、"向导女"

向导社，其功能最初是向游客推荐女向导，后来变成了一个提供色情交易的机构。向导社中的女子被称为"陪客"，在1949年以前的上海，她们又被称为"向导女郎"。向导女郎有来自娼妓界的野鸡，有试图求得收支平衡的舞厅舞女，甚至还有一些良家女子，包括女学生、上班族等。由于生存的需要，她们被迫接受了这份工作。

法国人安克强对近代上海的娼妓这一群体做过专门的研究，他认为："最初，向导社的确是一种向旅游者推荐女导游的机构。第一家向导社开业于1922年至1923年间，但它很快就歇业了。到20世纪30年代初，开设向导社的想法又以一种不同的方式重新出现，即试图为来上海的游客提供女陪伴，就像女主人一样，将他们带到这种城市中他们感兴趣的地方去，同时迎合与旅行无关的其他需求。"① 说得直白一点，只要谈好价钱，向导女就变成了出卖身体的娼妓。

1929年，公共租界和法租界大约有4.8万名娼妓。此外，还有5万至10万未纳入正式统计的女子，她们由贪婪的保姆陪同，站立于街头或人行道上招揽顾客。在华界的茶馆和堂子里，还有着数以万计这样的女子。特别是在饥荒、水灾和爆发战争的年代里，这些沦落风尘的女子还会更多。1937年前后，公共租界大约有100家类似于向导社这样的机构。

---

① ［法］安克强著，袁燮铭、夏俊霞译：《上海妓女——19—20世纪中国的卖淫与性》，上海古籍出版社2004年版，第94页。

据史料记载,老上海最大的一家向导社是开设在广西路上的陶陶向导社,行内称之为"陶公馆",鼎盛时曾拥有数百名向导女,花枝招展,生意兴隆。小一点的向导社也有向导女一二十人。它们多与旅馆、饭店、电影院保持着密切的"业务"联系,向导女与狎客谈妥之后,便去这些店家开房间。

陶陶向导社最红的两位向导女郎　　娇俏含羞的向导女郎

1935年,有人撰写了一篇题为《向导姑娘:都市人们的色情生活之一》的文章,揭露了向导社和向导女的真实面目,这里不避冗长,引录如下,从中可见向导姑娘日常工作之一斑:

> 内地人恐不大明白吧,上海都市又有一样新鲜玩意儿诞生出来了,这个新玩意儿乃托词内地来上海的人,因着上海都市的不容易熟悉,谓之"向导社"。意思是说,上海的一切,向导社里的社员可以向导你的。向导社的社员们,大多数是久处社会里的女性,可以不限定何种性质的人,只要打一个电话去,七角五分就可以向导你到各处去玩一小时,并且可以向导你到上海附近的浦东,吴淞,苏州,昆山……等等地方去。
>
> 不上一两个月的短时期里,类似向导社同性质的,又有一二处继续产生了,组织益发完备,有"向导组"、"教授组"、"供应组"、"研究组",除"向导组"导游而外,并可以教授舞艺,供应舞伴;内地的人来

上海果然要感到很多便利,然而需要向导的却完全不是内地人,且是顶恬恬的"老上海",费了七角五分或是一元五角,邀个向导姑娘来旅馆中,电影院,闲谈那些不干社会,无关家庭的而是一种"男与女"之间,"女与男"之间的私语,时候一到,也就付了向导费让她回去,总算是向导的工作完毕,满意的,下次再邀,看不对,尽可不必光顾。

只要研究舞女,按摩女,女理发师……各各都蕴藏着色情的神秘成份在内,然则向导姑娘何独不然?显明些地说,向导姑娘、舞女、按摩女……都是以"男与女""女与男"之间的"特殊的接触",无物质的相因成的交易,一切一切,均属"色情"性的,那末也就是"色情交易",否则何以广告上刊出这样的词句:

"本舞厅均是海上第一流名媛,名交际花,名舞星,身材苗条,步伐轻盈,各各美丽,如入琼宫……"

"本按摩院特聘富有经验之美貌少女担任摩术,各界人士,一经摩擦,即觉心旷神怡,舒适异常……"

其实,向导姑娘之所谓熟悉上海情形者,还不如游客们的情形来得熟悉多多,面貌美丽,却是重要条件,所以只有听得邀过向导姑娘的这样说:

"向导姑娘只二三个比较长得好一点,其余都不兴;但有一二个却口才伶俐,昨天我在旅馆里叫了一个谈谈,有谈无谈的谈得真开心啊!小李,你喜欢面孔好,还是会说话的?我可以介绍,包你满意……"

照这现象下去,上海的都会,将变成"色情都会"了,在上海生存的人,色情的享受,更将一天狂放一天,女性的"脂粉唇膏,高胸大腿",永远不会没落,而一般因着生活鞭策的人们,尽量在"脂粉唇膏,高胸大腿"的女性身上运用多量的脑汁,不时想出新鲜的玩意儿来。[①]

向导社是都市上海出现的一个新鲜玩意,本是外国舶来品,到了中国却发生了本质上的变化,实际上成了一个挂羊头卖狗肉的色情交易机

---

① 刘宸湘:《向导姑娘:都市人们的色情生活之一》,《现象》1935 年第 12 期。

大批向导社在报刊上刊登广告

构。向导社中的向导女真正从事的则是色情工作，通过出卖色相、身体赚钱。到了20世纪40年代，向导女中有相当大的一部分是从战区来的难民，贫穷常常会把她们逼上卖身这条路。她们几乎不了解上海，而她们的作用也仅限于陪客人去旅馆、饭店和娱乐中心等地方。

明星向导社刊登的广告

1945年抗战胜利后，社会各界呼吁取缔向导社。重压之下，当局正式下令取缔向导社，并下令所有报刊一律不准刊登向导社的广告。向导女这支庞大的队伍，为了讨生活，便开始在公园中物色顾客、招揽生意，公园也变成了色情的媒介。

初夏的熏风吹遍了都市，在热浪的侵袭，公园里的游客渐渐多了，红男绿女，游客如云。绿油油的草地上少女们带着她们的孩子在那里徜伴着晒日光浴,并且带着点心去野餐。

绿荫深处,一对对青年的情侣情话喁喁,互相依偎者,他们充满微笑,无限衷肠,尽可在这儿倾诉。

小溪的旁边,一群天真的孩子在戏水,用白纸摺成双帆船在水面飘荡,手着大叫起来了。

公园的花怒放着,一个打扮花枝招展的少女站在花丛里,露出了倩笑,让他的爱人用照机替她摄影。

在这里到了黄昏的时候,有着成群结队年轻的女人,扮得妖艳淫冶,放浪形骸,她们都是变相的向导女,她们在公园里猎取她们的顾客,假使你是个单身的客人,她会挨近你的身旁,向你瞟了一个媚眼,如果你也是一个色迷迷的色情狂,那末她会和你谈条件,在这个时间里,她便成为你的临时伴侣。

公园本来是比较高尚的娱乐场所,可是现在却变成色情气氛的地方了,许多女人在这里找寻对象,也有许多男人在追寻异性,在这里造成了无数露水夫妻的"野鸳鸯"。

公园,是富有诗意的,也富有罗蔓蒂克的气氛……①

公园本是文明的场所,是清高拔俗之地,却弥漫着色情气息。因此就有人发出疑问:"园林本是清高拔俗的,但给四周'肉''色'的笼罩,和俗男浪女的龌龊足迹蹈遍,日久兆丰公园怎么保持它的清高呢?"② 如此,公园渐成了向导女物色顾客的重要场所。外滩公园便是其中之一。

夜晚的外滩公园,夜色正浓,星光微稀,仿佛是一个天然的大"黑幕",是诸多隐秘故事最适宜的发生场所,而报纸也往往聚焦于它的"伤风败俗"和"藏污纳垢"。有记者经过一番调查后,对此有专门报道:

---

① 柯洛:《公园也成了色情的媒介:都市气氛污浊包围中》,《上海特写》1946年第3期。

② 王鼎九:《上海写真:五园记(二十四)》,《上海报》1932年8月29日。

黄浦江畔，晚来凉风从水上飘来，的是纳凉胜地，于是游人如鲫，燕叱莺娇，热闹非凡，在昏黄的灯光下，夜莺是活着的，一般色迷的朋友，在后面徵逐着，夜莺是伪装者正经，引诱那一般猎艳家上钩，假山石畔，凉亭椅上，野鸳鸯在开着谈判，灌着迷魂汤，开始着电影镜头。

疯狂的男女，在性底冲动下，往来徵逐着，迷失了本性，创造了未来社会间的罪恶，夜，是万恶的，尤其是在公园里。①

外滩公园是近代上海最早建成的公园，是都市人们休闲游憩的场所，也是市民非常喜爱的纳凉胜地。夏日的晚上游人最多，正是在这个时候，很多向导女来此物色狎客。时人描述起交易的情形，颇为让人脸红：到了海关大钟打了一两下，时逾午夜，人影错乱，相将赋归，男的假意殷勤，嘴里说：妹妹凉了吗？手已在胸背……各部自由行动，女子似却非却，半推半就，这一刹那便结束了园中的神秘，转移到了家中或旅社，进一步做更彻底的鸳鸯交枕、倦鸟归林了。这是外滩公园的特色，为其他公园所不及。因此，一些人痛心疾首，直言外滩公园的夜又是万恶的。

再来看一则描写外滩公园的此类"特写"：

昔日沪市的一般向导社、歌女社等，自从当局明令整饬风化严厉取缔后，虽其中的一部分主脑人物，作最后的挣扎，力图巧改其名目，仍然恢复变相的卖淫计划，作数次的努力，而当局终于洞浊其奸，卒致一筹莫展，从此关门大吉。

最近这班靠卖淫为生的他们或她们，似乎又在静极思动，实行其死灰复燃的政策，在没办法之中，却又给她们想出了化整为零不易攻破获的办法？那便是以前的一班导花摩女之流的人物，现在则打扮得人家人似的混迹在外滩公园里，暗干她们以往的工作，一方面在附近的所在，也有"三老"之流的人物，贼头贼脑的跟踵在后面，监视着这般变相的

---

① 小记者：《外滩公园成为色情交换所》，《上海特写》1946年第9期。

"人家人",其另一作用也许是"望风"的关系。

关于他们兜揽主顾的方法,花样却巧妙不一,现在就记者目睹的情形而言,这班女人大多数是华灯初上的时候,在暗淡的灯光下,而不比较冷落的处所,每遇有一般衣着比较华丽些的登徒之流,那便是她们的唯一对象,先是看对方走过她们的身边时,认为可以照一点牌头的话,马上便跟从背后,俟有伫立或坐下的机会时,她们便也会拣对方视线注意得到的地方坐下,或是立定,偶然对方向伊看一眼,马上便很快地给对方飞一个媚眼,抑或是嫣然一笑,不久后便会寻机会攀谈,或是抽出香烟来讨自来火,种种的勾搭花样,多得不一而足,俟对方有意思的话,那么这种生意便算成功,据说:这种待坐代价,只要两三千元,便可如愿以偿,再若,客如意兴浓厚带出外头去"白相",则代价当场"面议"。①

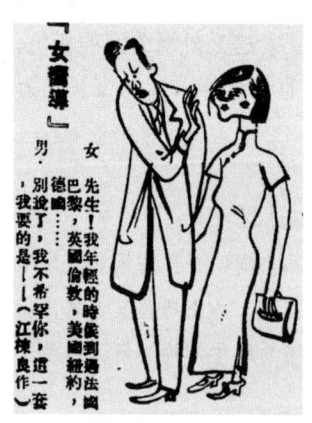

《生活日报》所载漫画《女向导》

这篇特写介绍了公园向导女兜揽主顾的办法和套路,因当局严令禁止她们在公共场所拉客,她们便设计了各种各样的勾搭花样,施行极其隐秘的拉客行为。因此,公园华灯初上的时候,在暗淡的灯光下,公园向导女便现身了。

向导女是怎样看待自己的这份"工作"的呢?1940年,一名叫"德芳"的向导女敞开心扉,在报上发表了一篇揭露自己真实生活的自白,表达了内心的苦痛和悲哀:

我是个孤苦伶仃的孤女,八一三炮火毁灭了我的家乡,冲散了我的家庭,东飘西泊,终于混进了孤岛的上海。

---

① 静子:《外滩公园春色无边!向导按摩女郎实行游击战!》,《海燕》1946年第15期。

为了生活，暂时忍受着。穿起妖艳的服装，涂上重重的脂粉，给男人们玩弄，有谁知道我们内心的怆伤！没有日，也没有夜，更没有休息，天天被困在男人们的阵群里。(那里是向导，简直是变相的神女）

色的欢享，肉的出卖，摧残了我们清白的灵魂！一块钱一点钟，在这一点钟里，就失去了我们的自由，但我们能净拿到一块钱吗？哼！没有那么容易，旅馆酒肆的茶房要扣去三角的代价，另外还有一角的介绍费，还有六角，向导社的老板又要拆账，剩下来的只有些微的渣泽，有时候还要吃赔账，向导女那里是人的生活？难道我们就这样的一辈子下去吗？不！我们有沸腾的热血，我们有清白的灵魂，我们要和环境奋斗！奔向光明的大道，争取我们人类原有的自由平等！①

这篇自白淋漓尽致地描绘出了向导女的苦痛，其实向导女内心渴望自由和平等，也愿意奔向光明的大道，无奈为生计所迫，在出卖肉体的同时，还要被向导社无情地压榨和剥削。这就是向导女的真实写照。

从20世纪20年代始，公共租界工部局曾搞过一系列禁娼废娼运动，但以失败告终。抗战胜利后，国民党政权一回到上海，就着手对娼妓进行整顿。警察局立即就出台了《上海市警察局管理娼妓暂行办法》，要求妓院妓女都要进行注册登记。警察局还拟定了一项"整理"娼妓的计划，意在迫使暗娼转为公开，并严令禁止在公共场所的拉客行为。针对歌女、舞女、女招待等人员，警方也制定了严厉的管理条例，同时还着力取缔那些打着向导社、按摩院等招牌却行色情交易的场所。后来，市政府又出台了一系列管理办法，规定妓院及其从业人员必须向政府登记，但娼妓们以称病或躲到乡下等各种办法以逃避注册登记，还有不少人就此转为暗娼，摇身一变成了向导女。向导社在社会各界的取缔声中苦苦挣扎，在夹缝中求生存，直到新中国成立后才彻底被取缔。

---

① 德芳：《一个向导女的自白》，《香海画报》1940年第195期。

三、"恶魔"

公园常被视为青年男女和情侣们调风弄月、欣赏美景、亲近自然的好去处,春秋佳日,公园里熙熙攘攘,椅子上差不多全是一对对的青年男女。特别是到了晚上,不知多少青年男女和情侣争相到这清风皓月的地方来乘凉,尽情地享受花前月下的浪漫。殊不知,女性在夜晚到公园来纳凉,除了温情和浪漫,还暗藏一定的危险。

逛公园、吊膀子,是很多人的乐趣之一。吊膀子是一俗语,凡男子想方设法接近某一女子,称吊膀子;后来女子想勾引男子,亦称吊膀子。吊膀子原本有练工夫之意,男子要向女子求爱,在以前是相当困难的,必须要下很大工夫,所以男子对女子下了功夫去追求,也叫吊膀子。从广泛意义上来说,吊膀子有调情、诱惑、猎艳和追求的意思。吊膀子的对象非常广泛,有卖笑妇女、千金小姐等。行吊膀子的场所,常见的有茶馆、舞厅、游乐场。公园,亦是老上海专门行吊膀子的场所。据时人观察:

> 法国公园是专门"吊膀子"的场所,这句话我从前是很怀疑的,以为:说者未免过甚其辞!但,自从这一次逛了法国公园之后,却使我大大地相信了,相信法国公园确是"吊膀子"之场所。因为我们这次在法国公园逛了两三点钟,竟给我发见了三四次情节差不多的恋爱滑稽剧!
>
> 我还记得,在一年以前,那大名鼎鼎的性学博士张竞生到我们学校里来演讲,他的讲题是:"学生与调情。"他在最后这样地说:"在法国公园打了三个圈子,就可以吊上一个女人。"这句话现在也可以给我们证实了。
>
> 据时常光顾法国公园的同学K君说:法国公园是专门"吊膀子"的场所,还是拿广义来说;倘是照狭义讲:法国公园是大学生"吊膀子"的场所,也是男女学生野合之处。每当夕阳西下的当儿,一般平时不大

和书本接触而专门研究恋爱问题的上海各大学的男学生,都会挟着连自己也不知道这本书里内容是什么东西的西装书,跑到法国公园来追逐那装饰得像妖精似的女性。还有一般专门研究装饰美和交际问题的女学生,也会在这个时候天天来到这地方来做那班装饰得花巴狗似的男学生的目的物。他并且证明出来给我说:A宫的宫主,B宫的皇后和某校某校之花,都时常光顾这里,而且有不少的艳史发生。每当玉兔初升的时候,在绿荫深处,还时常会当场出彩,来饱旁观者的眼福。

K君又说:光顾法国公园的,不见得都是真正的女学生,有许多许多都是娼妓的假装。

啊!男女青年们,你们不要把法国公园当做天堂吧!法国公园是极可怕的陷阱:会断送你锦绣的前程!会摧残你高尚的意志!真正的恋爱,在法国公园是决不会发现的,是决不会找得到的!①

法国公园是专门吊膀子的场所,以至于连大名鼎鼎的性学博士张竞生都认为:"在法国公园打了三个圈子,就可以吊上一个女人。"张竞生住在法国公园附近,每日午餐后常去园中小游,其目的之一就是看女人,除风雨外,几乎每日无间。法国公园里除了青年情侣外,还有不少英法妇女,大都丰姿美体,独居生活的张竞生常常以饱看园中春色为乐,他还在看了园中游女后,发出许多玄妙的理论。平时,有很多上海各大高校的男学生,跑到公园里追逐女性,也有不少号称"校花""宫主""皇后"的女性,时常光顾这里。每当夜幕降临的时候,在绿荫深处,活剧环生,还时常会当场出彩,来饱旁观者的眼福。

性学博士张竞生

---

① 昼舫:《上海解剖之一——法国公园的认识》,《红玫瑰》1929年第5卷第32期。

不只是在夜晚,当法国公园刚刚被晨曦温柔地唤醒的时候,就有男女之间"神秘"的行为发生。《袖珍报》的一位记者在听到有关法国公园的此类消息后,便在一个星期日的早晨驱车赶往公园,他详细记述了自己的所见所闻:

> 进得公园门,时间尚早,像笼着纱的朝霞光在彩绿荫险的树影里透露出来,照到每一个游女的面上,格外显出青春的美丽,虽然尽有不少的蓬头女子,搓眼撂发,现出失眠的神气,但是多数的人是很娇好的,因为她们是有意来卖俏的缘故。
>
> 转一个弯,在水滨的座椅上,就看见有一对对的雌雄党,比肩厮鬓的坐在那里,显出唧唧哝哝的样子,是怪肉麻的。
>
> 走进树木险丛的曲径里,所见的景象,很肉麻了,从一张椅子的后面,看见一男一女的头,并在一起,一把圆形的纸扇遮住了他们俩头的交界,不知在那里,做什么把戏,经我咳嗽一声,纸扇陡然落下,他俩回顾头来,显出一种不自然的神气,尤其是女的,更显得忸怩拿了一条绢帕,揩抹嘴角。
>
> 忽然间,左边的丛树里,传过来一阵哗笑的声音,回过脸去一看,只见聚拢了一大堆人,只见有一对男女,给一个园警,押着出门,奔过去一打听,绕知道是为了热情演出的过度,给园警发觉了,赶出园去,实际情形,为了风化关系,恕我笔懒了,男女间总是那一回事,读者亦可以会心不远吧!①

一大早就去公园,这种行为被称为"踏青早"。他们往往是在舞厅跳了一夜的舞,然余兴尚浓,于是天蒙蒙亮便转场公园。公园中的男女显得相当大胆和开放,在园内各处都可觅见他们的踪影,他们由密谈而至接吻,由接吻而更进一步……这时园警便因妨碍风化及触犯园规将他们驱逐出园。

---

① 《顾家宅公园晨曦中神秘的一幕》,《袖珍报》1939 年 6 月 26 日。

公园时常有流氓出现,如若吊膀子不成,行为则可能进一步升级,直接出现调戏女游客等耍流氓的行为。逛公园本来是怡情悦性的乐事,而且有益于身体,哪里有什么危险可谈?因公园邻近已变成了学校区,公园也仿佛成了大操场,一般血气方刚的中学生甚至是社会上的流氓,时常在公园里轻薄女学生,情况甚为恶劣。1932年,《新闻报》有这么一则报道:

今天是法国民主纪念节的前一日,顾家宅公园的游人比平常格外的热闹。我同大夏大学的朋友陈君,也在那里散步。在草场边遇见有七八个人一群的浮浪子弟(后始知是小流氓),正在包围调戏着一位年轻的女学生,那女子只有单身一个人,逃到那里,他们便跟到那里,弄的她的情形十分狼狈,倒越发引动了那一群小流氓得寸进尺的万分轻薄,是我和陈君看他不过。(公园里边成千成百的游人,没有一个人管他们表演的"闲事",好像认为是理所当然的)是我一时触动了不平的义愤,狠狠的望了那卑劣的流氓一眼,流氓边马上朝我走来。我问他:"怎样?"他说请我到外边去讲话。我知道他存心不良,但我毫不怕他,回他说:"好!"于是他们一干人便把我押着在中间挟我出园去。我且走且责他们不应该在大庭广众之间侮弄同胞的妹妹。流氓哼的笑了一声,突然从我右腰下便是一拳,我气愤极了想动手抓他交给巡捕去,我刚一伸手,七八个流氓便同时对我攒击,一连在我胸前和胁下便来了好几下。自然,好汉不吃眼前亏,我一下也不敢还敬,连忙跳出重围,一面叫陈君看住为首动拳的人,一面飞奔去报告巡捕。巡捕之一是忙着跟我来了,那流氓还在叫嚣,并拍拍胸脯,承认是他动手打的。奇怪得很!那巡捕(第七号的公园巡捕)一见了是他们,便反而以劝我的态度劝我不要和他们打架,说是"一些些儿小事情,值得闹什么呢?"那流氓更加高兴,指着我喝道:"她是你的什么人?是你的妹妹吗?"我气不过,也喝了他一声:"放屁!"这样,旁人也大动公愤了,都骂他说那句放屁的话该打耳光,于是那七号巡捕没奈何了,问我这件事怎么样。我说只有一道去巡捕房,巡捕说"小事情不犯着闹",但我坚持着要那里去解决。这他们的朋友才跟上来向我私话了，"看在兄弟面上，小事情算了罢！"我坚持不让步，那流氓说："好！冤仇结深些更好！"我没有睬他。到巡捕房，流氓反咬着是我打他，我的朋友陈君来替我作证是他打我，流氓说："他们两个人打我一个人。"那总巡听翻译员报告了三四句（天明白，只是三四句），立刻操着华语说："相打，一个人罚一块钱。"这样就算是判决了。我再要发言，那译员说："以后的话，你只能到公堂起诉去。"于是我两对头一齐关进一所铁窗去，一刻钟后，陈君把我的罚款缴付了，我才离开铁锁出来。临行时，那尚未缴付罚款而拘留着的流氓小头儿和我道别说："再见，你有的是钞票，我有的是身体，当心！再会罢！"此刻，我刚回到家，我心中想着："不平的事情，那巡捕为什么会害怕一个流氓呢？"而我的胁下还在作痛。①

  一旦公园中发生流氓欺负女游客的情况，大多数都不愿多管闲事，只有极少怀有正义感的游客才会出手相助。公园巡捕的态度则是十分微妙，因惧怕流氓，甘愿做"和事佬"。巡捕为什么会害怕一个流氓呢？根据上述游客遭遇的情况，《新闻报》的记者进而对其中的原因作了分析："见恶人害怕，这是中国社会糟到如此地步的一个大原因。惟其害怕，所以不愿多事，你越不愿多事，人家越横行无忌，于是恶人就会造成一种恶势力。其实还是因为好人放任的缘故。"

  记者的分析一针见血，直指要害。七八个浮浪子弟包围调戏一个女学生，公园巡捕的态度十分暧昧，热心帮助女游客的游人则因为"好事"闹到巡捕房，巡捕房又不愿多事，处理方式常常是各打五十大板，这无疑会助长流氓的嚣张气焰，甚至一步步从耍流氓行为演变为严重的性骚扰事件。

  流荡着各种花香和青草气味的月夜是很可爱的，而公园里的骚扰事件常常发生在这样的夜晚。法国公园的灯光太暗了，幽暗的灯光容易使毛头小子想入非非。1932年，《妇女生活》杂志发表了一篇文章——《法

---

① 荣梁：《顾家宅公园中之怪剧》，《新闻报》1932年7月19日。

国公园中的恶魔》,叙述了公园中出现"恶魔"的情况:

> 在寸金地的上海,要想有空闲的而且很自然的地方,让人们去游玩的,那是很难得的一桩事情。马路上虽然是四通八达,那车如流水马如龙的喧闹,反令人头晕目眩,有厌弃红尘之感。所以那花园里,能够使许多人趋之如鹜地共来欣赏它。游花园,本来是带着风雅态度,怡情悦性的乐事。而且有益于身体上的,那里有什么危险可谈?为什么妇女游花园就有危险呢?且看着下面吧——七月二十九日晚,法国公园里,有三个女学生,熙攘地携手同行,到池塘边去看在那里拨动水波的游鱼;她们又饱受着在树影下迎领清风徐来的畅快,嘻嘻哑哑地谈说着,唉!那知道追踵在她们后面的钉稍者,约有六七个轻薄的男人,竟排起八卦阵式来围住她们。这时候,她们的快乐已逃到无何有之乡里去了,面上都愀然惊慌。力量微弱的她们,面面相觑,连一句话都说不出,且在这暗黑的森林里,遇着这些魔鬼样的,似乎动着黑毛的爪子,狞笑着渐渐侵近过来,啊!危险了,三个人不约而同找了个机会像马溜了缰一样地,冲出重围,逃出了园门外。这一下子弄得几位摆布八卦阵的垂头丧气,好似失落了什么似的,所以我以为深夜到园中去,是不相宜的。①

"恶魔"在夜晚来到公园,乃醉翁之意不在酒,只不过为了一个目的,就是要达到某种可耻的欲望而已。有一位女性读者看到这篇文章之后,想起了不久前发生的一件不幸的事情,同样是在法国公园,同样是在夜晚,同样是有"恶魔"出现。她把亲身经历详细记述下来,发表在《妇女生活》上,希望大家以此为前车之鉴。她这样写道:

> 在某一个晚上吧,我因为天气闷热的缘故,约了二个同里的女同学,带了些水果食物,到附近法国公园去乘凉。但事实使惊慌的:乃是没有

---

① 史美谷:《法国公园中的恶魔》,《妇女生活》1932年第1卷第19期。

乘得凉,而反使我出了一身大汗。

　　起先我们都兴高采烈的踏进了公园的西首的正门,在西南角凉亭旁择了三个四面静寂的位置,静悄悄地坐在那里闲谈乘凉,刚缕谈得出神的时候,冷不防右边的草丛边,"杀"的一声,来了两个穿西装的学生模样的漂亮少年,这一惊却把我们吓得呆呆地面面相觑着,甚至话也讲不出来。

　　"蜜司陈:实在对不起!我把你们三位受惊了。"青年中的一位对我嬉皮笑脸的这样一边说,一边却不客气的坐在我右面的空椅子上了。

　　"大家都是老同学,蜜司李不认识了吗?请不必惊慌吧!这些是我们带来的消暑品,请三位女士用吧!"另一个又这样说,并且把手里拿着的桃子、香蕉……等,很恭敬地授给我的同学李女士,似乎很熟的样子,面上现着和蔼的微笑。

　　当我听见了这一番话以后,猛然想起坐在我右边的一个青年,好像是二年前南洋高商银行课的男生 S 君,而另一个好像也是很熟的,——但名字却想不起来了。——于是我便自告奋勇的对他们说:"两位先生请自己用吧!我们这里也带……"

　　当我这句话,没有说完的时候,可恶的 S 君的粗暴的手已在我的胸前和……实行侵略主义,大施摸索了。同时眼见着李女士、周女士也被另一位男子在那里实施摸索政策了。

　　"珍珠:我们回去吧!"周女士这样对我说,一面用尽了全身之力和李女士冲出了恶魔般的包围,一溜烟的奔出公园去了。但软弱的我,那有惹大的力量去抵抗这恶魔的——青年的——侵略?然而又不敢大声叫喊,——这是为了本人名誉的缘故。——因此,不幸的我,结果是失败了。被那狰狞的 S 君,——受着另一个男子的帮助,——强迫的泄了他的私欲,——狂吻了几下,——便好像醉汉般的狂笑一阵。但他恰要再行非礼的下贱行为的时候,冷不防被我左右挥——猛力的一挥——他们轻轻的一松手儿,我便拼命口口口口口口口回了家中,这一夜,我似痴似狂的紧闭了房门,独自痛哭了一场——痛哭我的所遇匪人——甚至泪也流不出来,整夜的没有合过一眼。

从此我便发誓不再在晚上进可怕的公园了,而我的家,也因为和邻居不睦而搬到静僻的乡下附近的XX村了,可怖的公园,就此也和他长辞了。①

最后,她继续说道:"亲爱的姐妹们呀!不幸的我已经受了恶魔的侮辱,丧失了我的'人生不可侵犯'的真洁,但'亡羊补牢,未为晚矣'。"这位遭受厄运的女游客现身说法,把自己的不幸遭遇告诉人们,特别是那些常去逛公园的女士们,为避免"恶魔"的骚扰,呼吁她们不要再在晚上逛公园了。

老上海公园,真是让人又爱又恨!

---

① 英:《法国公园——如此的男学生!?》,《妇女生活》1932年第1卷第23期。

后 记

2018年12月,我在北京挂职,熊月之老师邀我参与一套历史知识丛书的写作,嘱我写一本关于老上海公园的通俗著作。我心里既兴奋又惶恐。

单独写一本书,是我之前不敢想的事情。2015年11月,刚踏入出版行业的我捧着一本《文字的背影》请王为松老师签名,他在扉页写道:希望早日看到你的著作出版。那个时候,认为自己能够出版一本书,简直是天方夜谭。后来到了北京,阚宁辉老师多次要求和鼓励我们搞好自己的专业,一是指出版业务,一是指所学专业,两个都不能落下。还有很多前辈,他们的热情支持和鼓励,给了我写作的信心和勇气。

由于毕业论文的选题与近代上海公园相关,近年来也特别留意搜集这方面的资料,这对本书的写作奠定了基础。本书体例上采用以史为主、史论结合的写法,力图多角度、多侧面将近代上海公园的丰富内涵与生动形象展示给大家。上海是近代中国最早出现公园的城市,也是近代中国公园最多的城市,希望本书能够帮助大家了解近代上海公园的往昔,了解近代上海公园的功能与这座城市的互动关系,为公园城市建设提供有益借鉴。

这本小书是我的第一部作品,对此我要特别感谢熊老师,没有他的关心和帮助,本书是不可能面世的。近代上海公园是熊老师关注的一个重点领域,他对此深有研究,能够在百忙之中特别是在写作重要著作的关键时期,抽出时间对本书进行指导和修改,让我十分感动。忝列门墙以来,熊老师一直从各个方面关心我的成长,让我做他的学术助手、参与他的学术项目、把个人专著交给我们出版,等等,从他身上学到很多课堂上学不到的东西，对我做人做事助益良多。熊老师常说，最好的师生关系莫过于朋友关系。他多次到北京出差，不管是到中国史学会开会，还是参加各种评审，每一次都邀我聚晤。2019年初，他到北京参加中国历史研究院成立大会，趁开会间隙还给我的写作进行点拨。2021年，他把重要专著《光明的摇篮》交给我们出版，我在编辑出版该书过程中又获得新的收获。书稿完成后，熊老师还特意为这本小书作了大序，使本书增色良多。

在北京工作期间，挂职单位的领导、老师和朋友，他们过硬的政治素质、务实的工作作风、高强的干事本领，是我在其他地方很难学到的，让我一生受用无穷。在本书写作和修改过程中，他们提供了热忱鼓励、指导和帮助，在此就不一一点名了，向他们表示衷心的感谢！感谢上海科学技术文献出版社张树总编辑和王珺主任，他们为本书的出版付出了辛苦劳动。感谢我的家人，以前他们只催问我生活上的事情，后来关心的事情又多了一件，本书的完成也离不开他们的督促和关心。还有很多老师和朋友，他们对本书的写作和修改提供了热情指导和帮助，谨此一并表示诚挚的谢意！

限于笔者的水平和学识，不足以面面俱到，错误、疏漏在所难免，敬请批评指正。

王继峰

2021年9月1日